The Multi-Dimensi...
Research and Practi...
Ecocriticism

生态批评的多维度实践

唐建南 ◎ 著

中国出版集团公司

世界图书出版公司

广州·上海·西安·北京

图书在版编目（CIP）数据

生态批评的多维度实践 / 唐建南著. — 广州：
世界图书出版广东有限公司, 2017.5（2025.1重印）
ISBN 978-7-5192-3005-0

Ⅰ.①生… Ⅱ.①唐… Ⅲ.①英语—副词—研究
Ⅳ.①H314.2

中国版本图书馆CIP数据核字（2017）第090298号

书　　名　生态批评的多维度实践
　　　　　SHENGTAI PIPING DE DUOWEIDU SHIJIAN
著　　者　唐建南
责任编辑　冯彦庄
装帧设计　黑眼圈工作室
出版发行　世界图书出版广东有限公司
地　　址　广州市新港西路大江冲25号
邮　　编　510300
电　　话　020-84460408
网　　址　http:// www.gdst.com.cn
邮　　箱　wpc_gdst@163.com
经　　销　新华书店
印　　刷　悦读天下（山东）印务有限公司
开　　本　710mm×1000mm　1/16
印　　张　14.5
字　　数　250千
版　　次　2017年5月第1版　　2025年1月第2次印刷
国际书号　ISBN　978-7-5192-3005-0
定　　价　78.00元

作者简介

唐建南（1977—　），北京外国语大学文学博士。中国石油大学（北京）外国语学院副教授，美国康奈尔大学访问学者。主要研究方向为美国文学与社会文化研究。迄今为止，在《外国文学研究》、《当代外国文学》、《外语研究》、《外国文学》等国内外期刊上发表论文 30 余篇。目前主持完成教育部人文社会科学研究青年基金项目 1 项和北京市高等学校"青年英才计划"项目 1 项。本书为教育部人文社会科学研究青年基金项目（项目编号：13YJC752021）与北京市"青年英才计划"项目（项目编号：YETP0692）的阶段性成果。

科研项目

1. 2013—2016 教育部人文社会科学研究青年基金项目 1 项："立足地方的世界主义：芭芭拉·金索尔弗的小说研究"（项目编号：13YJC752021）（主持结项）

2. 2013—2016 北京市"青年英才计划"项目 1 项："金索尔弗与霍根的小说对比研究"（项目编号：YETP0692）（主持结项）

3. 2009—2012 中国石油大学（北京）基础学科项目："生态批评中的地方研究"（主持、已完成）

学术专著

《地方、身体、联系：芭芭拉·金索尔弗五部小说中的真实复兴》，外语教学与研究出版社 2013 年 11 月版。

期刊论文

1. 《"地方感"的失落：重读〈俄亥俄州瓦恩斯堡镇〉》，载《外语研究》2011 年 6 月。（CSSCI）

2. 《环境正义与地方伦理——解析金索尔弗的小说〈动物之梦〉》，载《外国文学》2013 年第 1 期。（CSSCI）

3. 《身体书写的四维空间：后殖民主义视域中的〈毒木圣经〉》，载《外国文学研究》2014 年 1 月。（CSSCI）

4. 《〈动物之梦〉中的记忆书写与身份建构》，载《当代外国文学》2012 年 4 月。（CSSCI）

5. 《自我、社会与女性命运：〈觉醒〉与〈紫颜色〉中的女主人公之比较》，载《外国文学研究》2011 年第 1 期。（CSSCI）

6. 《生态批评中的地方研究》，载《外国语文》2012 年 4 月。（CSSCI 扩展版）

7. 《立足地方的生态世界主义》，载《理论月刊》2015 年 7 月。（CSSCI 扩展版）

8. 《生态女权主义视角解读〈毒木圣经〉》，载《山东外语教学》2011 年 8 月。（外语类核心）

9. 《身体、自我与环境：解读奥德莉·劳德的自传体作品〈癌症日记〉》，载《解放军外国语学院学报》2012 年 5 月。（外语类核心）

10. " The Assertion of Body for a Sense of Place in Barbara Kingsolver' s Animal Dreams, " *Moravian Journal of Literature and Film*, 2011 (11). （国外论文）

11. 《重构生态女权主义视域中的"身体"》，载《理论月刊》2012 年 3 月。（CSSCI 扩展版）

12. 《人与自然和谐的乌托邦：从生态女性批评视角解读〈一只白苍鹭〉》，载《天津外国语学院学报》2010 年 3 月。

序　言　生态批评及其多维度研究

一、生态批评的发展

在生态危机日益恶化的形势下，环境运动与文学研究的结合催生了"绿色"文学批评思潮，即生态批评。作为一种新的批评潮流，生态批评的发源可以追溯到美国 20 世纪 60 年代兴起的生态运动，并逐渐发展为世界性的跨学科、跨文化的批评体系。1962 年，蕾切尔·卡森（Rachel Carson）出版的专著《寂静的春天》在美国社会掀起轩然大波，该书质疑了人类中心主义，揭露了工业技术对自然界造成的极大破坏，展示了一位科学家以文学的笔触抒发的伦理关怀。1978 年，威廉·鲁克尔特（William Rueckert）在其文章《文学与生态学：一次生态批评实践》中首度提出"生态批评"这一术语，该理论将"非人类自然"纳入文学批评的范畴，与文本、性别、阶级、种族等并列成为文学文化研究的关键词，从而拓宽了文学理论的疆界。同时，生态批评的兴起也推动了力求缓解世界生态危机的绿色思潮，实现了 20 世纪后期文学研究从内部研究向外部研究的巨大转变，它致力于将象牙塔中的研究与推动社会环境改善的行动主义相结合，以此搭建了文本空间与现实世界的桥梁。1992 年，"文学与环境研究学会"（ASLE, Association for the Study of Literature and Environment）成立，总部设在美国内华达大学里诺分校英语系，旨在"促进人类和自然世界关系的文学思想与文学信息的交流……推动传统和创新的研究环境文学的学术方法以及跨学科的环境研究"（Glotfelty, xviii）。目前，ASLE 已成为最具权威性和最有影响力的生态批评国际学术组织。生态批评兴起的其他标志性事件还有：1993 年，ASLE 创立会刊《文学与环境跨学科研究》（*ISLE:Interdisciplinary Studies in Literature and Environment*）；1996 年，第一本生态文学论文集《生态批评读本》（*The Ecocriticism Reader: Landmarks in Literary Ecology*）由格罗费尔蒂（Cheryll Glotfelty）和弗洛姆（Harold Fromm）主编出版。

对于生态批评阵营的日益壮大，劳伦斯·布尔（Lawrence Buell）首开先河使用"浪潮"一词形容理论的蓬勃发展。他在 2005 年出版的《环境批评的未来》（*The Future of Environmental Criticism*）一书中总结了两波浪潮的特点：第一波浪潮集中于荒野描写，梭罗、爱默生与约翰·缪尔（John Muir）等的非小说写作是学者考察的重点；第二波浪潮将焦点从远离尘嚣的荒野或风光怡人的乡村田园拉到喧嚣的城市，而"环境福祉与平等"成为环境正义与社会正义关系的研究核心（112）。从此，"浪潮"成为生态批评阶段性进程的代名词。

整体而言，生态批评发展至今，已经经历了四大浪潮，呈现出从单一到多元、从荒野到城市、从地方到全球、从文本空间到物质世界的发展趋势。第一波浪潮开始于 20 世纪 90 年代，研究对象聚焦于以诗歌为主的英国浪漫主义文学和以梭罗为典范的美国自然写作作家的非小说作品。鉴于西方文明在摧毁生态系统、造成人与自然关系断裂的破坏性，此阶段的生态批评学者主张远离现代文明的荒原，抛弃人类中心主义的偏见，转向人迹罕至的荒野，以生态中心主义为导向建立人与自然和谐共处的社会。这一浪潮中具有代表性的生态区域主义（bioregionalism）更是主张立足地方，在以分水岭为界限的区域内感悟"eco-"在古希腊语言中"家园"的真实含义，从熟悉区域中一草一木、一禽一兽开始构建诗意栖居的梦想生活。

如果说第一波浪潮集中于英美国家范畴，那么 21 世纪早期兴起的第二波浪潮从广度上有所超越：生态批评舞台上白人主唱的局面让位于多民族大合唱，亚洲、非洲和拉美等多个国家的学者开始发出自己的声音，从不同角度拓宽生态批评的疆界，深化理论的发展。第二波浪潮在景观选择上超越了第一波中的荒野情结。人们认为，自然不是单纯的存在，已经打上了文化的烙印，城乡划分是人类文化建构的结果，既然如此，城市和乡村都有文化打造和自然影响的烙印，因此工业文明中崛起的城市和人造环境与远离尘嚣的荒野或田园乡村风景一样都应该作为生态批评考察的对象。这波浪潮中的城市研究主要代表作品有：社会生态学奠基人墨里·布克金（Murray Bookchin）的专著《无城市的城市化：市民权的兴衰》（*Urbanization without Cities: The Rise and Fall of Citizenship*,1992）和迈克尔·贝内特和大卫·W·缇格（David

W.Teague）所主编的论文集《城市自然：生态批评与城市环境》（*The Nature of Cities: Ecocriticism and Urban Environments*,1999）。

生态批评将 21 世纪 10 余年来出现的新动向汇聚成第三波浪潮。在认识到民族和国家特殊性的同时，这一浪潮倡导超越本土的界限，在全球化的框架中加深对生态批评的研究。在这一阶段，生态批评学者的阵营更加多元化，来自世界各地的多民族群体参与到有关生态批评的对话中来，以自己独特的方式书写人类与非人类自然关系的艺术话语。这一阶段具有代表性的是后殖民生态批评的兴起。环境正义有关不同群体的生态危机受害程度这一说法催生了后殖民生态批评，作为后殖民主义与生态批评的有机结合体，该理论认为种族歧视与物种歧视有本质的联系。另外，如果说生态批评前两波浪潮强调地方依恋，那么后殖民生态批评研究已经更积极地致力于"从跨国或全球影响方面对地方进行实质性的重构"，它倾向于从世界主义思想的角度，通过考察更丰富的生态文化特点、减少对地方重要性的强调，从而加深了对地方和地方依恋的研究（Buell, 2011: 100）。

之后，生态批评中物质研究得到飞速发展，2012 年，斯洛维克首次将生态批评的物质转向称之为第四波浪潮，但是态度并不肯定，认为这种更贴近人类行为与生活方式的物质实证研究"可能"代表了生态批评的另一阶段（Slovic，"Editor's Note"，619）；但是他在 2015 年为《生态批评的国际新声》（*New International Voices in Ecocriticism*）一书作序时，对于这种新趋势的态度非常明朗，指出最近涌现的生态批评第四波浪潮特点"鲜明"，"它将新物质主义词汇与思维应用于环境美学，并在人类挑战全球变暖力求生存的背景下致力于推动环境人文学的发展"（viii）。在第四波浪潮中，意大利都灵大学教授赛仁娜拉·伊奥凡诺（Serenella Iovino）与土耳其哈希坦普大学教授瑟普尔·奥伯曼（Serpil Oppermann）对其理论建构发挥了重要作用，两位学者合作发表的若干文章和主编的论文集《物质生态批评》（*Material Ecocriticism*, 2014）推动了生态批评第四波浪潮的研究。

总体而言，生态批评在学者背景、考察对象、研究对象、研究方法和空间视野上变得日趋丰富，而且在总趋势上呈继承发扬的关系。在学者背景方面，英美白人学者独领风骚的现象逐渐演变为多民族学者大合唱的场面；在考察对象上，文学经典再次遭到挑战，传统经典的评价视角更加丰富，原本视为非主流文学的作品（尤其是非白人文学）因为其中的生态文化关注度跻身于当今的文学论坛；与此同时，研究对象上从一枝独秀变为百花齐放，即从开始非小说为主的自然写作演变为体裁多样的文学作品，包括小说、戏剧、电影等等，而到第四波浪潮，整个物质世界都纳入研究文本，人类与非人类物质的内在互动构成了意义的生成过程，非人类物质被赋予人类同样的施事能力与叙事能力；在研究方法上，从开始的文本细读为主到后来的文本与社会文化历史交错的方式，从单一的生态批评到后期的跨学科、跨领域研究（比如生态女权主义糅合了生态批评与女权主义的理论、生态正义是生态批评与社会批评的结合、后殖民生态批评有机整合了生态批评与后殖民主义的理论，除此以外，生态批评也从哲学、地理学、社会学、心理学等其他学科的土壤中汲取营养）；在空间视野上，早期的生态批评注重地方依恋对于环境保护的重要价值，但是逐渐融入了全球视野，地方和非地方、本土与全球、扎根与漂泊等关系的辩证思考将生态批评中的地方研究进一步复杂化、深入化，而物质生态批评模糊化了本土与全球的界限，将小到尘埃、大至世界的所有物质通盘纳入研究范畴。

二、生态批评的多维度研究

正如国内生态批评学者胡志红所言，西方生态批评的显著特征是"跨学科、跨文化，甚至跨文明"，而"理论借鉴、理论交叉与理论整合是生态批评开放性与包容性特征的重要体现"（1900/3/23　14：22）。生态文化的多元性、各学科的交融性、生态批评本身的包容性等决定该理论的研究是多维度的，其广阔的视野赋予其极大的活力，使其成为全球生态文化建构的重要力量。

生态批评内容丰富，如万花筒折射出社会生态的方方面面，它涉及自然写作研究、深层生态学、城市生态学、生态女权主义、毒物描写、生态正义、生态区域主义、动物权利、地方研究等等。本书由于版面限制及作者能力有限，无法展示生态批评的各个维度，而生态批评内在的无限活力也决定任何捕捉其点滴发展的努力是徒劳的。在此，作者将以文学批评实践为基础，力求呈现生态批评中的六大研究维度：地方维度、身体维度、性别维度、种族维度、电影评论维度和教育维度，而生态批评的最新研究——物质生态批评将展现在结语之中。每章的第一节是对其中某一维度研究的概览或综述，其他部分主要是利用该维度研究成果进行文本批评实践。

第一章聚焦生态批评的地方维度。生态批评的地方研究主要在四方面体现其焦点转移：从空间到地方、从绿色到杂色、从地方到全球、从单一的地方到多元的地方。人类历史本是将混沌空间改变为宜居地方的过程，但是工业革命的到来引发的是世界空间的瓜分掠夺，人们所依恋的地方家园沦落为西方帝国主义者实现利益最大化的空间，从而导致日益恶化的生态社会危机。回望历史，人类需要扭转这一过程，只有将空间视为家园一样的地方，才能在尊重各个地方的多元性时真正呵护这个世界。绿色到杂色的地方审美准则变化则颠覆了环境保护运动以来的绿色偏爱，多年以来，绿色往往成为判断环境优劣的准则。可是，真正的地方家园是杂色的，森林的郁郁葱葱是一种美，北极的茫茫冰雪是一种美，大漠的黄沙漫天也是一种美，只要生态系统正常运转，地方的健康颜色就是杂色的。在全球化浪潮的冲击下，固守地方家园的传统思想已经风雨飘摇，人们的日常生活已经打上了全球化的烙印，而环境恶化也超越了地方的界限，在当前局势下，我们不仅需要有立足地方的情怀，也要有放眼全球的视野，换而言之，人们同时需要具备"地方感"与"全球感"，或像这一章节的第二节中所言，需要树立立足地方的生态世界主义观。应该看到，西方中心主义是地方中心主义的集中表现，主要表现为侵略他人家园或掠夺其他地方的资源以发展自己家园的做法，有鉴于此，我们需要建立一种生态正义的地方原则，关爱自己家园的同时，需要尊重其他地方可持续发展的权利，从而实现从单一的地方霸权主义到多元地方原则的转变。在具体的批评实践中，本章的第三节采用生态正义的地方原则分析芭芭拉·金索尔弗（后文简称"金索尔弗"）的小说《动物之梦》，揭露工业文明对美国墨西哥后裔家园的践踏，展现小镇人民伸张正义、保护家园的过程。第四节探讨《小镇畸人》中美国农业社会向工业社会转型过程中小镇居民异化错位所体现的无根感痛苦，启发我们建立有凝聚力和渗透性的地方，从而找回失落的地方归属感，以此抵制工业文明带来的负面影响。第五节解析金索尔弗的两部小说《豆树青青》和《天堂猪群》，通过分析两位女主人公的"回家"之旅，证明地方建构的多元性与不确定性。

第二章以生态批评中的身体维度为重点。生态批评中的身体研究主要从三个层面展开：话语层面、物质层面与审美层面。话语层面的身体研究主要体现在揭示西方心／身二分化带来的诸多生态社会问题，而重构身体与心智的关系重点表现在物质层面与审美层面。身体的物质性思考瓦解了人类与非人类自然之间的疆界，让人们意识到所有物质之间一荣俱荣、一损俱损的紧密联系，而生态批评中的毒物描写正是将环境内毒物的转移交换作为重点，从身体健康的角度揭示人类无法脱离自然而生存的事实。身体美学的生态内涵展示在：身体化经验让人们意识到人类身体嵌入于世界的事实，而从种族的角度认识到有色人种的身体之美与身体之力则为后殖民生态批评的拓展提供了建设性思考。在第一节综述生态批评中的身体研究三个层面后，作者也进行了理论实践。第二节解读当代黑人女权主义者奥德莉·劳德的自传体作品《癌症日记》，从物质女权主义角度探讨这部"物质传记"的先驱代表，揭示身体与环境之间的物质交换与癌患之间的因果关系，作为毒物描写的一种文体，呼唤人们了解身体作为"第一环境"与其他环境之间千丝万缕的联系。第三节分析金索尔弗的小说《动物之梦》中多维记忆与自我建构的关系，表面上"身体"仿佛与记忆无关，但是其中主人公科蒂的创伤记忆与生态记忆其实都是一种身体记忆，个人经历其实都是一种身体化经验，反过来又作用于身体。科蒂的丧母失子之痛烙印在内心，家乡之旅揭开了多年的伤疤，记忆的再现促使了内心创伤的治愈；成长中理智的推崇扼杀了孩童时期与自然和谐相处的生态记忆，重拾生态记忆促使科蒂投入家乡的环境正义运动，以切身的身体化经验贯彻生态保护的行动主义。第四节以金索尔弗的《纵情夏日》为文本探讨食物链的智慧，食物链关系人类与非人类身体的生存，人为地改变甚至破坏食物链最终危及人类自身，所以我们应该树立正确的食品文化观念，以生态环保的方式保护食物链的安全健康，才能确保整个生态系统的安全健康。

第三章探析生态批评的性别维度。目前在这方面的研究更集中于生态女权主义领域，主要探讨女性压迫与控制自然之间的内在联系，并致力于推翻所有形式的压迫；研究较少的是与男性气质与酷儿理论的结合研究，前者旨在挖掘文学中"生态男性"的塑造，探讨雄性气质在不同文本中保护自然或主导自然的不同表现；而作为弱势群体的同性恋群体与受控制的自然一样处于社会话语的边缘，生态批评与酷儿理论的结合有利于揭示二者之间的内在联系。本章第二节利用物质女权主义的观点建议重构生态女权主义视域中的"身体"，将能动的身体定义扩大到人类与非人类自然，以此理解不同身体之间的内在互动所推动的宇宙变化，并颠覆主流话语中的各种逻各斯主义形式的压迫。第三节从生态女权主义视角解读金索尔弗的《毒木圣经》，展示其中种族主义、性别歧视与压迫自然之间的根本联系，指出女性、有色人种与自然在走向光明的过程中所拥有的主动性与能动性。第四节探讨了朱厄特的短篇小说《一只白苍鹭》中的乌托邦内涵，质疑建构女性与自然和谐世界却驱逐男性的做法。第五节虽然剖析塞林格作品《麦田里的守望者》中的青少年男主人公形象，但是却采用生态女权主义的反二元论分析小说中所反映的年龄歧视。

第四章聚焦生态批评的种族维度，该维度主要揭示种族主义与物种主义的本质联系。第二节从生态后殖民主义视域分析《毒木圣经》，揭示帝国建构中压迫弱势群体为主的西方伊甸园情结，并展示新田园想象重构平等世界的重要意义。第三节解读琳达·霍根（后文简称"霍根"）的小说《卑劣灵魂》，指出该作品揭露了殖民者为掠夺土地、石油而导致的印第安生态社会危机，并表明印第安书写对于重构身份、传承文化记忆的重要作用。第四节分析了霍根的另一部小说《鲸鱼部落》，显示了捕杀鲸鱼在印第安文化中的社会生态内涵，探讨了印第安民族走出创伤、重构自我的可能途径。

第五章集中讨论生态批评的电影评论维度。生态批评早期关注自然写作，之后扩大到小说和电影在内的其他生态想象载体。电影作为一种大众娱乐媒介，传达的社会生态思想能影响到更广泛的大众，因此辩证思考电影作品成为生态批评中的一大趋势。本章第二节分析了国内电影《Hello，树先生》，揭示了国内城市扩张而造成的部分边缘群体的精神危机，其一大特点就是"无根感"的彷徨，因此主人公栖居于树上的癫狂更是当代人无奈栖居现状的写照。第三节剖析生态寓言电影《老雷斯的故事》，指出该书所隐含的生态寓意虽然能促使观众树立保护自然的生态意识，但其中对自然的扭曲描写和简化处理不利于观众形成对自然的正确认识。第四节分析迪斯尼电影《马达加斯加》，也指出了这种儿童影视作品所具有的两面性，一方面揭示动物的荒野生存本质，另一方面又存在这种揭示不够彻底的尴尬。

第六章探讨生态批评的教育维度，尽管这方面的研究还不尽如人意，本书也指出生态批评本身就是教育内涵的再现，让更多大众从更深层次审视自己与自然的关系，有利于促使更多人投入全球的可持续发展。本章第二节以威尔斯的短篇小说《圆锥体》为例，探讨在引导学生阅读该作品时进行生态批评视角解读的可能性；第三节则以大学英语教材中的课文《为了人类自身拯救自然》为例，指出当代生态教育要从课本做起，要避免传达其中隐含的人类中心主义思想。

尽管本书致力于梳理生态批评的多维度研究，并将其理论应用于批评实践，但是还存在诸多不足之处。首先，生态批评的研究领域越来越宽泛，本书只是管中窥豹，所梳理的部分只是冰山一角，比如该领域中的动物研究、生态批评与哲学的结合等在此都没有介绍。其次，所选六个维度的研究还有待更深入探讨，比如地方维度中还未曾涉及城市的生态属性建构。另外，批评实践中也显示出作者的兴趣偏好难以保证所选作品的丰富性，若干章节可能主要聚焦当代小说家金索尔弗或霍根的作品。对此，作者也将在今后的科研中继续探索生态批评的广度与深度，以弥补本书研究的不足之处。另外需要说明的是，本书多个章节已在《外国文学研究》、《外国文学》、《外语研究》、《解放军外国语学院学报》、《外国语文》、《山东外语教学》等期刊中发表，在此对这些期刊表示诚挚的感谢。若干章节也得到导师郭棲庆教授（北京外国语大学）、同学李素杰副教授（北京第二外国语学院）、学生刘凯菁、张宇琪的帮助，在此一并表示感谢。

目　录

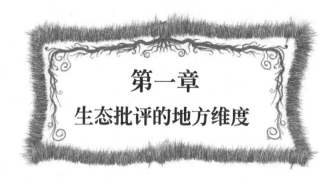

第一章
生态批评的地方维度

第一章

第一节　生态批评中的地方研究

1996 年，生态批评创始人之一格罗费尔蒂（Cheryll Glotfelty）曾经质问："除开种族、阶级和性别，地方是否也应该成为一项新的批评类别？"（1996: xix）之后，地方研究成为西方生态领域的重要概念。不仅在生态研究领域，社会学、哲学和地理学等多个人文社科领域也涌现出了大量有关地方的文章和论著 [例如，卡西的《回到地方》（第二版，2008），史密斯的《地方伦理》（2001），波恩的《当代小说中的后南方地方感》（2005）等]。欧克斯（Timothy Oakes）将这种现象称作西方地方理论的"复兴"，他认为地方学说的兴起暗示着现代主义的破灭，它颠覆了康德的空间容器理论，正成为"社会文化批评领域中新的地理坐标"（1997:509）。

在环境人文学领域中，国内外的地方研究提出了诸多深刻的思考。《城市的本质：生态批评与城市环境》（*The Nature of Cities: Ecocriticism and Urban Environment*）（1999）探讨城市空间中的人造自然和商业建筑在诗歌和非小说中的再现；《环境批评的未来》（*The Future of Environmental Criticism: Environmental Crisis and Literary Imagination*）（2005）认为人类历史经历了"空间—地方—空间"的转变，当务之急是回到情感依托的地方，才能真正守护地球；《热爱干燥》（*Xerophilia: Ecocritical Exploration in Southwestern Literature*）（2008）剖析我们用感官感知地方、获得地方感的重要性；《地方感和全球感》（*Sense of Place and Sense of Planet: The Environmental Imagination of the Global*）（2008）指出我们不仅需要地方感，也需要"全球感"，发扬生态世界主义精神，从宏观的角度解决世界环境危机。《回到地方》（*Getting Back into Place: Toward a Renewed Understanding of the Place-World*）（2009）从现象学的角度论证人类重新重视地方的重要意义；《生态区域主义想象：文学、生态与地方》（*The Bioregional Imagination: Literature, Ecology, and Place*）（2012）强调地方归属感对于缓解全球生态危机的重要意义。论

文集《美国文化、生态批评与公民身份：当地与全球共同利益的思考与行动》（2013）从跨学科的角度讲述当地环境对全球生态系统的影响，呼吁人们为了共同利益实现人类与自然的可持续发展。

在国内，宁梅著述的《生态批评与文化重建：加里·斯奈德的"地方"思想研究》（2011）以"地方"为切入点，从地方意识的本土神话建构、中国化建构、地方文化的构想和实践探讨斯奈德的地方思想，展示"地方意识"到"地方文化"的演变历程。胡志红的专著《西方生态批评研究》（2006）用 10 页的篇幅讲述了地方意识的建构，指出地方在培育地方意识、促进环境想象的过程中起着至关重要的作用。而论文《从生态批评的角度重读谭恩美的三部作品》分析作品中的自然场景，认为地方可以成为文学分析的批评类别。

但是应该看到，当西方的地方研究正如火如荼地进行，生态领域中的地方思考也日趋成熟时，国内的学术界在这方面的探讨还风平浪静。具体在生态批评中，目前为止，仅有少量的文章对地方有严肃的思考，更多的学术论文停留在剖析人与自然的关系上，还没有将"地方"作为批评范畴，或是考察人与人、人与自然关系的研究平台。因为地方意识对于建立个人身份、缓解生态危机、稳定社会关系等方面有着不可忽视的重要作用，笔者认为我们有必要借鉴西方生态批评中的地方研究，从地方的角度扩展文学批评的空间，还要结合当前国内发展态势，将地方的思考提到学术研究日程上，将地方感的建立融合到人们的日常生活领域。

一、西方生态研究中的地方思考

西方生态研究中的地方理论可以从四个方面来概括：从空间到地方、从绿色到杂色、从地方到全球、从单一的地方到多元的地方。这四方面的综合研究表明西方生态领域对地方的思考已日趋缜密和成熟。

生态批评著名学者劳伦斯·布尔（Lawrence Buell）（后文简称"布尔"）是号召人类从空间回归地方的代表。在《环境批评的未来》（*The Future of Environmental Criticism*）一书中，布尔旁征博引，指出空间和地方的区别：空间是抽象的，地方是具体的，地方是赋予人类情感的空间，我们依恋地方，但是我们不会依恋空间。从远古文明阶段至今世界历史本质上是人类改变空间的历史，地球最开始是混沌的空间，是人类将空间塑造成适合居住的地方，工业革命后的现代阶段却扭转了这一空间转变地方的进程，而变成了从地方走向空间。在这一过程中，人类掌控重塑空间的行为愈演愈烈，而西方现代社会进程为了实现空间膨胀中利益的最大化，是以毁灭地方为代价的。面对当代的环境危机、社会问题，布尔认为我们有必要重新审视地方的重要性，让"地方"成为"环境人文学者思考的必要概念"（2005：62）。在布尔看来，美国早期的开拓文化实质上是世界"生产"、"抽象空间"的一个片段，西方殖民者驱赶印第安人到居留地的历史实质是毁灭他们身份认同的地方。

另一位生态批评学者汤姆·林奇（Tom Lynch）（后文简称"林奇"）质问了人们对绿色环境的偏爱。大多数人钟爱山清水秀的地方，绿色成为地方漂亮的重要标准，成为"生态上合理的或环境上积极的"元素（200：9），这种绿色观念渗透到绿茵茵的高尔夫球场、青幽幽的草地，还有我们诸多环保组织的命名上，比如"绿色和平组织"。但是真正的生态环境却是五颜六色的，颜色杂乱的树皮、斑驳陆离的植物和石头等，这些都是健康生态的重要组成部分。林奇在他的《热爱干燥》（*Xerophilia*）一书中表达了他对美国西部沙漠地区的关注，通过分析诸多当代散文作品，剖析我们用感官去感知地方、获得地方感的重要性。他的理论不仅批判了生态研究中对绿色的偏爱，还用多种感官的学说颠覆了西方传统中视觉优先的思考，指出环境不仅是我们眼睛能看到的风景，还是我们可以触摸、耳听、鼻嗅和品尝的地方。

如果说诸多生态研究学者都在强调地方感的重要性，那么乌苏拉·海瑟（Ursula Heise）（后文简称"海瑟"）的理论在地方感的基础上，又提出了全球感。海瑟认为全球化席卷世界，影响了我们传统的生活方式，安居乐业、自给自足、熟谙当地风情、抗拒科技发展的地方已经过时，我们的衣食住行和休闲娱乐都已经打上了全球化的烙印，即使我们能购买当地特产、支持当地艺术家，但是环境变化的恶性循环超越了地方的界限，全球变暖、自然灾害等影响到地球上的每个人。在这种情况下，海瑟认为，我们虽然不能否定地方感的可行性和必要性，但是我们也需要"全球感"。做一位放眼全球的生态世界公民，旨在发扬生态世界主义精神，将"个体和群体看做人类和非人类自然全球范围内想象共同体中的一部分"（2008：61）。在生态研究领域，将地方概念扩大到全球的论著还有露丝玛丽·萝特（Rosemary Ruether）的《整合生态女权主义、全球化和世界宗教》（2005），阿尔·萨勒（Ariel Salleh）的《生态自足和全球正义》（2009）等等。

瓦尔·普鲁姆伍德（Val Plumwood）（后文简称"普鲁姆伍德"）作为生态女

权主义的泰斗人物之一，从广泛的生态角度辩证分析了时下流行的地方研究。她驳斥了地方中心主义，认为我们在重视自己所在的地方时，不能忽视、贬低其他地方。海德格尔的学说为当前很多生态研究者提供了理论基础，但是他所关注的地方是狭窄的，是贬低家园以外的其他地方的，德国纳粹也宣扬了国家作为地方的重要性，但是这种观点是建立在蹂躏、侵略其他地方的基础之上的，所以"唯一的真实地方"（2003：144）的学说理想美化了自己的家园，却贬低排斥了提供物质和生态基础的"影子地方"（2003：139）。因此，普鲁姆伍德主张我们应该意识到人和地方的多元化关系，建立"生态正义的地方原则"，即"关爱呵护地方的同时，不要破坏、贬低其他地方，其他地方既是其他人类的地方，又是其他物种的地方"（2003：147）。

二、地方研究的文学空间

可以看出，生态领域对地方研究已变得日趋成熟，而这也反映到文学批评上。考察文学中地方的塑造在西方生态研究中屡见不鲜，这意味着地方正从文学作品的阴影中走出来，甚至成为像人物一样有主动性和创造力的主体。生态批评学者格伦·A·洛夫（Glen A. Love）指出，包括海明威、马克·吐温、安德森、凯瑟、劳伦斯、韦尔蒂等在内的作家都通过作品表明了地方的重要性，经常让地方成为作品中"必不可少的参与者、甚至是主要角色"（2003：90）；布尔也在《环境批评的未来》一书中探讨了历史进程中文学领域内地方的演变，以及在地方和全球化的沟通中产生的文学作品所体现的地方现象；在国内为数不多的有关地方的生态研究文章中，吴起考察了哈代作品中地方感的重要性；王立礼指出谭恩美三部小说中地方是充满"性格和生命"的人物（2010：58）。如果说地方研究在西方人文社科领域掀起了复兴，那么它也在西方生态领域寻找文学批评的扩展空间。

生态批评的开始阶段着重考察文学领域中的散文类自然写作（Nature Writing），而其中最典型的评论作品是梭罗的《瓦尔登湖》（*Walden*）。梭罗在书中展示的新英格兰村庄是青山绿水、郁郁葱葱。后来自然写作的范围不断扩大，有洛佩慈书中白雪皑皑的北极（《北极梦》，*Arctic Dreams*），有艾比书中生机勃勃的沙漠（《大漠孤行》，*Desert Solitaire*）。作者在回归自然的怀抱中感受着心灵尘埃的涤荡，显示出超凡脱俗的出世情怀。但是自然写作视角比较狭隘，集中关注的是荒无人烟的自然世界，在批判文化和自然的二元论思想时，却走向了支持自然、否定文化的另一个极端。所以阿姆布鲁斯特（Ambruster）和凯思林（Kathleen）认为，生态批评应该超越自然写作，应该将人类世界包括进来，因为"理解自然和文化在不断影响和建构对方是明智的生态批评中的必要部分"（2001：4）。生态文学批评的视域开始从自然写作扩展到生态小说，文学体裁的多样性是生态社会多样性的写照。如果说自然写作呈现出的特点是以自然为主要基调，那么生态小说勾勒了人类和自然同台演出的场面，是关于"形形色色的个体学会或者没有学会生态生活方式的故事"（2000：25），它所勾画的地方已经不是使人类黯然失色的风景，更不是人类粉墨登场的广阔舞台，而是人与人、人与自然相互联系、相互影响的生态社会世界。生态文学批评不仅在体裁上更加丰富，而且地理视野也更加开阔。这主要表现在两大方面：首先是在美国本土文学作品中挖掘地方和国际沟通的因素，比如海瑟分析了美国当代作家金索尔弗的小说《动物之梦》中多元文化社区所体现的地方之间的联系；其次是通过跨学科研究考察国际范围内的生态文学作品，比如格雷姆·哈根（Grapham Huggan）和海伦·蒂芬（Helen Tiffin）作为后殖民生态批评的领军人物，分析了后殖民文学在发展不平衡的世界中追求"社会和环境正义"的过程，而在这个过程中，地方"归属感"是考察要素之一（2010：20）。通过这两种方式，生态研究的地方理论也超越了传统上封闭式的区域文学研究，从狭隘的小地方延伸到世界各地，让地方和地方沟通起来，让地方与世界对话，让地方不再成为约束个人自由、束缚社会发展的空间，而成为人类关心地方、关注全球的平台。

人们追求地方归属感的愿望是难以泯灭的，生态文学批评在着眼于人与自然和谐共存的地方的同时，也需要揭露历史发展进程中地方感是如何被践踏的。西方文学留下了大量反映资本主义经济空间扩张中忽视人与地方的纽带关系、甚至毁灭地方特色的作品。从一定程度上讲，向西部挺进是资本主义经济带着文明的"遮羞布"，征服自然、征服边缘人群的空间膨胀过程。库珀的"皮袜子"五部曲是美国开拓边疆的史诗，它生动描写了西方白人征服自然的野心，同时也间接表明美国空间膨胀的过程割裂了印第安人与地方的纽带关系，由此引发了他们的身份危机。《愤怒的葡萄》揭示了西进运动中人们失去地方依托、受资本主义经济摆布的现象。带着美好的愿望，乔德一家踏上了西进的征途，但是迎接他们的不是加州明媚的阳光，而是资本主义剥削的腥风血雨，空间的运动并没有带来美好的生活，相反，无地方感的痛苦却是沉重的代价。同时,美国的西部传统上是自由的象征,而这种自由不仅是社会意义上的,还有空间意义上的,向西部挺进对个人而言是挣脱地方的束缚、寻求个性张扬和自我发展的空间,但是这种空间并不能确保带来人们心目中的自由,甚至可能引发人们的孤独异化。马克·吐温笔下的哈克贝利·费恩是西方个人主义的代表,他厌烦沃森太太家中沉闷的环境,希望在西部寻找远离尘嚣的净土,但是他心目中的伊甸园却成为未知数。《在路上》中的萨尔和同伴希望通过空间的运动寻找到人生的意义,但是最终却无果而终。《麦田里的守望者》中的霍尔顿渴望摆脱城市文明的喧嚣,在西部的林中小屋中悠闲度日,但是在现实与梦想的矛盾中他却成为精神病院的患者。

西方的殖民帝国主义是资本主义在世界舞台上演的空间扩张。康拉德在大约100年前通过他的小说《黑暗的心》,披露了殖民主义掠夺瓜分刚果自然资源的丑陋一面,他在鞭挞殖民主义侵占土地、消除地方的同时,却又用印象主义的手法虚化模糊了非洲那片生机盎然的土地,而具有地方特色的非洲民族文化也被淹没在充满男人冒险主义的小说中。100年后,美国的当代作家金索尔弗从女性叙述者的角度,在她的《毒木圣经》一书中勾画了经历沧桑、但是依旧充满斗志的刚果,这片被殖民主义掠夺自然资源的土地是刚果人民赖以生存的地方,他们在恶劣的自然环境下,并没有像西方人一样将自然当作征服的对象,而是人类与其互为联系、相辅相依的地方。

后现代小说在语言建构的游戏中间接揭露了人与地方纽带关系断裂所产生的孤独异化。《第五号屠宰场》中的比利在时空的转换中煎熬,他回到"二战"中轰炸后的德累斯顿城,目睹了具有历史意义的城市化为月球表面般的废墟,他作为现代名流在美国城市间穿梭,作为人类动物在外星球展示,但是他永远无法摆脱梦魇般的"二战"经历。而唐·德里罗的《白噪音》被格伦·A·洛夫认为是"明显的抹杀地方"的后现代作品(2003:92),地方变成了供人观摩的幻影、应对生态危机的试验地,而日落也成了后现代中语言的定格,地方失去了意义,人们在惶恐中挣扎,人生变成了虚无的碎片。

斯普瑞特耐克(Charlene Spretnak)指出,过去200年关于现代人"孤独异化"的文学在一定程度上揭露了人们失去地方归属感的可悲现状(1999:13),现代文学中的英雄人物纷纷远离故土、迁居城市,以追求心目中的理想国度:或是遍地流金,或是自由之土。那么抗拒孤独异化的重要途径之一就是需要更多的生态学者去挖掘已有文学作品中对地方的关注，或者像洛佩慈、艾比一样创造出更多的原创性作品，呼吁人们回到地方中的纽带关系，而这也充分反映了地方研究的重大意义。

三、地方研究的意义及对中国的时代启示

西方生态批评中的地方研究对于个人身份认同和生态社会改善具有重大意义。首先，地方对于建立个人身份有重要作用。唐纳·德莱斯（Donald Dreese）认为，地方感是文学中自我展示和身份认同的关键因素"（2002：11）。在西方传统中，地方仅仅是人类生活的场所，是社会活动的背景，所以长期以来，地方都是人文社会学科中的边缘概念。当代现象学中地方研究的泰斗爱德华·卡西甚至认为，西方现代阶段过去的 300 年中，地方"不仅受到忽略，而且被大加压制"（2009：xiv）。地方被长期忽视的一个重要原因就是人们没有看到地方在自我建构上有着重大影响，地方并不是装纳人类和自然的容器，也不是单纯的人类施事对象，它打上了人类和自然活动的烙印，同时也在影响人类和自然。我们的所见、所闻、所想都是和地方相互联系的结果，而自我正是在这种人与地方的互动中塑造的。

其次，地方感的建立有利于缓解生态危机。布尔在《环境的想象》（*Environmental Imagination*）一书中指出，地方意识虽然不能完全抗拒人与自然的关系断层，但是能"抵消"断层所带来的异化（1995：279）。在西方，人们受到根深蒂固的二元对立的思想意识形态影响，将自然看作被动的物质，将自己看作能思善辩的"智人"（homo sapiens）。在普鲁姆伍德看来，西方的生态危机实质上是"理智的危机，更准确地说，是理智文化的危机"（2002：5）。人类因为崇尚理智而贬低自然，将自然看作征服压迫的对象，在这种情况下，自然界也成为西方资本主义经济利益膨胀的空间。面对当前的生态危机，我们有必要重新审视自我和地方的关系，只有认识到自己和地方中的自然万物平等互利的关系，才能真正去关心地方；只有认识到地方和地方的沟通，才能真正做到在全球范围内关注环境。

当代美国作家斯格特·拉塞尔·桑德斯（Scott Russel Sanders）曾经指出："植根地方的人比植根观念的人更有可能去了解和关爱地方。"（1993：106）和追求一个虚无缥缈的伟大理念相比，设身处"地"了解地方更加实际可行，我们需要认识到地方不仅是我们衣食起居的物质基础，也是我们塑造自我的精神家园，认识到我们自诩"智人"的傲慢，寻回"地理人"（homo geographicus）的谦逊

（1997：12）。在一定意义上，了解自我和地方千丝万缕的联系就是关爱地方、保护环境的开始，以大世界着眼，从小地方做起，成为一位有责任感、有爱心的"地方人"（Placelings）（2009：322），是缓解生态危机、社会危机和精神危机的重要途径。

应该看到，地方研究不仅对于西方生态社会危机的缓解具有重大意义，它也能为中国的可持续发展提供必要的时代启示。中国历来强调"根"的情结，"鸟恋旧林，鱼思故渊；树高千丈，落叶归根"，但是在经济腾飞、科技迅猛发展的今天，坚守故土的人已经为数不多，背井离乡而想落叶归根的人也越来越少。城市化的快速发展正在改变着中国传统的空间结构和人口分布模式，全球化的发展更是加大了人口在更大范围内的流动，网络通信把中国也推向了一个时空压缩的时代。当我们也卷入西方以文明进步为标准尺度的旋涡时，当我们面临生态系统严重破坏、社会问题引发精神危机的现状时，我们是否能从西方生态批评中的地方研究中得到一些启示呢？

毋庸置疑，"根"的情结已经不合时宜了，"物是人非"实质上是"物非人非"，人在改变，地方也在改变，回到故土已经没有往日的亲切感。尤其是在经济迅猛发展的今天，往日的小桥流水可能已经变成了摩天大楼，往日的飞沙大漠已经有采油机在那日夜工作。"根"的情结是建立在"不变"的基础之上的，所以在"变"为定律的今天，我们的寻根已经变得不伦不类。同时，封闭自守的地方也是束缚自我发展的枷锁，缺乏和其他地方的沟通，"阡陌交通，鸡犬相闻"的桃花源也只能是定格在陶渊明心中的那片净土，人们总是向往外面的世界，希冀五彩缤纷的生活能打破坚守家园的寂寞孤独。当前的中国发展在一定程度上就像舍伍德·安德森笔下《小镇畸人》所处的时代，虽然科技经济发展程度有别，但是瓦恩斯堡镇是美国从农业大国向工业大国转变的缩影，是人们从乡镇农村走向大城市这一过程的写照；而中国目前正处于城市化飞速发展的阶段，如何创立有益于人与自然发展的建设性地方已经成为重要课题。地方既不是故步自封的狭隘区域，也不能是抹杀特色、充斥着麦当劳、肯德基标准建筑的千篇一律的地点。也许我们不能以文明进步作为国家发展的唯一标准，而更应该以建立人与自然和谐发展、引发人们归属感的地方作为重要尺度。假如我们不能回到"根"的故土，至少我们要意识到我们和自然的地方叶脉相连，只有这样，我们才能真正去关心地方，去抗拒当代的生态社会危机，成为呵护地方、保护自然的地球居民。

第二节 立足地方的生态世界主义

在生态危机日益恶化的形势下，环境运动与文学研究的结合催生了"绿色"文学批评思潮，即生态批评。在这一领域，谈到生态世界主义，人们首先想到乌苏拉·海瑟在这方面做出的巨大贡献，但正如乔尼·亚当逊与斯科特·斯洛维克所言，生态批评的发展归功于"站在巨人的肩膀上"，长期以来，正是这些"不同的声音帮助人们理解人类与星球的关系"（2009：6）。在此，我们有必要回放这些不同的声音，以此进一步理解并改善发展至今的生态世界主义思想。另外，国内学者王宁教授于2014年提出："人类需要什么样的世界主义：是驻足于特定民族之中的世界主义，还是无根的世界主义？"（2014：43）对此，他认为学术界至今尚无深刻明确的回答。同样，对于2008年提出的生态世界主义，本节在回顾其发展历程时，也试图回答一个问题，即"生态批评的生态世界主义，是驻足于地方之中的生态世界主义，还是无根的生态世界主义呢？"

一、生态批评的四大浪潮

整体而言，生态批评的四大浪潮呈现出从单一到多元、从荒野到城市、从地方到全球、从文本空间到物质世界的发展趋势。第一波浪潮开始于20世纪90年代，研究对象聚焦于以诗歌为主的英国浪漫主义文学和以梭罗为典范的美国自然写作作家的非小说作品。鉴于西方文明在摧毁生态系统、造成人与自然关系断裂的破坏性，此阶段的生态批评学者主张远离现代文明的荒原，抛弃人类中心主义的偏见，转向人迹罕至的荒野，以生态中心主义为导向建立人与自然和谐共处的社会。这一浪潮中具有代表性的生态区域主义更是主张立足地方，在以分水岭为界限的区域内感悟"eco-"在古希腊语言中"家园"的真实含义，从熟悉区域中一草一木、一禽一兽开始构建诗意栖居的梦想生活。

如果说第一波浪潮集中于英美国家范畴，那么21世纪早期兴起的第二波浪潮从广度上有所超越：它打破了第一波浪潮英美批评家独占舞台的现象，亚非拉美等地的学者开始结合本国情况将自己的声音融入生态批评这一大合唱之中，从一定意义上，尽管生态世界主义的概念还未萌芽，其思想已经在全球范围内的生态批评浪潮中体现出来。不仅如此，第二波浪潮在景观选择上也超越了第一波中的荒野情结。人们认为，自然不是单纯的存在，已经打上了文化的烙印，城乡划分是人类文化建构的结果，既然如此，城市和乡村都有文化打造和自然影响的烙印，因此工业文明中崛起的城市和人造环境与远离尘嚣的荒野或田园乡村风景一样都应该作为生态批评考察的对象。

生态批评在21世纪十余年来出现的新动向汇聚成第三波浪潮。在认识到民族和国家特殊性的同时，这一浪潮倡导超越本土的界限，在全球化的框架中加深对生态批评的研究。在这一阶段，生态批评学者的阵营更加强大，来自世界各地的多民族群体参与到有关生态批评的对话中来，以自己独特的方式书写人类与非人类自然关系的艺术话语。这一阶段具有代表性的是后殖民生态批评的兴起。环境正义有关不同群体的生态危机受害程度的说法催生了后殖民生态批评，作为后殖民主义与生态批评的有机结合体，该理论认为种族歧视与物种歧视有本质的联系。另外，如果说生态批评前两波浪潮强调地方依恋，那么后殖民生态批评研究已经更积极地致力于"从跨国或全球影响方面对地方进行实质性的重构"，它倾向于从世界主义思想的角度，通过考察更丰富的生态文化特点、减少对地方重要性的强调，从而加深了对地方和地方依恋的研究（2011：100）。

之后，生态批评中物质研究得到飞速发展，2012年，斯洛维克首次将生态批评的物质转向称之为第四波浪潮，但是态度并不肯定，认为这种更贴近人类行为与生活方式的物质实证研究"可能"代表了生态批评的另一阶段（Slovic, " Editor' s Note ", 619）；但是他在2015年为《生态批评的国际新声》一书作序时，对于这种新趋势的态度非常明朗，指出最近涌现的生态批评第四波浪潮特点"鲜明"，"它将新物质主义词汇与思维应用于环境美学，并在人类挑战全球变暖力求生存的背景下致力于推动环境人文学的发展"（viii）。在第四波浪潮中，意大利都灵大学教授赛仁娜拉·伊奥凡诺与土耳其哈希坦普大学教授瑟普尔·奥伯曼对其理论建构发挥了重要作用，两位学者合作发表的若干篇文章和主编的论文集《物质生态批评》（*Material Ecocriticism*, 2014）推动了生态批评第四波浪潮的研究。

总体而言，生态批评在学者背景、考察对象、研究方法和空间视野上变得日趋丰富，而且在总趋势上呈继承发扬的关系。具体在空间与地方的理论研究上，呈现出两大趋势。首先，生态批评强调地方转向研究的重要性。人类出于自我利益扩大对自然世界的探索范围，在扩张自我空间的同时却压缩了其他物种和边缘人群的生存空间；与空间相比，地方是人类情感依托的空间，当人类寄托以依恋和归属感的空间成为地方时，就会自发地保护和呵护地方，只有这样，才能去真正呵护我们的地球。生态区域主义学家尤其强调地方依恋或地方感的重要性，呼吁人们走进自然，了解一花一草，观察飞禽走兽，将身心浸入自然世界，以此萌发的地方依恋是我们拯救地球的一大关键；其次，生态批评在近几年也意识到地方研究的不足，认为地方依恋只能解决局部问题，人们需要全球视野才能洞察到生态社会危机在全世界盘根错节的复杂性，因此，需要人们建构一种生态世界主义精神，将人类与非人类自然纳入思考范围，才能根据问题的复杂性联合起来去解决问题。对这两方面的趋势，本节在下面将逐一展开。

二、生态批评中的地方情结

地方研究在西方生态领域占据着举足轻重的地位。1996 年，生态批评创始人之一格罗费尔蒂曾经质问："除开种族、阶级和性别，地方是否也应该成为一项新的批评类别？"（1996：xix）时隔 15 年，生态批评在这一方面的贡献有目共睹，本书作者也曾比较系统地对其进行了综述，并将其发展趋势概述为四大方面："从空间到地方、从绿色到杂色、从地方到全球、从单一的地方到多元的地方。"（2012：31）具体来说：由于资本主义经济的空间扩张正在侵蚀具有特色生态文化的地方，生态批评一直主张要实现地方的复兴，让地方依恋成为催生热爱自然的良药；生态批评领域明显存在对绿色的偏爱，但是真正的自然环境是杂色的，不应该以一种颜色混淆视听；在发展过程中，地方视野过于狭隘，人们需要总揽大局，培养能促进全球生态意识的生态世界主义；与此同时，我们需要看到在看待地方时所体现的生态非正义，即为家园的昌盛侵犯其他地方共同发展的权利，所以需要建立一种环境正义的地方原则。整体而言，生态批评的视域逐渐扩大，实现了从小地方向大世界的转变。

在一定程度上，地方情结贯串生态批评的发展过程，即使在后期遭到一定的质疑，但是这些质疑只是让地方依恋的话题更加复杂化、深入化，让人们看到地方依恋并不是唾手可得的安全感，在错综复杂的全球权力关系网中，面对各种威胁到人类生存的全球性风险，地方和地方感都已经不是稳定的存在，而是一个在变化中不断去适应、调整、沟通的过程。

对生态批评而言，地方研究具有重要价值。首先，培养地方依恋是缓解生态社会危机的重要方法。布尔在《环境批评的未来》中概述工业革命到现代空间扩张从而导致生态社会危机的历史，号召人们重新审视地方的重要性，因为地方依恋能促使人们真正关爱呵护地方。其次，地方是身份建构、文化记忆的重要平台。多尼尔·德里斯（Donell Dreese）在《生态批评》中通过解读印第安文学指出地方感是自我身份建构、集体文化记忆认同的关键因素。另外，地方也是敬畏生命、加深联系的重要平台。林奇的专著《热爱干燥》一书作为生态区域主义的范本强调人类通过各种感官感受地方、加深联系的重要性，呼吁将生态区域作为"生态家园"的立足之本。因此，"地方是环境人文学中不可或缺的概念"，同时，作为环境实体、社会建构过程和个人依恋的对象，地方概念也是"环境批评中意义丰富但又错综复杂的领域"（2005：63）。

地方归属感也是诸多生态文学作品反映的主题。以《立足脚下》（*Staying Put*）一书著名的司各特·罗素·桑德斯（Scott Russell Sanders）主张人们了解世界的前提是了解地方，立足于具体地方的人们比善于抽象思维的人们更擅长关爱自己的家园，对小地方的热爱也并不妨碍人们关爱其他地方，相反，人们反而能学会尊重其他地方、其他文化、其他生活方式的多样性。温德尔·贝利也提到，社区的兴旺离不开地方的蓬勃发展，地方不仅包括人类，还有阳光空气、土壤河流和森林绿地，只有地方中的人类和自然互相支持，才有望可持续发展，而这就是贝利有关经营地球家园的"家园经济学"的重要部分。地方思想也贯串到加里·斯奈德的作品之中，他的书中渗透着地方意识的本土神话建构、中国化建构、地方文化的构想和实践，展示了从"地方意识"到"地方文化"的演变历程。

应该看到，生态批评中的地方情结并不是封闭保守的传统做法，在关注地方的同时学者们也避免一叶蔽目，他们也看到了全球化对地方生态文化的侵蚀，不过他们更关注立足地方，只有这样才能真正关爱世界。尽管在生态批评的地方视野中，"世界"并不是一个盲点，但是乌苏拉·海瑟尖锐地指出生态批评并没有"将全球化所带来的变化系统地纳入主体性和施事性研究之中"（2008：386）。对她而言，这种地方情结体现的对其他地方的关注与盛行的世界主义研究不可同日而语，生态批评亟须顺应全球化发展潮流进入跨国转点的研究。

三、生态批评中的跨国转向

海瑟指出，生态批评领域内对地方情结的执着已经与时代的发展格格不入。美国文化研究历来更加注重本土话题，可是，从20世纪90年代中期开始，"全球化"进入美国文化研究的视域，并从此掀起了取代"后现代主义"、"后殖民主义"等流行词的"世界主义"思想研究浪潮，而此时萌芽并蓬勃发展的生态批评却不识时务地重弹老调，聚焦荒野写作、农耕书写与印第安文学的研究，大力渲染小地方内诗意栖居的神话，浓厚的"环境地方主义"抑制了跨国视野的形成。概览生态批评的不同研究维度，海瑟的质疑的确有一定理由，比如：生态区域主义历来强调地方感的重要性，生态女权主义有关身体和环境的物质交换理论也往往局限于小地方，环境正义经常披露地方社区面临的安全洁净资源分配不均的非正义现象。可以看出，有关主体与地方环境的具体分析和理论在生态批评和美国环境文学中不胜枚举，可是，鲜有学者或作家从跨国的角度具体分析全球化社会的居住状态，比如关注全球人口的流动性、当代媒体与信息技术的跨界性、全球范围的劳动力和商品交换等等。有鉴于此，海瑟建议生态批评应该多加借鉴最近的跨国主义和世界主义研究。

海瑟的跨国转向思想集中体现于她所建构的"生态世界主义"上，但是，海瑟并不是首开先河使用这一说法的。早在1994年，马克·施琅茨在其博士论文中就提到了"生态世界主义"（ecological cosmopolitanism，海瑟将二者合为一词 eco-cosmopolitanism），作者旨在设想建构一个求同存异的世界性社区。在这里，不同民族的人们通过沟通意识到每个社区与所处环境关系的实际差异，在认同人类共同的愿望时学会正确地欣赏各有秋千、丰富多样的文化地理环境。不过，施琅茨在其论文中只是简单地定义生态世界主义，而海瑟却倾尽一本专著——《地方感与全球感》

的篇幅，对"生态世界主义"进行了详细阐述和案例分析。

针对美国环境主义研究多年以来对全球化巨浪的"熟视无睹"，海瑟提出传统的"扎根"思想与日渐普遍的解域化状态（deterritorialization，表示人们离开故土或家园、漂泊在外的状态，或文化与地方的关系因为受到其他地方文化的影响已经不够紧密）已经不相吻合，因此我们需要新的理论应对时势的转变。尽管"地方感"的复兴有望促进人类与非人类自然和谐共处，但是如果将其用作指引个人和社区回归自然的基本思想原则或主要方式，那么它将把人引入误区，使人走向毫无希望的死胡同。有鉴于此，我们需要一种全球感或一种生态世界主义观来应对全球化背景下的各种生态文化危机。首先，生态世界主义"认同各种各样环境主义思想共存的状态"，人们需要站在全球的高度审视不同地方／国家对于环境危机的不同看法。由于政治、经济、文化等多方面的原因，不同国家或利益集团对于同样的环境问题持不同态度。比如美国和西欧对于转基因食品有不同看法，德国和日本对核技术的小心谨慎与法国人力推核技术的激进主义形成鲜明对比，动物权利在英国受到保护，但在欧洲大陆却遭受嘲弄，这些案例表明每个国家的环境主义偏向不是绝对的，应该有更细致的区别。生态世界主义并不是要抹杀其他环境思想，而是要意识到其他思想存在的重要性。其次，在世界范围内认同地方差异的同时，生态世界主义也是一种求同思想，即提倡"将个人和集体看做（作）包括人类和非人类自然在内的全球'想象社区'的一部分"。人们并不是只能通过就近原则激发呵护地方的"地方感"，相反，事实证明，人们对于即使没有亲密接触的其他地方也会产生感情，那么，分析调查"不同文化环境中的个人和集体如何以同样具体的方式将自己设想为全球生态系统的一部分"成为生态世界主义的重要任务（2008：59-62）。

可以看出，近20多年以来，全球化侵入日常生活，并成为文化研究的重要内容，而生态危机的跨界性也让我们意识到从小地方境内治理环境污染已经无法解决根本问题。在这种情况下，生态批评中的跨国转向是势所必然的。可是，这种转向意味着摈弃使该理论兴起发展的地方研究，选择无根的生态世界主义吗？还是我们有必要融合地方和世界的视野，既不贬低地方感重要性的同时又能树立顾全大局的全球感？文章认为，当前的发展趋势已经表明，一种立足地方的生态世界主义正成为生态批评糅合地方情结与跨国转向的一大选择，并有望在全球化背景与世界性生态文化危机中释放出巨大的活力。

四、立足地方的生态世界主义

如果说生态批评的地方情结一直没有对"全球"视而不见，那么其跨国转向其实一直以来也并不是对"地方"置若罔闻。一定程度上，这是对部分与整体关系的辩证性理解过程：前者更重视部分，后者更重视整体，更强调系统地将全球性变化纳入到当前研究中。地方作为整体中不可分割的部分，既重要又复杂，我们不得不清醒地认识到追求地方感过程中需要面临的权力不平衡和全球化影响。只有这样，我们才能积极应对资本经济空间扩张对地方生态文化的侵蚀作用，才能从更高角度实现全球范围内地方的复兴，才能促进人们建构地方感的同时学会去呵护地方、捍卫地球。世界是无数地方的有机整体，无数相互联系、相互渗透的小地方构成了世界，或者就像斯奈德所说，"地球上的地方是镶嵌在大幅拼图中的小图，大地就是所有小地方的组合"（1990：27）。作为整体，也需要看到地方内部和地方之间的生态文化差异，只有这样，才能因地制宜地解决当地的环境问题。所以，文章认为，立足地方的生态世界主义正是辩证理解地方与全球关系的一大选择：当我们强调全球感时，它是兼容地方感的全球感；当我们主张生态世界主义观时，它是一种立足地方的生态世界主义，而这已经在近几年生态批评的发展中成为涌动的暗流，并有望在深化研究中释放巨大的能量。

在全球化背景下，布尔作为一位不断追求理论创新发展的生态批评泰斗，对地方与全球关系的思考很有代表性。他早在 2007 年提出了"生态全球情感"（ecoglobalist affect）一词，即"至少通过想象某一地点与全球领域不可分割的联系来定义个人对一定范围内触手可及的自然环境的情感关系"（2007：232）。其实，"生态全球情感"是以"全球"为关键词表达的立足地方的生态世界主义观。对布尔而言，人们应该学会由近及远、触类旁通地关心我们赖以居住的环境，也许发现小地方的危机已经遍及世界的时刻使人沮丧甚至令人伤心欲绝，但是它在扩大人们视野的同时也给予人们"亡羊补牢、为时未晚"的补救机会。换而言之，以"生态全球情感"审视地方危机具有两面性，它有可能给人在不可抗力面前宿命论的黑暗，也有可能因为激发人们强烈的责任感给人类带来生存的曙光。毫无疑问，我们更愿意选择后者。与"生态全球情感"相对应的是布尔在其最新专著《为濒危世界书写：美国内外的文学、

文化和环境》中提出的地方"多维概念",并将其作为分析模式、环境伦理和美学标准。布尔所提出的地方七维度如下:

> "首先,地方在决定健康幸福方面发挥重要作用,但是由于物质环境、社会背景和视角采用的不同,这种作用也会体现有异。总体而言,只要不危及他人利益,促进幸福健康是好事一桩。第二,如果既能认识到地方之间的联系,又能在意识到地方利益有所冲突的同时灵活处理个人和集体的地方感关系。第三,……地方是一种深度的归属,而不是占有。第四,'彼处'要常存在心,不管彼处虚实与否。第五,'彼处'是有弹性的,地方总是在变化,改善或恶化。第六,任何物质空间都有变为地方的可能。第七,鉴于以上,即使无法满足所有人或利益集团,将空间转换成地方都符合地球、人类和其他生命的共同利益。"(2011:77-78)

可以看出,布尔的七维地方定义其实也是一种辩证世界主义思考。从表面上看,地方的反复出现仿佛已经抹杀了世界的重要性,但是其尊重差异、强调沟通、由此及彼的道德情怀中渗透着大爱精神,这种地方伦理容纳着世界主义精神,只有通过呵护地方、建构地方,才能保障全人类和非人类自然共同生存发展的利益。

立足地方的生态世界主义思想也反映在其他学者的研究之中。2009年,帕特里克·墨菲(Patrick D. Murphy)在其专著《文学文化研究中的生态批评探索》一书中提出了"跨国生态批评理论"的说法,他认为这种理论不能停留在关注共性的普遍主义上,也应该注重"情境化、具体化"。生态批评不主张放之四海而皆准的普遍主义,适合某一区域的做法不一定适合其他区域,但是也反对"老死不相往来"的狭隘思想,而应该拥有超越国界的全球视野。"支持多样性、合理借鉴、酌情修改、适时利用",即生态批评学家应该学会从其他文化中汲取营养,根据所处环境借鉴吸收创新,形成有利于所在环境蓬勃发展的新型理论(2009:62-63)。罗波·尼克森(Rob Nixon)(后文简称"尼克森")也于2011年在最新专著《慢暴力与穷人的环境主义》(*Slow Violence and the Environmentalism of the Poor*)中提出了"跨国地方伦理"(transnational ethics of place)的概念。尼克森认为,生物区域主义(bioregionalism)所宣扬的地方伦理具有如下不足:在关注当地时忽视了自己作为共谋导致其他地方环境危机的角色,这是一种"空间健忘症";对地方的热爱后面往往隐藏着"对漂泊人群的敌意",比如生态文学家爱德华·艾比和玛丽·奥斯汀都有明显的排他主义倾向（艾比讨厌墨西哥移民，奥斯汀仇视犹太人）（238-239）。鉴于传统的地方伦理难以超越国家范围，那么跨国地方伦理并不否定有助于安居乐业的地方感的重要性，但是人们需要在后殖民视域中看到无数被迫漂泊人群的无助甚至绝望，因此我们需要结合世界主义思想建构这种跨国地方伦理。但是，生态区域主义学者也针锋相对地反驳："如果地方不能融入更广阔的生态系统和全球文化经济网络，那么这种地方感是不全面的；但是同样，如果无视全球是无数个形状大小各异的地方复杂联系的结合体，那么全球感也同样是不完整的。"（Lynch et al., 2012: 9）

综上所述，这些研究动态都在表明生态批评注重地方感与全球感的有机结合，它不主张无根的生态世界主义，作为一种辩证世界主义思想，它所呈现的观点是立足地方的生态世界主义，在强调地方的多维性、地方之间的联系时表达建立捍卫地球的全球地方伦理的重要性。一定程度上，立足地方的生态世界主义是生态批评中探讨地方与全球的辩证关系、寻求地方与全球之间平衡点的理论尝试，可以推动当前世界主义和生态批评的相关研究。对地方和全球化关系的思考不仅能推动生态批评的学术发展，也正成为当今文学批评的主题之一。早在2003年，王宁教授也提出，从跨文化的理论角度探讨全球化理论与文学研究的关系是当今国际比较文学和文化研究领域的新课题，未来世界文化的发展在很大程度上取决于全球化与本土化的互动作用。同样，在生态文学范围内审视二者的关系也正成为生态批评研究继续发展的一大动力，当前生态批评的第三大浪潮所呈现的全球范围内百花齐放、地方性与全球性的生态文化问题的深入探讨就是强有力的证明。另外，立足地方的生态世界主义思想也迎合了时代的需要。在本土问题引发世界危机、全球问题波及各个角落的当今社会，地方和全球化之间关系的思考已经提到日程上。地方意识与全球意识的互补有望为当下本土化与全球化的矛盾提出指导性建议，为当前世界范围内的生态危机的缓解找到解决问题的根本途径。

生态批评发展至今，地方概念一直占据着举足轻重的地位，因坚持它而蓬勃发展，也因此一度遭人质疑。可是，正是从地方情结到跨国转向的过程中，生态批评中的地方概念变得日趋丰富和复杂，并与生态世界主义相结合，形成该领域中独具特色的"立足地方的生态世界主义"。生态世界主义离开地方的物质文化滋养与身份建构支撑将是无源之水、无本之木，而将视野限制于狭隘的地方、无视世界范围内生态文化危机的跨界性也将是一叶障目、不见泰山。只有立足地方，才能看到各地生态文化的差异，才能审时度势地应对当地的生态文化危机；只有放眼世界，才能看到全球化对于地方的影响，看到生态文化危机的全球性蔓延，才能总揽大局，保证世界范围内人类与非人类自然共同生存发展的整体利益。

第三节 《动物之梦》中的环境正义与地方伦理

作为涉及人们身心健康的社会思潮，环境正义主张人人拥有对安全清洁、资源利用、可持续发展环境的平等享用权利，以及免于遭受环境危害的自由。它旨在"消除与人类健康和社会资源生产利用有关的特权和剥削"，同时"平等分配社会资源、创立公正法则，以支持可持续发展的社区，并满足人们身心健康的基本需求"（Hofrichter 1993: 4）。从内容上看，环境正义结合了生态与社会的双重维度，倡导了两大方面的正义，即人与自然的环境正义以及人与人之间的环境正义。首先，它主张维护自然的权利，即"自然权"，人类必须遵循自然规律，维护生态平衡，确保自然环境可持续发展。其次，它宣扬"人权"，即人类在维护自我生存权的同时，不能侵犯他人的生存权。美国生态学者慕理·布克钦（Murray Bookchin）说过，"生态问题源于社会问题"（1990：47），人与人之间的不平等导致了边缘人群更容易成为垃圾倾倒、核试验等的受害者，因此只有赋予所有人平等的权利，才能保证实现广泛的、真正意义上的环境正义。

随着近 20 年来生态研究在学术界的蓬勃发展，环境正义也受到越来越多的关注。在社会领域，第一届有色人种环境领导峰会于 1991 年制定了 17 项环境正义原则，在文学范畴，中国学者龙娟称之为"美国环境文学的思想灵魂"（2009：31）。尽管有不少国内外学者正在从事环境正义的研究，但是能像瓦尔·普鲁姆伍德那样从地方伦理的视角探讨环境正义的学者却是凤毛麟角。

首先应该看到，当中国在相关领域的研究还风平浪静的时候，西方的地方研究正如火如荼地进行着。早在 1996 年，生态批评创始人之一格罗费尔蒂就曾经质问："除开种族、阶级和性别，地方是否也应该成为一项新的批评类别？"（1996：xix）时隔 15 年，不仅在生态研究领域，而且在社会学、哲学和地理学等多个人文社科领域涌现出大量有关地方的文章和论著［例如，卡西的《回到地方》（第二版，

2008)，史密斯的《地方伦理》（2001），波恩的《当代小说中的后南方地方感》（2005）等]，欧克斯将这种现象称作西方地方理论的"复兴"（509）。西方对空间和地方的差异有着非常细致的研究。比如著名生态批评学者劳伦斯·布尔曾在《环境批评的未来》一书中旁征博引，指出空间和地方的区别：空间是抽象的，地方是具体的，地方是赋予人类情感的空间，我们依恋地方，但是我们不会依恋空间。面对当代的环境危机、社会问题，布尔认为我们有必要重新审视地方的重要性，让"地方"成为"环境人文学者思考的必要概念"，当人们拥有地方感时，就会将所处环境当作家园一样对其呵护备至（2005：62）。

在这种背景下，为生态批评和生态女权主义发展做出巨大贡献的普鲁姆伍德认为，鉴于当前西方盛行的地方研究，人们有必要辩证分析"地方感"的概念，因为某一地方所获得的归属感不一定有利于人们在关心自己家园的同时呵护其他地方。因此，区分单一地方论（the concept of a singular place）和多元地方论（multiple place consciousness）成为建立正确的"地方感"的关键。至于前者，其地方感建立的基础是对待不同地方持以不同态度的等级观念，相对于处于中心的"唯一真实的地方"（One True Place），那些被边缘化的地方叫作"影子地方"（shadow place）。人们往往以自己的家园为"唯一真实的地方"，贬低但却依赖于提供物质基础的"影子地方"，通过掠夺其他地方的自然资源，剥削其他地方的居民来美化强大自己的家园。这种等级化看待不同地方的例子在人类历史上比比皆是。持西方中心主义论者认为西方是"唯一真实的地方"，他们过去以殖民主义、现在以跨国公司的形式将自我利益凌驾于其他地方之上。另外一个典型的例子就是希特勒的纳粹主义。在某种程度上，它是一种以德国为"唯一真实的地方"，践踏蹂躏其他国家所建立起来的极端地方主义的表现形式。这种单一地方论的必然结果就是侵犯人权和自然权，它以剥削其他地方的居民为手段，以掠夺当地自然资源为目的，巩固自己的家园，却导致了"影子地方"的毁灭，在本质上就是侵犯了环境正义。有鉴于此，普鲁姆伍德提出了多元化地方观，又叫作"环境正义地方原则"（a place principle of environmental justice）。与区别对待不同地方的单一地方论不同，这种地方伦理旨在赋予所有地方以平等的权利，旨在"关爱呵护自己的地方的同时，不要贬低或毁灭其他地方，其他地方既是其他人的地方，又是其他物种的地方"（2008：147）。从中可以看出，这种多元化地方观所宣扬的地方感是建立在平等对待所有地方的基础之上的，人们只有用博爱的精神关心所有地方，才能确保所有地方内人权与自然权得到尊重。因此，普鲁姆伍德的多元化地方观是对已有的环境正义研究的一大补充，它肯定了所有人、所有物种在可持续发展环境中的生存权、利用资源的平等权以及不受环境危害的自由权，同时从地方的视角为未来环境正义运动的拓展提供了新的指导方向。

在普鲁姆伍德的多元地方论的基础上，本节主要分析当代美国作家芭芭拉·金索尔弗（Barbara Kingsolver）的小说《动物之梦》（*Animal Dreams*），探讨女主人公科蒂是如何看待身边纷繁复杂的"单一地方论"所带来的危害，并分析科蒂在投入当地环境正义运动中获取多元化地方观与地方感的过程。

一、单一地方论与环境正义危机

芭芭拉·金索尔弗是 20 世纪 80 年代崛起的美国南方作家，本科和硕士阶段主攻生物学，之后多年又投入生物学方面的科研写作，她的专业知识渗透到她的艺术写作中。在她笔下，人类社会的存亡与自然世界的兴衰息息相关，这种理念深刻反映在她的《动物之梦》中。该书于 1990 年荣获爱德华·艾比生态小说奖，金索尔弗本人也在西方声名鹊起。普利策奖获得者珍·史麦莉（Jane Smiley）认为金索尔弗在该书中"展现出生动描绘风景和人物心理状态的独特天赋"（1990：2）。而著名女作家厄修拉·勒吉恩（Ursula Le Guin）称该作品为"关于联系的新型小说，给人以丰富的美感，充满了强烈的政治和精神意义及力量"（1990：xi）。由于金索尔弗对文学领域和社会改良的卓越贡献，她于 2000 年被授予美国人文社科领域最高荣誉奖——国家人文社科勋章。但是在中国，金索尔弗的作品还鲜为人知，目前学术界只有屈指可数的评论，而关于《动物之梦》的研究几乎是一片空白。有鉴于此，本节将致力于分析小说中伸张环境正义和倡导地方伦理的一面，让更多的中国读者了解金索尔弗的生态社会观。同时，迄今为止，西方批评界没有从普鲁姆伍德的环境正义地方原则的角度分析《动物之梦》，所以笔者也希望为丰富该小说的文学批评添砖加瓦。

《动物之梦》的书名源于书中女主人公对人性的理解，即人就是动物，人们不是为了远大的理想、而是为了基本的生存而存在，而小说内容也围绕女主人公和家乡人民的生存危机而展开。为了照顾身患帕金森病的父亲，科蒂暂时结束漂泊不定的生活，回到阔别多年的家乡：亚利桑那州的格雷丝镇，当上了母校的生物老师。在此期间，科蒂承受着严重的无地方感所带来的痛苦，与此同时，她的家乡正面临着环境恶化的严峻考验，科蒂在和家乡人民投入环境正义运动的过程中最终获得了梦寐以求的地方归属感，而格蕾丝镇也终于走出阴霾，焕发出勃勃生机。

格蕾丝的家乡是典型"单一地方论"的产物，象征工业资本主义的黑山企业常年在当地开矿，造成严重的水污染，直接影响了当地的果树种植业，当地生态系统的严重破坏是环境正义危机的直接表现。由于果树需要河水灌溉，受到污染影响，果实在成熟之前就掉落在地。格雷丝镇的女人们在科蒂回乡前成立了"缝纫与悍妇俱乐部"（the Stitch and Bitch Club），致力于挽救岌岌可危的小镇。在本质上，这是一个为当地的人权和自然权而奋斗的草根组织，是世界环境正义运动的缩影。科蒂家乡的人民多是西班牙和墨西哥的混血后裔，传说多年前9位美丽的西班牙女郎格雷希拉姐妹携带孔雀远嫁给当地的墨西哥矿工，从此世世代代在这里繁衍生息。作为美国主流社会的边缘人群，科蒂家乡的人民无法享受到基本的安全清洁权利，格雷丝镇成了资本主义工业化发展过程中的污染物倾泻地。过度开采导致资源枯竭，致使原本富饶的土壤变成盐碱地，靠土地为生的当地居民一度成为受黑山企业剥削的矿工。为了逃避环境组织的惩罚，黑山公司决定修建堤坝，让河水改道，这样受污染的河流就不会经过格蕾丝镇。另外，由于资本家多年前通过威逼利诱已经从当地居民那里夺走了水权（water rights），因此格蕾丝镇的人们在法律上是无权干涉河水改道的，这样必然的后果就是：失去水源的人们为生活所迫，将成为流离失所的难民。科蒂带领学生做的水实验更让她惊愕不已，显微镜下的水样表明当地河水中的浮游生物已经消失，这证明河水已经受到严重污染，所以科蒂断言，很快河里的"动物王国的特殊代表都将灭绝"（Kingsolver 1990:148）。格蕾丝镇的现状和科蒂有根据的预言印证了生态女权主义学者卡洛琳·麦茜特（Carolyn Merchant）的论断：发展"以文化和进步为名义，扼杀了活生生的自然，并大大加快了人与人的剥削和开采利用自然资源的速度"（1980：xxi-xxii）。而在代表工业资本主义的黑山企业发展经济的背后，是对环境正义的践踏。它在侵犯人权和自然权的同时，也贬低了为其提供物质支撑的影子地方。

小说中科蒂的家乡格蕾丝镇其实是诸多"影子地方"的象征。当科蒂回到家乡，逐渐投入到当地环境正义运动中时，远赴尼加拉瓜当志愿者的妹妹哈莉也在信件中讲述了第三世界国家成为发达国家"影子地方"的命运。在尼加拉瓜亲美独裁政权统治期间，该国一度成为世界头号滴滴涕消费国，当第一世界国家从农药生产销售中牟取暴利时，第三世界国家却成为毒物基地（poison ground）。尽管美国政府当前没有直接控制该国经济，它所资助的当地军事组织却使人权危机恶化、环境危机加重。由于连年战火，尼加拉瓜民不聊生，充满斗志的哈莉决心帮助人们摆脱对农药的依赖并帮助他们从事有机农业，但是她和其他志愿者一样最终成为尼加拉瓜内外纷争的受害者。尼加拉瓜的内忧外患后面隐藏了美国为使自己国家强盛而掠夺他国资源、将本国地方利益凌驾于他国之上的本质，而这实际上正是单一地方论的体现。

科蒂的家乡和尼加拉瓜的遭遇表明单一地方论和环境正义危机密切相关，对某个地方的盲目忠诚很可能会导致人们不择手段地掠夺其他地方的资源，以美化强大自己的家园。所以我们需要一种新的地方伦理伸张环境正义，普鲁姆伍德的"多元地方论"就能提供给人们崭新的思维方式，科蒂和家乡人民投入环境正义运动的过程也证明普鲁姆伍德的环境正义地方原则是可行的。

二、环境正义运动与多元地方观

科蒂投入当地的环境正义运动是一个比较复杂的过程，她所获得的多元地方观也需要她用多元的态度审视地方之间的联系。与印第安男友洛依德再续前缘是科蒂吸取印第安部落智慧的开始。在和男友参观其部落留下的原始村落时，科蒂对他们卓越的建筑艺术赞叹不已。他们依山而建的房子历经沧桑，是其部落文化的沉淀。如果说西方白人是背着房子走的"乌龟"，那么印第安人就是随遇而安的"郊狼"（Kingsolver 1990: 235）。很多白人对家园强烈的占有欲促使他们不择手段保护心目中"唯一真实的地方"，为了维护其利益，人们不惜以剥夺其他地方资源为代价。与之相比，传统的印第安人则体现出多元化地方伦理的思想。他们建造"依偎在自然怀抱"中的房子（211），不是为了占有它们，更不会为了守护自己的家园而掠夺其他地方的资源。他们顺应自然规律任由房屋经受风吹雨淋，当房子破旧不堪以至于要坍塌时，他们才会在另一个地方重建家园。当科蒂问洛依德什么可以让他为之出生入死时，洛依德的回答是"土地"。开始科蒂以为洛依德会像很多白人一样维护土地的占有权，但是在与洛依德以及其部落成员交往的过程中，科蒂意识到洛依德的"土地"并不是狭隘的"唯一真实的地方",而是广义的多元化地方。洛依德作为诸多印第安人的代表,没有妄想着自私地维护自己家园的利益,在表达自己对家乡的热爱的同时,也在关注遭受到不同环境破坏程度的其他地方。一方面他向科蒂阐述了印第安部落的传统思想:与暴殄天物的很多西方人相比,他和他的族人传统上注重万物平衡,怀着感恩的心做好神灵恩惠下的"宾客",而不是在地球上对万物众生指手画脚的主人(239)。另一方面,洛依德也在关心家乡以外的其他地方,比如他告诉科蒂资本家疯狂开采加米慈山脉的火山矿石,威胁到了当地的天然温泉。从洛依德身上,科蒂意识到了关心所有地方的重要性,因为只有赋予所有地方平等的权利,人们才能避免在地方利益上恃强凌弱。

此外,在援助充当人质的妹妹哈莉失败后,科蒂的悲痛和愤怒交织在一起,这促使她更深刻地认识到环境正义和地方伦理的关系:以牺牲其他地方为代价,维护某一地方利益的行动导致了环境非正义,而倡导环境正义就需要意识到地方与地方是平等的,是相互联系的,否则,地方利益上的恃强凌弱最终会带来自我毁灭。像尼加拉瓜一样的很多第三世界国家成为发达国家巧取豪夺的目标,而科蒂的家乡也成为资本主义美化强大"唯一真实的地方"的受害者,这种地方上的不平等直接危害到当地的人权和自然权。正是这种清醒的认识促使科蒂成为课堂上环境正义的倡导者,而这种环境正义的认识是和地方伦理紧密相连的。科蒂用生动的例子教育学生环境危机是超越地域界限的,任何不计后果的个人行为都有可能造成其他地方的环境恶化。学生们穿的水洗牛仔裤和远方森林被砍伐、水质被污染密不可分。一些品牌的牛仔裤生产商需要砍伐森林建立厂房,然后用专业机器将崭新的牛仔裤在火山石中研磨成复古的样式,以满足当代年轻人追求另类时尚的爱好。同样,人们使用空调、冰箱、喷发剂等会增加氟利昂在大气中的释放,进而引起臭氧层变薄,并会导致皮肤癌患者的比率上升。这些事实表明,某个地方的个人行为会影响全球环境恶化,反过来全球环境变化也会影响个人。除此之外,人们的纳税行为也可能会间接地损害其他地方的利益,比如美国居民很少知道政府会以保护本国利益为名,干涉第三世界国家的内政,侵犯他国利益来强大自己的国家。通过教育学生地方与地方是相互联系的,地方与世界是密切相关的,科蒂也向大家表明人们直接或间接地导致了环境正义危机,因此以自己的家园为"唯一真实的地方"的人们或国家在损害其他地方的利益时,也最终会导致自己家园的毁灭,所以缓解环境正义危机人人有责。对于科蒂来说，拯救家乡就是承担伸张环境正义责任的重要部分。

在一定程度上，科蒂的地方归属感的建立和她投入家乡伸张环境正义的运动是息息相关的。在投入拯救家乡的过程中，科蒂也经历了从旁观者到参与者，从异乡客到主人翁的巨大转变。一直以来，科蒂生活在父亲编造的有关家史的谎言中。父亲荷马医生本是传说中格雷西拉姐妹中备受歧视的诺里拉家族的后代，而妻子身上却有着格雷西拉姐妹中阿尔西家族高贵的血统，为了摆脱受歧视的阴影，荷马医生携带妻子远走他乡，军旅生活结束后才易名改姓回到了格蕾丝镇，并向女儿们谎称祖先远在伊利诺州，和格雷西拉姐妹的传说毫无关系。在这种谎言中长大，科蒂一直认为自己和家人是格蕾丝镇的异乡客，这种作为家乡异类的感觉导致科蒂排斥他人，同时她也认为自己和家人是不受欢迎的寄居者，这种无根感的痛苦也成为困扰科蒂的梦魇。当科蒂用科学依据向"缝纫与悍妇俱乐部"成员讲述环境问题的严重性时，她还依然以外来人自居，向他们强调"我唯一能告诉你们的是你们现在有麻烦了"（176）。但是科蒂也在慢慢地融入社区参加拯救家乡的活动，她在为家乡伸张环境正义的过程中，也逐步获得了地方归属感。

格蕾丝镇环境正义运动的一大特点就是通过文化运动来拯救家园。美国学者理查德·豪夫里科特（Richard Hofrichter）在其《文化运动与环境正义》一文中指出，文化运动是新一代环境正义倡导者的重大战略，创造文化和肯定文化的价值有助于巩固社区，因为只有让民众清醒地认识到"文化的根基和创新的政治话语权"，才能建立"充满活力、追求进取的社区"（1993：96）。在这里，文化不仅是写作、音乐、艺术、故事等的总和，也是"人们发挥主动性、思索人生意义、探究自我身份"的方式（1993：90）。对科蒂的家乡来说，文化运动是当地草根组织伸张环境正义的重要部分，同时因为文化是地方中必不可少的重要内容，所以文化运动本身也是拯救地方的重要方法。

首先，"缝纫与悍妇俱乐部"成员一直宣扬文化传统的重要性。面对当今的孩子们迷恋电视、追求潮流的现象，她们鼓励后代要继承西班牙语传统。长期以来，科蒂认为自己不会西班牙语，所以是家乡的异类。但是在和"缝纫与悍妇俱乐部"成员的交流过程中，她突然发现自己能听懂传统语言，这也促使她加快了自我和地方文化的认同过程。同时，格蕾丝镇一直保留着亡灵节祭拜祖先的传统。每年的这一天，人们会抱着黄灿灿的金盏花，带上传统食品，到去世的亲人坟上扫墓。这不是一个悲伤的节日，而是充满欢乐的日子，人们用不同的方式装饰坟墓，孩子们在旁边嬉戏打闹，女人们交谈着家庭琐事，老人们讲述着祖辈的历史，人们通过这种方式缅怀亲人，也通过分享故事加强了地方的凝聚力。正如多纳尔·凯伯（Donal Carbaugh）所说，"交流具有很大的地方性……反过来，交流可以创造地方感、真实感：（1996：38）。正是在和他人的交流中，科蒂得知父母都是格雷西拉姐妹的后代，而自己从一开始就是家乡的成员，这无疑大大拉近了科蒂和家乡人民的心理距离。

其次，格蕾丝镇的女人用独特的民间工艺向公众展示家乡的历史渊源及环境现状。她们用孔雀羽毛和其他材料制作出独具特色的彩罐（pinatas）。彩罐是墨西哥后裔中流传的工艺品，在重大节日里，孩子们将彩罐击破，取食里面的糖果。面对新的形势，格蕾丝镇的女人用彩罐抒发了她们对家乡的热爱之情，她们请求受过良好教育的科蒂撰写宣传单，向大家讲述曾经的美好家园将如何被采矿公司摧毁。她们将宣传单附在彩罐上，通过销售彩罐，她们不仅为环境正义运动的继续开展获得了必要的经济支撑，而且让更多的人了解格蕾丝镇的文化历史以及目前的环境危机。她们的彩罐在亚利桑那州的图森市引起轰动，并引来著名媒体的采访。在哥伦比亚广播公司（CBS）的采访中，俱乐部的组织者之一维欧拉用西班牙语生动地讲述了格雷西拉姐妹的故事，而一直以外乡人自居的科蒂在聆听故事的过程中，也经受了一次文化的洗礼。在此之前，虽然科蒂已经证实了父亲关于家谱的谎言，但是她不能亲身感受到自己身上也流淌着格雷西拉姐妹的血液的事实。聆听维欧拉讲述故事时，科蒂仿佛在"聆听着一个迟到了三十年的睡前故事"（Kingsolver 1990: 268），她再也不用和妹妹一起编造家庭历史，再也不用充当被祖先遗弃的孤儿了。她终于可以融入家乡的历史，逐渐找到自己魂牵梦绕的地方感了。

通过科蒂和家乡人民的努力，格蕾丝镇也重获新生。如果不通过文化运动，而采取法律的方式，格蕾丝镇居民可能需要 10 年才能打赢诉讼黑山公司的官司，但是格蕾丝镇有关其悠远历史和生态现状的宣传不仅很快赢得了大众的关注，而且帮助科蒂的家乡成为受保护的文化遗产，黑山公司放弃了建坝改道的计划，河水也恢复了往日的生机。当环境正义得到伸张，当格蕾丝镇不再成为受凌辱的"影子地方"时，科蒂也渐渐找到了地方感。在为哈莉举行葬礼时，格蕾丝镇的人们拿来了两姐妹小时候遗留在邻居家的玩具衣物，在果树林里，看着成堆的纪念品，科蒂回想起往日家乡的"五十位妈妈守候在自己的童年"的一幕幕场景（328），她意识到自己其实一直就是格蕾丝镇的成员，而格蕾丝镇一直就是自己的家园。

毫无疑问，科蒂绝不是出于对家园的盲目忠诚而获得地方感，更不会认为自己的家乡是"唯一真实的家园"而贬低其他地方。相反，这种地方感是建立在平等对待所有地方的基础之上的，是"环境正义地方原则"的体现。在小说结尾，科蒂决意留在家乡，继续当一名中学生物老师，立志要帮助学生成为"地球的守卫者"（332）。对她而言，守卫家乡就是守卫地球的一部分，现在家乡的环境正义得以伸张，她要带领学生放眼世界，只有环境正义在世界范围内得以伸张，才能真正守卫地球。从这个意义上讲，在获得地方感的过程中，科蒂也产生了"全球感"，并成长为美国学者乌苏拉·海瑟所说的"生态世界主义者"（2008：61）。正是在维护地方利益的过程中，她深刻意识到地方与地方之间的紧密联系，认识到人们需要真正认识到地方之间的平等关系，才不会在地方利益上厚此薄彼，以牺牲某一地方为代价来强大自己的家园，只有用多元地方论来处理地方之间的关系，才能保证各地的人们都能享有安全清洁、可持续发展环境、免受环境危害的平等权利，只有这样，才能真正实现环境正义。从这一意义上讲，《动物之梦》堪称环境正义思想的实践之作，科蒂获得了地方归属感的事实以及拯救格蕾丝镇的成功范例也证明普鲁姆伍德的环境正义地方原则是切实可行的。

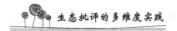

第四节 《小镇畸人》中"地方感"的失落

生态批评的地方研究从多个学科汲取养分，其中最重要的学科之一是哲学，尤其是其中的现象学。海德格尔曾受德国诗人荷尔德林作品的启示，阐发了"诗意地栖居在大地上"的思想，表达了工业文明下异化的人类对诗意栖居生活的向往。一定意义上，美国著名小说家舍伍德·安德森（后文简称"安德森"）于1919年出版的短篇小说集《小镇畸人》就是工业文明侵蚀农业社会的背景下人类异化的写照，人与地方纽带的割裂导致地方感的失落，"诗意栖居"只能成为被工业文明奴役的人们的美好愿望。

《小镇畸人》问世至今将近100年，安德森的这部作品依旧可以给我们提供一个窗口，从这个窗口，我们可以窥视到19世纪末20世纪初农业社会向工业社会转型时期人们从农村到城市的躁动，可以发现对"地方感"的渴望在这些乡村小镇人物的怪异行为中掩盖遮藏，可以探察作家本人对田园农耕生活的眷恋和在城市生活中无根的彷徨。更重要的是，从这个窗口，我们可以思考现代社会的人们如何回到地方，找回遗失的"地方感"。而这正是当代现象学家爱德华·卡西（Edward Casey）所呼吁的理念，在他的第二版《回到地方》（*Getting Back into Place*, 2009）中，他指出，当代全球化、媒体网络以及社会的流动一方面导致了人的错位，一方面也让人们在过去的15年来加强了地方意识，他的初衷就是"重新给予地方敬畏感，因为它能指引、安定我们，能记忆、认同我们，我们身在何处能表明我们身为何人"（Casey 2009: xv）。在此，我们将重读《小镇畸人》，借此穿越历史的长廊，去追溯"地方感"是如何失落，甚至在部分人心目中是如何泯灭的，以此指导我们重新给予地方敬畏感，让"诗意栖居"早日成为现实。

一、艺术创造中的瓦恩斯堡

对于一部文学作品的理解差异经常能体现到标题的翻译中。在中国文学批评中，安德森的这部作品比较普遍的翻译为《小镇畸人》或《小城畸人》，该翻译虽然和作品内容比较贴切，并且更能吸引中国读者的注意，但是人们把目光聚焦到作品中荒诞古怪的人物时，却很容易忽视他们古怪行为后面隐藏着人和地方关系断层的痛苦。安德森将他的作品以地方命名，不是因为瓦恩斯堡仅仅是这些"畸形人"孤独异化、渴望爱和理解的背景，还因为地方的变迁、地方感的失落对人们产生了巨大的影响，这种影响生动地体现在书中形形色色的人物上，也映照了作者本人缺乏归属感的痛苦经历，它折射了工业化资本经济对地方和人类关系的冲击，也为当代西方人们"地方感"的失落埋下了苦涩的种子。

早在 20 世纪 80 年代，莱昂纳多·路特维克（Leonard Lutwack）就说过，"文学中地方的塑造对于人们将单独的地方以及整个世界看做（作）地方有重大的影响"，所以我们有必要从地方的角度，"从当代生存忧虑方面来审视文学"（1984：2）。安德森笔下的瓦恩斯堡正是工业化时代早期历史变迁的缩影，地方的变异带来了人的异化，地方感的失落带来了人的错位。如果说书中的诸多人物都在因为内心的孤独无助挣扎，那么这种孤独体现在工业化和物质主义带来的人和地方的断层上，"畸形人"觉得自己和瓦恩斯堡镇格格不入，他们有的因为孤独苦闷而向往失去的田园式村庄，有的因为欲望和梦想无法实现而追寻喧哗的都市。可是无论在哪里，他们都无法找到地方感，没有这种归属感，他们永远是囚禁在自己心灵里的孤魂和世人眼中的怪物。

《手》中的老人温·比德尔鲍姆在瓦恩斯堡生活了 20 年，可是"他根本不认为自己是小镇生活的一部分"（Anderson 1996: 9），他唯一的朋友就是镇上的报社记者乔治，他告诫乔治不要像其他人一样碌碌无为，而应该敢于梦想，他向乔治勾勒了一个梦想般的田园时代，"在辽阔的绿色村庄来了一群四肢匀称的小伙子，他们走着路，骑着马，聚集在一位老人身边，老人坐在小花园里的一棵树下，和他们侃侃而谈"（11）。可是在现实生活中，他曾经给学生注入梦想的双手成了工业时代辛苦劳作的机械工具，他一天能摘 140 夸脱的草莓，晚上这些草莓将被代表工业化的火车运送到其他地方，老人的劳动成果成为资本主义经济社会中廉价的商品，他想象中的田园式村庄也在无情的物质社会面前摧毁崩溃。《"怪人"》中的埃尔默·考利本来生活在一个农庄，可是和父亲来到镇上经商后受挫，并因为思想行为怪异被称为"怪人"。他羡慕乔治"属于小镇，代表小镇，是小镇精神的象征"（107），他想像其他小镇人一样生活，在孤寂无望时他回到了孩童时代的农庄，向留在农庄的傻子默克倾诉自己的痛苦，却无法得到理解，他用暴力向乔治证明自己不是怪人，却不能获得同情，所以他既不属于农村，又不属于小镇，他的错位是自我和时代的错位，是自我和时代冲击下的地方的错位。

　　和农村相比，城市仿佛代表了机会、活力和成功，是个人满足欲望、实现梦想的地方。《曾经沧海》中爱丽丝·辛德曼以前的男友为追求名利离开小镇，来到城市，却一事无成，在城市的诱惑下，他忘却了爱情的誓言，开始随波逐流。《思考者》中的赛斯也想去城市，因为他觉得自己不属于小镇，"在自己的家乡，他觉得自己是个流放者"（74），他想只有在城市，通过个人奋斗才能赢得一席之地。《孤独》中的伊诺从瓦恩斯堡镇来到纽约，从农村人变成了城市人。作为画家，他无法融入那些夸夸其谈的所谓的艺术家，而且没人能理解他画中隐藏着的家乡情结；作为商人，他仿佛在城市的空间里如鱼得水，却丢失了自我，最后他回到了瓦恩斯堡，依然孤独。安德森作品中的主线人物乔治在大家眼里是有地方归属感的，他是瓦恩斯堡报社记者，每天要和很多当地人打交道。如果说很多畸形人都因为语言交流的障碍而无法得到理解和同情，那么乔治能说会道，而且活力四射，他能聆听大家内心的困惑和苦闷，也能表达自己的梦想和愿望，有时他甚至觉得"街上的所有人都是他的兄弟姐妹，他想勇敢地把大家叫出来，并和他们握手"（102），但是他根本不属于瓦恩斯堡镇，而小镇也不能提供给他实现梦想的机会。他和母亲都不会用言语表达爱，父亲是一个自以为是、渴望物质成功的男人，母亲去世后，他在人群攒动的集市中却感到了孤独，生活变成了虚妄，"他必须在不确定中生活、死去，像风中之物，像太阳底下注定枯萎的玉米"（131），而且小镇已经成为他梦想实现的绊脚石。美国学者斯普瑞特耐克曾经指出，"地方总是和限制联系在一起：社区、家庭、传统以及自然的束缚"（1999：22）。对于乔治来说，瓦恩斯堡已经成为了束缚，已经不能提供给他发展的广阔空间，他需要离开小镇，迎接生活中的挑战和冒险。坐在驶往城市的火车上，他回忆着家乡的点点小事，并很快为自己的梦想即将在城市放飞而激动不已，瓦恩斯堡成为他人生的背景，在空间的运动中，在追求自由和梦想的旅途中，他失去了归属感。城市对他而言也是一个未知数，在一定意义上，"年轻的主人公和年轻的国家开始进入成年期，把故乡和农业社会抛到了后面，剩下的只是留给日后的回忆"（钱青 1999：159）。而乔治的经历和感受正是作家安德森年轻时代的写照，赖道特（Rideout）甚至认为"乔治和他的创作人是如出一辙"（Rideout 1996：175）。所以在一定程度上，《小镇畸人》是安德森对个人回忆的艺术创作，而回忆总是和地方密切相关的。

二、回忆中的作家

安德森曾经在回忆录中指出，他是在芝加哥一个廉价的租房里完成《小镇畸人》的，书中的故事都来自于自身对儿时小镇的回忆，但是人物塑造都是取材于这座低级公寓房里居住的年轻作家、艺术家、演员和音乐家等等。安德森"将他们从拥挤的城市小屋搬到想象中的小镇，而这座小镇的外在特征建立在曾经居住过的几座小镇上"（Anderson 1996：153）。这些房客也是从小镇跑到大城市谋生的人，就像作品中的伊诺一样，他们想在城市里一展宏图，但是他们的努力没有帮助他们摆脱贫乏暗淡的生活，天长日久他们就成了美国工业化时代的"畸形人"。赖道特根据安德森的作品和回忆录等推断，瓦恩斯堡和安德森少年时代居住过的俄亥俄州的克莱德镇非常相似。1896 年安德森离开克莱德，当时电灯已经在该镇广泛使用，而他认为电灯的使用才能真正表明机器文明的全面到来。从《小镇畸人》中的细节来看，书中的小镇还在点油灯，所以从时间上讲，安德森塑造的瓦恩斯堡应该早于作者离开克莱德镇的时间。并且赖道特认为，"他（安德森）构思的瓦恩斯堡镇故事很多时候发生在工业时代以前，里面充满了安德森在离开小镇以前就失去小镇的怀旧情绪，让失去的时代弥漫着永久的田园风情"（Rideout 1996：172）。但是从书中来看，机器时代已经冲击了农业经济，工业化的象征——火车几乎出现在每篇短篇小说里，它从人们孤独无奈的人生中轰隆而过，打破了安静的田园生活，也撩动了原本安逸的村民的心。《虔诚》中的杰西"像同时代所有男人一样，深受当时现代工业早期在农村的重大影响"（Anderson 1996：40）。据此推测，瓦恩斯堡和安德森居住过的克莱德镇工业化影响程度虽然有差别，但是都显示了工业浪潮给传统农村带来的巨大冲击。人们对爱的追求、归属感的渴望被物质主义社会的喧哗淹没，瓦恩斯堡中很多人物的真情流露反而变成了畸形的标志。安德森本人和他创作的乔治一样，离开小镇，去大城市追求自己的梦想，他顺应社会商业化潮流，撰写广告，经营公司，成为实现"美国梦"的商人。同时他又按捺不住自己的写作欲望，暗地创作，在自己的作品里寻找生活的真谛，生活在两种世界里，他曾一度精神崩溃，放弃了殷富的生活，在芝加哥的廉价公寓里写下了这部《小镇畸人》。他就像"畸人志"里的老人一样，渴望透过高高的窗户，看到外面的树林，渴望从大城市压抑的生活中呼吸到逝去的田园气息，他在信里表达了自己对昔日农耕生活的眷恋：

> "那个野蛮的时代和我们这个文明的时代相比，具有一种优越性。空中漂（飘）浮着一种神秘的气息，它在草丛中切切（窃窃）私语，在头顶上的树枝间嬉戏，黄昏时分在草原上随着云雾般的灰尘掠过地平线。"（摘引自孙宏，2007：162）

可是，安德森非常清楚，田园生活虽然纯朴甜美，自己已经不属于小村镇，但是他也不属于大城市，芝加哥的简陋公寓里"囚禁"着和他一样缺乏地方感的房客的人生。他们试图在社会做主宰自己生活的主人，却成为异乡的寄居客，他们地方感的失落在安德森笔下的"畸形人"身上得到了生动的体现。陈婷苑认为，19世纪末期"人们对精神生活的追求受到了物质追求的压抑"，人和世界关系的变化带来了心理错位，从而引起"归属感"的危机（2009：32）。可是这种危机只局限于19世纪末20世纪初农业社会向工业文明转型的时期吗？还是《小镇畸人》预示了100年以来人们地方感失落引起的痛苦和对回归地方的渴望？

三、回归地方

首先我们应该看到归属感不仅是对个人和社会关系的考虑，也是对个人与地方关系的考虑，因为地方不仅是人与人社会层面上的，也是人和非人类自然层面上的。所以安德森对少年时代克莱德镇的回忆和芝加哥低级公寓的艺术加工折射的不仅是人类的两种社会生活方式，也是人和非人类自然关系演变的过程，而地方归属感是体现在这两个层次上的。《手》中的温·比德尔鲍姆渴望成为群体的一部分，可是他却被社会看作怪物，只有在自然的拥抱中，他才能找回心灵的平静。"怪人"中的白痴默克对埃尔默在内的人类社会不感兴趣，却喜欢和动物说话来驱散自己的寂寞，但是这种人和非人类自然和谐共处的关系变得弥足珍贵，工业文明不仅带来了人的孤独和异化，也摧毁了人和土地、人和非人类自然的纽带关系。《虔诚》中的杰西将土地看成私人财产和商品，视其为自己农业工业化和商业化成功的标志，默克和动物说话却被认为是一种疯狂白痴的行为。从一定意义上，安德森的《小镇畸人》保留了 19 世纪末 20 世纪初自然主义的一个特征，即"反映了地球作为人类居住地的衰落，珍爱的地方的遗失和无地方感的绝望"（Lutwack 1984:182）。但是这种绝望不是局限于农业社会向工业文明转型的时代，而是预示了长期以来人们和地方纽带关系割裂的痛苦和对回归地方的渴望。

爱德华·卡西曾指出，"西方过去三百年，即现代化阶段，地方不仅被忽视，而且被大加遏制"（Casey 2009: xiv）。人们将经济发展和科技革新当作人类文明进步的标志，传统农业被工业经济改造，与土地密切联系的农民变成了与机器为伴的工人，农村逐渐被城市取代，可是在人类文明进步光环的背后，却是人与人之间的冷漠、人和非人类自然之间纽带关系的割裂、人与地方关系的断层。安德森在《小镇畸人》中，只是摄取了西方现代化开始全面发展的重要阶段，向我们展示了工业文明给传统农业开始带来广泛冲击的时刻，让我们知道人类为"进步"所付出的巨大代价：孤独异化、自我迷失、彷徨绝望……而这些是和无地方感的痛苦密切相关的。人与地方关系的断层并没有结束，而是随着现代化发展愈演愈烈，人们在商业经济、工业科技高速发展的旋涡里，在不停地寻找自我。社会学、文学、哲学等等试图从不同角度理解现代化给人类带来的困惑和痛苦，精神分析法剖析人的潜意识的情感和欲望，马克思主义批评探索资本主义商业经济带来的自我异化，女权主义针砭父权社会抑制女性追寻自我。可是直到 20 世纪中晚期人文地理学、现象学等对地方的关注才引发人们真正思考自我和地方的关系，尤其是近 20 年西方大量著作开始呼吁人们在四处寻找自我时，应该回到最本质的"立足点"，注意脚下土地和自己的关系，因为"地方存在于塑造自我、建立社区和谋求整体幸福之中"（Dreese 2002: 3）。安德森的这部作品向我们展示了现代文明的发展已经割断了人和地方的纽带关系，小村镇成为个人发展的精神枷锁，而安德森个人奋斗史也表明大城市不能让他拥有地方归属感，那么《小镇畸人》对当代人回归地方的愿望有什么启示呢？

安德森在书中透露出对田园生活的向往，那么回归地方就是回到工业时代以前的传统农业、手工业文明阶段吗？就是摒弃给人类带来便捷也带来灾难的科技文明和经济模式吗？首先，回归地方绝对不是否定历史发展，让世界回到工业时代以前，安德森对田园式农村的憧憬只能是一厢情愿，这对于发展到今天的世界更不现实。工业文明带来了人与人之间、人与非人类自然之间、人与地方之间关系的改变，在这种情况下，回归地方本身已经不是愿望，而是遏制工业文明带来负面因素的答案。因为只有人和地方建立纽带关系，人才有归属感，才能意识到自我不仅和社会群体息息相关，还是自然中的一部分；只有拥有地方归属感，人才能真正建立地方责任感，为地方的人与人、人和非人类自然和谐发展承担责任。其次，地方需要有凝聚力才能吸引人们回归地方，这种凝聚力有很多因素，其中很重要的一点就是文化凝聚力。瓦恩斯堡镇的精神贫困和狭隘性抑制了很多包括乔治在内的年轻人的自我发展，但是地方的精神贫乏不是局限于农村乡镇，安德森本人在大城市也经历了物质上富裕、精神上贫穷的痛苦，需要通过写作探索人生意义来慰藉自我。文化有历史意义上的，《小镇畸人》通过某些片段，向读者展示了田园式农村生活、清教主义思想，但是这些片段被工业文明的车轮碾得支离破碎；文化也有个人意义上的，书中的很多人物在西方机械文明时代显得格格不入，并被称为"畸形人"，但是他们也在无时无刻创造文化，他们对爱的渴望、归属感的追求其实是最真实的，他们就像"瓦恩斯堡果园里的小苹果，扭曲却甜美"（Anderson 1996: 14）。可惜的是，很少有人能超越他们的丑陋畸形，包括他们自己也不敢去面对真实的自我，他们创造的个人文化也无法形成凝聚力，相反由于工业文明带来了心灵的扭曲，真实的情感和欲望反而成为虚妄，他们的真实流露反而成为小镇闭塞落后的标志，成为人们离开瓦恩斯堡的一大原因。面对工业文明掩盖压制真实的这一现象，20 世纪末，斯普瑞特耐克呼吁人们要让真实重新回到我们的世界，其中就包括地方感，并且"人类文化可以建立在社区的物质基础上，并丰富地方的生态社会经历"（Spretnak 1999: 4）。另外，地方也需要一定的渗透性，地方的封闭排外不仅阻止了该地方和外界的沟通，也抑制了地方内部人与人的交流。安德森的瓦恩斯堡并不是一个绝对闭塞的世界，因为现代化思想已经给传统农业带来冲击，人们也是在这一转型时期迷失了方向，可是它从整体上是在被动地接受机器文明，而不能输出自己的文化思想，所以它和外界的沟通缺乏互动性，而渗透应该是双向的。如果地方和地方之间缺乏渗透性，那么可以看出地方内部人与人之间也缺乏沟通，因为只有沟通的人才能打通人与人之间、地方与地方之间的壁垒。乔治的妈妈深爱自己的儿子，却不知如何用言语表达，大胆表达欲望的爱丽丝在雨中裸奔，呼喊到的却是一个聋子，埃尔默想向乔治证明自己不是怪人，却举起了愤怒的拳头。交流的失败在书中比比皆是，这种失败挫伤地方文化的凝聚力和人的地方归属感，因为就像多纳尔·凯伯（Donal Carbaugh）所说的，"交流具有很大的地方性……反过来，交流可以创造地方感、真实感……"（1996：38），没有互动的交流，人无法看到自己和其他人以及非人类自然的密切关系，那么地方感的建立也就无从而谈。

四、启 示

可以看出，《小镇畸人》不仅反映了传统农业社会向工业文明社会转型时期人们地方感的失落，也是整个西方现代化进程带来无地方感痛苦的缩影。从书中"畸形人"的孤独异化和安德森本人的经历来看，回归地方并不意味着我们应该回到纯朴的田园生活方式；相反，回归地方本身就是治愈人与地方断层痛苦的良药，也是遏制工业文明负面影响的方法。但是并不是所有地方都能有利于人与地方建立紧密的纽带关系，一方面地方需要凝聚力和渗透性才能有助于个人地方感的建立，另一方面凝聚力和渗透性又需要人与人、人与非人类自然在地方内部和地方之间的沟通互动。人有了地方归属感，才能拥有自我、融入社区，才能真实勇敢地去表达情感和欲望，才不会像瓦恩斯堡的人一样被认为是"畸形人"。

重读《小镇畸人》中"地方感"的失落对生态批评中的地方研究也具有重要意义，可以看出，地方不仅仅是物质存在，也是人们的精神家园。工业文明对农耕社会的侵蚀是将地方沦落为空间的过程，它改变了地方原貌的同时，也割断了人与地方本有的纽带关系，从而导致人的错位与异化。人类已经深陷工业文明，推翻历史是不现实的，在这种情况下，诗意栖居本身也只能成为我们的美好愿望，或者像劳伦斯·布尔所言，文学中的地方意识（或地方感）是一个"自我实现的乌托邦工程"，它不是既定事实，而是我们不断求索的过程（Buell 1995: 260）。生态批评正是将地方建构当作一个不断追求的目标，所谓的"乌托邦"并不是指其过于美好而难以实现，而是在工业文明浪潮中从来就不曾有完全诗意栖居的生活。但我们需要坚信的是：建构一个人与人、人与非人类自然互为依存、相互尊重的地方是治疗工业社会重疾、缓解生态社会危机的一大良方。

第五节 《豆树青青》和《天堂猪群》中的地方家园

金索尔弗是美国当代文坛的一枝奇葩，她用犀利的目光洞察人与社会、人与自然之间的深层关系，用锐利的笔锋却不乏诙谐的语言传达对当今世界的不满，用喜剧性的结尾抒发对美好未来的憧憬。因为其作品蕴含着深刻的内涵和隽永的思想，金索尔弗本人在西方批评界也受到越来越多的关注，而她本人也多次获奖，包括笔会／福克纳小说奖、爱德华·艾比生态小说奖、英国橘子小说奖等等，并于2000年获得美国人文学科最高荣誉——国家人文科学奖章。

作为美国南方作家，金索尔弗个人的成长及南方作家对地方的关注影响了她的写作。由于父亲工作的原因，金索尔弗自幼跟随全家过着漂泊的生活，所以深知缺乏地方归属感的痛苦。同时，在福克纳和韦尔蒂等著名美国南方作家作品的感染下，她非常关注小说中的地方塑造，经常在创作中描写人们无地方感的痛苦和追求"根"的欲望。因此，美国评论家斯诺得格拉斯称之为"具有道德观及天生对地方和人物有把握的大师"（Snodgrass 2004: 3）。而罗伯特·布林克迈尔（Robert H. Brinkmeyer）曾在他的论著《重塑南方文学：当代南方作家和西部》（*Remapping Southern Literature: Contemporary Southern Writers and the West*）中指出，金索尔弗不仅像传统南方作家一样强调地方感的重要性，而且在地域上超越了他们：她塑造的人物不再生于斯、长于斯、终老于斯，他们在空间的运动中、从南方到西部的迁徙中认识到地方的重要性，他们冲破了个人主义的樊笼，重新塑造了重视自由的美国梦：他们没有选择漂泊不定的生活，而是选择了将个人融入到家庭和社区生活之中，从而让自我扎根于新土地的现实存在。本节所选文本《豆树青青》和《天堂猪群》中两大女性人物的"回家"之旅就鲜明地反映了金索尔弗的地方意识。通过分析金索尔弗的小说《豆树青青》及《天堂猪群》，指出金索尔弗描绘的地方不是固有的地点，也超越了文学批评中人类历史活动的背景。在她笔下，地方是人们通过互相联系创造的精神家园，是社会文化的重要载体，也是个人身份认同的关键要素。人和地方纽带关系的割裂所引发的无地方感带来了人在社会中的孤独异化，而人们和地方重建纽带关系有助于促进身份认同，并能激发人们的家园责任感。

一、他乡觅家园

早在 1996 年，生态批评创始人之一格罗费尔蒂曾经质问："除开种族、阶级和性别，地方是否也应该成为一项新的批评类别？"（1996：xix）。在过去的 20 年里，不仅在生态研究领域，而且在社会学、哲学和地理学等多个人文社科领域涌现出大量有关地方的文章和论著。西方对空间和地方的差异有着非常细致的研究，比如著名生态批评学者劳伦斯·布尔曾在《环境批评的未来》一书中旁征博引，指出空间和地方的区别：空间是抽象的，地方是具体的，地方是赋予人类情感的空间，我们依恋地方，但是我们不会依恋空间。

在姐妹篇《豆树青青》和《天堂猪群》中，金索尔弗通过讲述一个跨种族领养孩子的故事强调了从空间转移到地方、建构地方家园的重要性。期望改变自己命运的白人女孩泰勒与被遗弃的印第安女童小龟之间产生了母女之情。为了给予遭受过性侵犯、发育缓慢的小龟一个温暖的家，泰勒对她呵护备至，并争取到了她的领养权。由于被指控其领养程序违背了《印第安儿童福利法》，泰勒惊恐之下携带小龟出逃，经过切诺基部落律师安娜瓦的协调和母亲爱丽丝的帮助，泰勒才真正理解小龟不仅需要母爱，还需要本族文化的熏陶。最后，小龟可以继续和泰勒在"小家"中生活，并且每年定期需要回到印第安"大家"学习本部落的文化。笔者重点分析书中的两位主要人物：泰勒和小龟，前者需要在他乡创造家园，而后者需要回到本族文化的地方。

女主人公泰勒为了冲破社会强加给农村女性的束缚而义无反顾地离开了故乡。在她眼中，家乡小镇犹如一潭死水，陈旧落后，而女同学们过早地结婚生子，随波逐流地将命运交付给没有爱情的婚姻和没有前途的生活。就像抛弃自己非常女性化的名字——玛丽埃塔小姐一样，她抛弃了在家乡当农夫或农妇的命运。她重塑自我的开始就是改名易姓，她的新名字泰勒来自于地名，无形之中她的个人探索将她和地方联系到一起。在一定程度上，《豆树青青》的前一部分仿佛是一个女性版的《在路上》（*On the Road*），女主人公和《在路上》中的萨尔一样，在运动中挣脱地方对人的束缚、在空间中追求独立的自我。但是泰勒自身的经济地位和印第安弃童小龟的突然降临使她意识到"空间"所能给予的自由是有限的，她需要为了生存和自我寻找一个立足点。

泰勒首先选择了超越地方。作为典型的美国个人主义者，她希望通过独立自主和刚强理智来定义自我，她不需要地方的约束。当她的房东舍友露安像家人一样照顾小龟时，泰勒感到极为不安，她告诉露安，"我们不是一家人，你有你的生活，我有我的生活，你没必要为我做这所有的一切"（Kingsolver 1988: 85）。泰勒的独立主张是西方个人主义的重要表现，它强调个人通过自我的努力掌控人生，实质上这是否定人与人之间的联系的，最终是否定人与地方之间的联系的。泰勒将露安的房子看成临时住所，因为对她而言，家不是和陌生人共享的，地方只是旅行途中的地点和人生路上的驿站。

但是泰勒慢慢地意识到自己和其他人的联系，这种联系对于她从空间到地方的转换有着重要影响。首先她和小龟的特殊关系促成了家的建立。离开家乡时，泰勒企图摆脱传统社会对女性的束缚，她不愿意像其他女同学们一样趋之若鹜地结婚生子。意想不到的是，她与弃童小龟结下了不解之缘，在抚养孩子的过程中，泰勒学会了像母亲一样关怀和疼爱小龟。泰勒和小龟之间的特殊关系表明：家不一定需要血脉维系，它需要的是人与人之间的相互联系和互相支持，而当人们找到家的感觉时，也是空间转换为地方的开始。

泰勒和其他个体的相互影响也帮助她获得了地方感。她和露安共同抚养孩子，相互交流，互相学习，理智的泰勒学会了感性的一面，而柔弱的露安学会了刚强。除此之外，汽车修理店的老板马蒂为帮助政治迫害者铤而走险，流亡者埃斯特万和妻子在家乡危地马拉为了革命同志的安危牺牲了他们的女儿。他们的经历让泰勒感动不已，让她明白自我需要在相互联系和相互支持中变得强大，而建立联系的自我不仅是在帮助他人，也是创造和经营自己家园的一部分，换句话说，只有认识到个人和万物千丝万缕的联系，才能真正拥有自我，才能真正找到家的感觉。如果说地方是"在某个场所交织的社会关系的产物"，那么正是泰勒与他人的交往帮助她找到了给予自我归属感的地方（Massey 1994: 155）。

强烈的地方感促使泰勒萌发了对家园的责任感，也激发了她对无家可归者的同情。埃斯特万和妻子的悲惨遭遇让泰勒意识到无数人不能像自己一样享受家的温暖：两位来自危地马拉的玛雅人后裔为了保护其他革命者，牺牲了自己的孩子，并远走他乡来到美国，而他们的祖先也曾被西班牙殖民者屠杀奴役，经历了惨绝人寰的遭遇。当泰勒询问他们何处为家时，埃斯特万道出了无奈的心声："我甚至不知道我想念哪个家、哪一种家。"（Kingsolver 1988: 193）。绵绵青山是埃斯特万祖辈的家园，但是已经被西方殖民者及其后代侵占；危地马拉是他为自由平等而战的基地，但是已经沦为民不聊生的国家；美国是他和妻子胆战心惊的国度，他们随时都有被遣送回国、枪杀处死的危险。为了让埃斯特万和妻子找到安身之所，泰勒不惜铤而走险将他们送到俄克拉荷马州，在那他们将混入肤色相似的印第安部落，努力创建属于自己的家园。

同时，出于对家园的责任感，泰勒不辞劳苦地工作，在经济上保证小龟的温饱，并在精神上无微不至地关爱孩子，确保她能在温暖的家庭中忘记过去的痛苦。可是"家"充满了各种不稳定的因素。首先小龟在公园受到了陌生男人的暴力袭击，邻居的救援使她幸免于难，但是心灵阴影让她多日沉默不语、呆滞木然。其次社区在调查小龟遭袭的过程中，发现泰勒没有合法的收养手续。面临母女分离的可能，泰勒义无反顾地带着小龟开始了寻亲之旅，以求她的亲人协助其办理领养孩子的法律程序。由于无法找到小龟的亲人，泰勒又请求埃斯特万和他的妻子冒充小龟的父母，合法地获得了孩子的领养权。如果说《豆树青青》以"逃家"而开始，那么它就以"回家"结束。故事结尾，泰勒终于拿到了小龟的抚养权，她指着认领证书，告诉小龟："这就意味着你是我的孩子……我是你的妈妈……你知道我们要去哪吗？我们要回家……你记得家在哪吗？那间我们和露安、瑞（露安的儿子，笔者注）共同居住的房子？"（Kingsolver 1988: 232）

对于泰勒来说，塑造联系的自我促使她产生了地方感，并激发了她对家园的责任感和对无家可归者的同情。但是她在维护包括朋友和小龟在内的"小家"的同时，却忽视了小龟需要印第安部落"大家"的关怀。小龟身份的复杂性证明，《豆树青青》中人和地方纽带关系的建立是不尽如人意的，而她的回家之旅是需要作家更深刻思考的内容。

二、回家路漫漫

和泰勒相比，印第安小女孩小龟和"地方"的关系更为复杂。她的身上有看得见的家庭暴力伤痕、有下层阶级贫穷的特征，更有看不见的种族历史伤痛烙印。不难看出，小龟的"回家"之路更加复杂，而这也成为《豆树青青》和《天堂猪群》故事发展的推动主线。当小龟被抛弃给泰勒时，她还是一个两三岁的孩子，泰勒发现她的身上伤痕累累，而且表明她多次遭受了性侵犯。泰勒意识到小龟短暂的人生承载了难以想象的苦难，并因此坚定了抚养这位印第安小女孩的决心。在一次身体检查中，医生确认了小龟身上留下的伤痕和骨折情况，并解释孩子可能是因为物质环境或情感压抑而发育缓慢。虽然小女孩的身体在泰勒的抚养下恢复很快，但是小龟受到的性虐待给她幼小的心灵留下了阴影。

其实，小龟所经历的痛苦不仅是个人的，也是民族的。她个人遭受的性侵犯和被遗弃的经历是亲人们丧失地方归属感的后果，而她所代表的印第安民族也是西方殖民主义者土地和文化侵略的受害者。在《天堂猪群》中，印第安律师安娜瓦克讲述了历史上有名的"血泪之路"：美国在西进运动中，为了扫除阻挡"文明"发展的障碍，政府强迫收购了印第安人富饶的土地，并驱赶他们到贫瘠的西部，导致沿途上百万印第安人客死他乡。小龟归属的切诺基部落也是受害者，因为他们"经历了发生在犹太人身上的毁灭性屠杀"（Kingsolver 1993: 281）。本质上，西进运动是白人将印第安人多元化地方变为资本主义经济膨胀空间的后果，是美国殖民文化摧毁新大陆当地居民的特色地方"在世界范围生产抽象空间"的缩影（Buell 2005: 64）。西方白人不仅侵占了印第安人的土地，而且开展了对他们的文化侵略，因为文化是地方中必不可少的重要内容，瓦解文化实质就是割裂印第安人与地方的纽带关系。安娜瓦克提到美国政府为印第安孩子开设寄宿学校，表面上这是白人推广文明、提高印第安人素质的教育策略，本质上却是一种文化帝国主义。孩子们被迫离开本族部落，从精神文化上被同化，其后果就是印第安人自我的迷失或"移位"。安娜瓦克的双胞胎兄弟加比从小被强迫离开养育自己的部落，在白人家庭长大，可是"文明"无法解决他的心理错位，他接受着白人的教育模式，却受到白人的种族歧视，最终他走入歧途、锒铛入狱。文化侵略给印第安人带来的伤害不胜枚举，安娜瓦克提到印第安女孩来到城市，想做金发碧眼女郎，她们憎恨自己，抛弃孩子，小龟的亲身母亲也是这种"文化帝国主义"的受害者，她们选择离开适合自己的土壤，抛弃本土文化的同时，也抛弃了真实的自我，割裂了个人与地方的联系。所以，小龟和"民族"分离的背后是印第安人和深爱的土地剥离的映照，是人和地方关系割裂的折射。

正是因为小龟身体上的伤害映照了她所代表的印第安人历史上所受到的不公正待遇，小龟与地方纽带的建立也变得很复杂。在《豆树青青》中，她已经得到了泰勒的母爱，也拥有一个快乐的家，可是她身上的印第安血统证明，关爱停留在个体身上是不够的，甚至是可能带来伤害的，比如被白人抚养的很多印第安孩子迷失了自我，最终走向堕落。当金索尔弗意识到这个问题时，她又执笔写下了《天堂猪群》，而在这部续集中对小龟"回家"的争议来源于西方传统和印第安部落不同的价值观。

不同民族对同样的事物有着不同的文化诠释，就像天上的星座一样，白人和切诺基人对其理解的差异印证了它们不同的价值观，并影响到对小龟回家之旅的不同理解上。西方文化中的昴星团（Pleiades）来自于希腊传说，据说星座中七颗星星是大力神阿特拉斯和普雷涅所生的七个女儿，所以又叫七姐妹。在切诺基部落，同样的星座被称为"天堂中的六头猪"，或者"六个坏男孩"：传说中六个贪玩、脱离群体的男孩向神灵埋怨母亲对待他们像猪一样，为了惩罚这些孩子，神灵把他们变成了六头猪，并让他们升到天空中成为星座。对星座的不同诠释印证了西方白人与切诺基人不同的价值观：在崇尚个人主义的西方，人们"做自己正确的事"，而重视集体主义的印第安部落，人们"做集体正确的事"（Kingsolver 1993: 88）。

正是因为西方传统和印第安部落的文化价值观不同，印第安女孩小龟回归地方的问题也变得更加复杂。白人传统崇尚个人主义，他们认为培养孩子是家庭内部的事情，并且希望孩子长大后也能独立自主，因此泰勒坚信"小家"的努力就能确保小龟健康成长。另外，泰勒认为堕落的印第安人给自己的孩子带来了伤痛，她有必要承担起抚养小龟的责任。她的短视让她无法意识到诸多印第安人堕落的真实原因：西方殖民者在毁灭他们身份认同的特色地方的同时，也瓦解了他们的集体主义价值观。他们在失去自我的过程中，也直接或间接地给后代带来了伤害。应该看到，这些迷失方向者只是印第安部落中的一部分，而更多的印第安人致力于挽救对他们而言弥足珍贵的本族文化。在他们的传统文化中，孩子是部落最重要的财富，他们不在小家庭中长大成人，而是全村人共同抚养的文化继承者。对切诺基部落来说，个体和群体的关系就像手和身体一样，"砍掉手之前，我们需要考虑没有手的身体是否能照顾自己"（Kingsolver 1993: 338）。西方殖民者在瓦解印第安部落文化的过程中，无数的印第安儿童被迫离开养育自己的家乡，到寄宿学校或白人家庭接受所谓"文明"的洗礼。失去了继承文化的后代，印第安部落无疑将面临最终的毁灭。为了让部落文化发扬光大，也为了避免无数儿童在文化冲突中迷失自我，印第安部落在联邦政府允许下，通过了《印第安儿童福利法》，确保那些与本族文化脱离关系的孩子得到合适的安置。正是因为部落需要后代担当起传承文化的责任，切诺基部落文化的代表安娜瓦克坚持小龟回到"大家"。同时，不仅群体需要个体，个体也离不开群体。与部落文化失去联系的儿童需要回归集体所在的地方，因为地方"能指引、安定我们，能记忆、认同我们，我们身在何处能表明我们身为何人"（Casey 2009: xv）。作为白人主流文化和印第安文化沟通的"大使"，安娜瓦克充分认识到让迷途的印第安儿童回归本部落的重要性，因为孩子有必要知道她来自何方又归属何地。正是因为地方是自我展示和身份认同的关键因素，小龟需要回到能展示自我的家园，她不仅需要像其他儿童一样需要在充满爱的家庭中健康成长，而且需要回到能体现自我的地方。在《天堂猪群》结尾，小龟被允许继续和养母泰勒生活，但是每年都需要定期回到部落，在祖父和其他居民的影响下，培养自己和部落文化的纽带关系。

该故事圆满的结局一直被很多评论家认为过于理想，比如伊丽莎白·扬认为该故事是"糅合了巧合与情感"的"童话"（Young 1993: 9）。该故事圆满的结局看似过于理想，但是小龟的理想结局其实是众多印第安人的梦想，小龟背后的印第安人文化背负着人和地方分离的痛苦，也寄托着人和地方重建联系的希望。印第安传统文化认为，"土地和地方是生存、信念及身份的核心"（Lewis 1995: 440）。尽管印第安人经历了残酷的"地方剥夺"（place-deprivation），他们还在不停地寻找回归地方的出路（Casey 2009: 308）。他们需要继续思索如何在白人文化中汲取力量的源泉，又能坚持本族文化继续发扬光大。另外，回归地方的精神家园本身就不是一劳永逸的，而是充满了很多不确定的因素。诚如著名生态批评家格里塔·戈德所说，"家是动词，而不是名词……它不是静止的地方，而是构建与地方、与动物、与他人联系的过程"（Gaard 2007: 199）。从这方面来说，《天堂猪群》貌似封闭式的结尾又是开放性的，而皆大欢喜的结局却又是暗含忧虑的。小龟回到了多文化、多种族的家，但是她能避免文化差异和种族差别可能带来的伤害吗？她会为大人的安排而欣喜、并从此过上幸福的生活吗？如果说小龟的家充满了不稳定的因素，同样，印第安人在寻求身份认同的地方过程也是不稳定的，在与其他民族、其他地方沟通的过程中他们能避免争端吗？在传承本民族文化的过程中他们又如何在社会发展中找到一席安身立命之地？正如戈德所定义的家，这是一个过程，小龟在书中的回家只是她人生路程上的片段，而遭受"地方剥夺"的印第安部落的回家旅途还将路漫漫而修远。

金索尔弗的小说《豆树青青》、《天堂猪群》都以离家开始，回家结尾，在这个过程中，人和地方的关系推动了小说的情节发展，而两位主要人物的回家之路也体现出不同的复杂程度。"家"是维系不同人生的核心，是人能找到地方归属感的地方，是人们建立地方纽带关系的目标。同时，泰勒和小龟的经历表明"回家"是一个过程，它充满了不稳定的因素，暗示着印第安部落的地方回归将是长路漫漫，也再次印证了生态批评学者布尔有关地方意识是"自我实现的乌托邦工程"的论断（1995：260）。

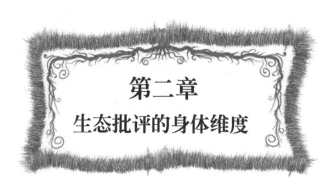

第二章
生态批评的身体维度

第一节　生态批评中的身体研究

在 1999 年出版的专著《真实的复兴》（*The Resurgence of the Real*）中，对生态理论做出巨大贡献的美国生态女权主义学者斯普瑞特耐克曾经说过，现代文明正让我们远离三大真实：即有关"认知身体、创造性宇宙和地方意识"的真实，人们将身体和自然视为可操作、可修补的机器，自以为可以摆脱对社区的地方依赖而生存，这种虚妄的理念催生了人类的狂妄自大，从而导致了西方现代的生态危机和社会问题（2）。具体在身体维度上，西方根深蒂固的人类中心主义认为，心智优越于身体，人类正是由于心智发达才超越了野蛮的自然世界，成为能掌控自然的万物之灵长；而现代医学的飞速发展更让我们忘记了身体本身的能动性，误认为它是一台可用医术修补的机器，尽管现实情况是生物医学并没有让我们超脱生老病死，DNA 的发现并没有让我们远离病痛的折磨。可以看出，人类是极其矛盾的，一方面竭尽全力超越身体，另一方面却又无法摆脱身体。如果说修正错误、挽救世界的解决方式就是回归真实，那么我们首先要肯定身体，只有颠覆心智与身体的二元对立，才能从根源上推翻人类中心主义，那么致力于揭露人类中心主义危害并力主推翻人类中心主义的生态批评也势必将"身体"作为关键词纳入其研究。

总体而言，生态批评的身体研究主要体现在三个层面：话语层面、物质层面、审美层面。身体是社会话语建构的对象，西方的二元论认为身体卑劣，所以超脱身体、掌握智慧的人类才是宇宙的主管者，生态批评力求在话语层面针砭这一错误理念，解构心智与身体的二元对立；物质层面是生态批评重构心智与身体的重要研究，毒物描写展示了环境污染给人类身体带来的伤害，物质生态批评肯定了身体的物质性，并揭示了自然与身体之间的物质交换；而身体的审美层面肯定了感官感知自然，从而促进身心融合、人类与自然融合的重要价值。

一、话语层面：针砭心身二分法

法国哲学家笛卡尔的心身二分法在西方传统意识中影响深远，理性与肉体的二元对立关系成为人类优越于自然的人类中心主义（anthropocentrism）、男性优越于女性的男权主义（androcentrism）、白人优越于有色人种的种族主义（racism）的"恶"之根源。首先，心身二分法首先表现为人类中心主义，认为人类区别于动物的关键是人有理智，所以人类是超越自然的文化创造主体，为了超越自然，人类必须摒弃生理意义上的身体，因为身体和自然一样被认为是低级被动的物质，只有依靠意识或心智才能创造文化和主导自然，这种自诩"万物灵长"、将利益凌驾于其他物种之上的观念又被称为物种主义（speciesism）。其次，心身二分法表现为男权主义，男性被认为是心智的代表、创造文化和文明的主体，而女性和自然一样是低级的物质，同时女性的身体和自然一样一直以来是受到鄙视的对象，由于心智优越于身体，所以男性优越于自然化的女性和女性化的自然。同样，心身二分法也表现在对于种族、阶级差别的态度上，白人被认为是"与自我认同、无标记、脱离肉体、直接而超脱"的主导者（Haraway 1989: 193），而有色人种是被标记的"身体人群"（body-people）（Ruether 1975: 79），是缺乏理性、野蛮落后的他者。长期以来，在西方的主导意识形态中，被压迫者与缺乏思想意识的动物相差无几。作为边缘群体，他们就是"打上烙印的身体"，由于他们愚钝无知，或者不知道如何去超越身体、接受文明的洗礼，压迫者认为他们理所应当地利用自己的理智控制这些边缘化的身体，特怀恩将这种思想意识命名为"无身的主导身份"（Twine 2001: 35, 39）。综上所述，在西方主流话语中，身体是社会压迫性意识形态的立足点，贬低身体是贬低自然、女性和其他边缘群体的理论依据，为抵制逻各斯中心主义，生态批评的一大任务就是在话语层面重构身体与心智的关系。

斯普瑞特耐克创造了"身心"（bodymind）一词以取代西方的心身二分法。她从医学的角度阐释身体和心智本是融合一体的关系，比如行为医学主张采用冥想、祈祷和解压的多种心理治疗手段弥补西方医学头痛医头、脚痛医脚的不足，而东方的传统医学也证明身心就是一个磁场或"平衡的能量体系"，它具有自我修复的强大功能（Spretnak 1999: 18）。汤姆·迈尔斯（Tom Myers）则将"身心"视为21世纪的一元论，呼吁"身体与心智的结合"，因为身体是智慧的来源，思考本身就是身体的功能，多年以来人类对"物质自我"或身体的否定也导致了人类拒绝承认对自然的紧密依赖关系，从而导致了日趋严重的社会生态危机。因此，21 世纪的人类亟需将"身心"当作不可分割的机体，而通过健身提高运动智能（KQ, kinesthetic intelligence or physical intelligence）就是非常重要的转变观念的方法（2010：159）。而生态批评对身体研究的更大贡献是物质层面，不可否认的是，当生态批评解剖身体的物质层面时，也是一种话语层面抵制心身二分法的方法。

二、物质层面：建构物质身体

在很大程度上，生态批评中身体研究的物质层面归功于物质女权主义的相关研究，而物质女权主义学者尽管不愿意将自己划分入生态批评的阵容，其中的几位主要代表（包括阿莱莫）将自己列入环境人文学领域，并将身体视为环境主义的重要部分，而这也成为生态批评中身体研究的重要内容。物质女权主义代表阿莱莫与海克曼认为，过去 20 年以来，涌现出大量的身体研究成果，可是，"几乎所有著作局限于对身体话语的研究……忽略了身体作为一种积极顽强力量的物质性"（Alaimo and Hekman 2008: 3-4）。福柯对于身体研究的贡献有目共睹，可是我们既不能否认意识形态和社会话语对身体的规范作用，也要认识到"活生生的经验、身体行为与生物构成"的重要性（Alaimo and Hekman 2008: 4）。为物质女权主义铺垫理论基础的凯伦·巴拉德认为我们"当前需要一套强有力的身体物质化理论（materialization），身体包括人类和非人类身体，以及物质和社会实践如何产生身体差异性的理论"（Barad 2008: 128）。物质化的身体不是被动的社会语言的产物，它可以在社会话语的控制下展示出主动性和创造力；正是通过不同身体的"内在互动"，才能推动宇宙"变化中能动的、内在互动的过程"（Barad 2008: 135）。从一定程度上，身体的物质化理解还原了人类的生物属性，无论种族、性别、阶级差异，任何人从根本上都是物质性身体的存在，都需要利用身体经验发挥主观能动性，从而保证生存，所以用理性与肉体的对立关系论证种族优劣的论断是毫无根据的。

物质身体的研究也构成生态批评中毒物描写的重要内容。20 世纪 90 年代兴起的生态批评发展至今，经历了从荒野描写到毒物描写的趋势变化，前者旨在逃离喧嚣的人类世界，在荒野中融入自然，是一种"出世"的做法；后者则披露毒物污染导致的各种身体重疾，急速攀升的癌症患病率就是当代环境恶化的重要表现，那么揭示毒物与人体关系的毒物描写就是生态批评的"入世"，是对"环境问题和环境正义的深刻思考"（李玲和张跃军 2012：38）。毒物描写中，身体与周围环境之间的物质交换是毒物传播的途径。阿莱莫认为，自我是"物质的、通体性的、总是存在的实体"（Alaimo 2010: 87），它是物质性的身体与外界物质相互联系、互相作用的现象，它的通体性（trans-corporeality）表明"人类总是融入于非人类世界"（Alaimo 2010: 2），人类作为一种物质存在，与环境不可分割。由于人类身体与非人类自然之间一直存在着物质交换关系，这种物质联系决定了人与自然的生存和发展，即决定了人和环境的关系从一开始就是一荣共荣、一损俱损的关系：人类与自然和谐发展，就能保证人体在与环境进行物质交换的过程中能获得清新的空气和安全的食品与水分；反过来，人类一旦破坏了环境，那么污浊的空气、放射性微尘和有毒的食品都将通过这种物质交换进入人体，最终有害人类健康。

阿莱莫总结的物质传记就是毒物描写的一种。桑德拉·斯坦格雷伯（Sandra Steingraber）在其专著《居住在下游：一个生态学家眼中的癌症与环境》（*Living Downstream: A Scientist's Personal Investigation of Cancer and the Environment*）中，用确凿的科学论据和个人的身体经验证明了环境污染与人类罹患癌症的关系。齐拉·爱森斯坦（Zillah Eisenstein）在其作品《人为的乳腺癌》（*Manmade Breast Cancers*）中讲述了与乳腺癌有关的家史，她不仅揭示了环境危机与人类染疾身体之间的关系，还将身体作为社会话语的中心，批判了由于种族和经济上的不平等而导致的癌症隐患与治疗不均衡的现象。需要指出的是，物质身体并不局限于人类身体，而是包括人类在内的自然万物。阿莱莫认为，追踪"人类身体与非人类身体"之间的"毒物转移踪迹"让人们意识到，建构一个无毒的狭隘空间以此保护自然是不可能的，因为人类的福祉总是与环境有着千丝万缕的联系（2012：18）。物质生态批评在此基础上也提出，"作为物种就意味着是拥有悠远历史的物质身体，历史中大部分是自然因素，而有些毫无疑问是非自然因素……只要存在，我们就是物质的"（Phillips and Sullivan 2012: 447）。换而言之，物质身体从来都不是单独存在的个体，任何个体都是物质存在以来不断组合、演变、进化的结果，是自然和文化的结合体。与此同时，任何物质身体从来都没有停止过与其他物质身体进行物质交换，这也再次证明，世间万物都是相互依赖、互相融入的。

三、审美层面：探究身体美学

国内生态批评学者程相占认为，身体转向是环境美学三重转向中的一大维度。梅洛－庞蒂的身体知觉现象学为环境美学中的身体研究提供了理论支撑，身体在环境审美体验中发挥着重要作用。人类通过身体化经验（embodiment）去观察世界、感知世界，眼观、耳闻、鼻嗅、触摸、心想都是身体发挥的重要功能，正是"环境美学与身体美学一道突出了身体在审美活动中的重要作用，正在共同促成美学的'身体'转向"（2015：42）。

另一国内学者李松主要结合中国古代传统思想探讨身体美学作为生态批评价值选择的可能性。他认为身体美学的生态批评内涵体现在几个方面："将身体作为思考人的逻辑起点可以发现人的在世存在的多重属性；从身体的自然性与文化性互动生成的过程可以发现身体体现了人与世界多重关系的历史性；肉身与精神的和谐可以外化为自然与社会相统一的生态学原则；身体的感性愉悦和自由解放是我们思考天人生态关系的起点与归宿"（2010：164）。

其实身体的感性经验在国外研究中一直是研究的重点。大卫·亚伯拉姆（David Abram）指出，现代科技已经让我们对充满灵性的动态世界充耳不闻、视而不见，我们需要复兴传统，让我们的耳口鼻舌和皮肤继续充当"接受他者滋养的门户"，去聆听自然的声音，去观察自然的颜色，去感受自然的幻变，愉悦地回归自然家园，真诚地接纳人类与非人类自然的水乳交融的关系（1996：ix）。而作家的责任就是书写人类与非人类自然互动的故事，"将语言就像种子一样播在岩石与枯木下，让语言在阴影、尸骨与树叶中再次生根"（1996：274）。对亚伯拉姆而言，用身体去感受自然之美不仅仅能催生感官的愉悦，也会激发内在心灵的升华，人们只有敞开心扉去感受世界，才能意识到我们的空气已经不再洁净、饮水已经受到污染、森林正在减少，这种用身体获得的认知才会真正促使人类采取行动去缓解当前的生态危机。在这方面，生物区域主义（bioregionalism）也是持以共识的。林奇认为，人并不是只会记录事物的"无身之眼"（disembodied recording eye），人们历来喜欢书写用双眼观察到的自然，但是我们还有其他的感官在帮助我们无时无刻地感知与世界的纽带联系，"人类之肉体一直嵌入在世界之肉体中，通过肌肤、感官和想象等半渗透性的薄膜将自我与环境融合为一"（2008：10-11）。而这又恰恰从身体审美的角度再次揭示西方传统意识形态中的心身二分法的谬误，当人们通过身体化经验感受嵌入自然之中时，人们是用身心一起融入世界之中的。

需要指出的是，在后殖民生态批评揭示种族主义与物种主义的共谋关系时，身体美学的社会话语解读也有望为这一理论提供建设性思考。莫妮卡·若雷福斯指出，美学思想在种族化（racialization）过程中起着不可忽视的作用，近代哲学家休谟与康德的白色为美的思想为种族优劣划分提供了理论托词。所以颠覆白人主导权的一大关键是"思辨我们带有种族歧视、阶级歧视、性别歧视等等的美学形式"，其中关键之处就是重新审视"黑色化美学和美学化黑色"（blackened aesthetics and aestheticized blackness），颠覆白色为审美规范标准的荒谬言论，挖掘种族压迫下人们在争取生存、构建身份、塑造社区时所体现的美学思想，从而重写带有种族歧视的审美观念（Roelofs 2005: 111）。尽管若雷福斯关注的是非裔种族问题，但是从身体美学视角探讨有色人种的身体之美与身体之力也有望为后殖民生态批评提供可能性思考。

综上所述，生态批评中的身体研究主要从三个层面展开：话语层面、物质层面与审美层面。话语层面的身体研究主要体现在揭示西方心身二分化带来的诸多生态社会问题，而重构身体与心智的关系重点表现在物质层面与审美层面。身体的物质性思考瓦解了人类与非人类自然之间的疆界，让人们意识到所有物质之间一荣俱荣、一损俱损的紧密联系，而生态批评中的毒物描写正是将环境内毒物的转移交换作为重点，从身体健康的角度揭示人类无法脱离自然而生存的事实。身体美学的生态内涵展示在：身体化经验让人们意识到人类身体嵌入世界的事实，而从种族的角度认识到有色人种的身体之美与身体之力则为后殖民生态批评的拓展提供了建设性思考。生态批评通过不同方面的身体研究力图实现斯普瑞特奈克所提倡的"认知身体"的复兴，当人类认识到身体的世界嵌入性时，也将推进对动态宇宙的复兴。

第二节 《癌症日记》中的身体、自我与环境

在美国文学批评界，奥德莉·劳德（Audre Lorde, 1934-1992）曾是一位能一石激起千层浪的人物，她是黑人、女性、同性恋、女权主义者、乳腺癌患者，归根结底，她是一位英勇无畏的战士，就像她的非洲名字"Gamba Adisa"一样。劳德一生出版了 20 多部诗集、小说和论著，她在作品中多次强调自己的多重身份：黑人、女性、同性恋者，而且通过多种文学表达形式批判美国的种族主义、性别歧视和同性恋恐惧症。她锋芒毕露、咄咄逼人，曾经因为与白人权威女权主义者意见相左而处处树敌、四面楚歌，"在黑人女权主义和黑人同性恋研究学术范围，在白人女权主义者所赞助的会议中，劳德发出的是一位气势汹汹、愤懑不平、孤立无援的黑人女同性恋女权主义者的声音"（De Veaux 2004: 247）。但是这位女战士不曾气馁，对她而言，自己的多重身份就是战斗的旗帜、冲锋的号角，即使孤单寂寞，她也要挣脱世人对黑人、对女性和同性恋的樊笼，也要唤醒像自己一样的边缘个体，让更多的人走出迷茫、发出呐喊，因此，她被尊称为"勇士诗人"，或者是"女性、诗歌、黑人艺术与生存的偶像"[①]。

劳德出生于纽约哈莱姆，一直以来她就为自己是"局外人"的身份而痛苦挣扎。首先她感受到自己不是纽约的一部分，从小就为自己"无地方感"的痛苦而备受煎熬。劳德的父母从加勒比海群岛来到纽约寻找美国梦，但是残酷的现实让他们无法像梦想中那样衣锦还乡，只能在美国的最底层过着疲于奔命的生活，他们"何处为家"的迷茫也一直影响着他们最小的女儿——劳德，直到去世前几年，劳德才有所欣慰地回到了自己的"根"，在加勒比海中的圣克罗伊岛度过了风烛残年。其次，劳德是一位黑人女性，在当时美国白人统治下的主流社会，黑人本身就是边缘群体，而作为黑人女性，劳德也一直为自己的"他者"身份而呐喊，她针对女性内部差异的理论也是引起权威白人女权主义者（比如著名女权主义者玛丽·戴利 Mary Daly）

勃然大怒的原因。在劳德看来，社会往往以白人女性的经验当作标准规范，那么黑人女性的经验就被边缘化，当白人女权主义者无视女性内部的种族差异时，她们实质上在为男权主义推波助澜，导致黑人女性受到的压迫越来越重。另外，作为女同性恋，劳德在当时是一位完完全全的离经叛道者。虽然知道自己容易成为众矢之的，劳德勇敢地利用自己的特殊身份表达自己的女权主义观点。她认为同性恋就像黑人女性一样，她们的声音被主流社会当作异教邪说而淹没，她们的经历被边缘化，这种忽视女性内部性差异的做法加深了人们对同性恋的偏见，这与女权主义结束压迫的初衷背道而驰。就像劳德自己所言，作为一名黑人、女性、同性恋，在任何一群人中，她都被大部分人当作"离经叛道、桀骜不驯、低人一等或者索性是不正常"的人（Lorde 1999: 306）。虽然这种"局外人"的身份给了劳德无尽的痛苦，但是也成为她为弱势群体的平等和自由而战斗的旗帜。那么，她作为乳腺癌患者的新身份也成为她为癌症患者摇旗呐喊的动力，她将自己的思想记录在自传体作品《癌症日记》（*The Cancer Journals*, 1980）中，并将罹患不治之症的身体当作剖析自我、关注环境的战场。她呼吁乳腺癌患者通过呐喊实现自我治愈，号召女性透过身体解读社会压迫；同时，她在书中将癌症起因与生态危机联系起来，她的控诉也为暴殄天物、高傲自大的人类敲响了警钟。

一、身体与自我

长期以来身体是女权主义者所关注的话题。以西蒙娜·德·波伏娃（Simone de Beauvoir）为领袖的女权主义者视身体为阻碍女性成为像男性一样理智人物的障碍，她们认为西方传统上心智与身体的二元对立关系很大程度上决定了男女之间的尊卑关系，所以女性应该拒绝当生育机器，拒绝当贤妻良母，而应该像男性一样"脱离卑劣的兽性，开始同样的超越（身体）的征途"（Alaimo 2000: 4）。而以朱迪斯·巴特勒（Judith Butler）为领军人物的女权主义者在福柯的理论指导下，认为身体是社会话语书写的场所，是"权利动态"或者"约束惯例的结果"（Butler 1993: 2），但是她们片面强调身体是受社会话语影响的实体，而"排除了活生生的经验、忽略了肉体的感受以及放弃了对生理物质的考虑"（Alaimo 2008: 4）。对劳德来说，前面两种对身体的理解都是偏颇的，她在《癌症日记》中的言论证明身体是无法超越的，身体不仅是社会话语的书写领域，也是实实在在经验的一部分，最重要的是，身体本身就是自我构建的重大内容。

在这部自传体作品中，劳德既记录了个人的肉体感受，又阐述了社会话语对女性的影响。她在《癌症日记》中多次提到乳腺癌给她带来的身心折磨，肉体的痛苦和内心的恐惧是当事人真真切切的个体经验。切除乳房后，劳德遭受着撕心裂肺的疼痛："静止的痛、活动的痛、深痛和浅痛、强烈的痛和微弱的痛。"（1980：51）对劳德而言，失去乳房的煎熬犹如失去母亲的痛苦，而中间等待噩耗的时间更是充满了恐惧，她不知道自己是否患上了乳腺癌，如果是的话，癌细胞是否扩散，如果失去乳房，她是否能在新生活中继续领略触摸所带来的愉悦，而更重要的是，她又如何优雅安详地面临自己的死亡。劳德的痛苦和恐惧都是她个体身体经验的一部分，而这是很多女权主义者所忽略的，当她们用女性共有的月经、生育等身体经验去解读社会对女性的压迫时，她们过于强调社会话语约束女性群体的一面，而忽略了女性内部的差异性身体经验，以及这些经验有望成为消除压迫的利剑的重大作用。那么，劳德已经意识到需要透过自己身患绝症的身体，重新去解读社会话语，揭开父权社会控制女性身体的一面，而这是她构建自我的一部分。

手术前劳德一直担心失去乳房也就意味着失去了自我，她痛苦和恐惧的一大原因就是自己再也不能做回过去的自己，那个真实的自己。但是经过一番挣扎和思考后，她才发现在失去乳房的过程中，她"变成了一个更加完整的人"（54）。在她看来，切除乳房不能削弱她为弱势群体奔走呼告的斗志，她依旧是一名斗志昂扬的女战士，之前她为黑人女性、为同性恋的权利而奋斗，现在她要为癌症患者的权利振臂高呼，所以她在文中不仅指出社会对女性的压迫阻碍了女性追求自我，而且呼吁癌症患者应该通过身体重新认识自我、了解自我。

首先，劳德认为社会对女性的身体控制妨碍了女性追求自我。手术后的第二天，劳德被建议使用特殊制造的内衣掩盖切除的乳房，并被告知乳腺癌患者只要维持自己的外表和以前毫无二致，就应该若无其事地继续自己的人生。但是，在镜子面前，看着自己用特殊内衣垫出来的假乳时，劳德发现"即使世界上最高明的修复术也无法改变现实，无法让我重温乳房给我的感觉"（44）。这次事件反映了社会控制女性身体的一面，即社会要求女性注重外表，而否定了个人的身体感受，造成的假象就是女性的外表就是自我的总和；同时媒体也将女性渲染成花瓶式的消费者，女性们应该购买各种各样的化妆品和时尚衣装遮盖丑陋和抗拒衰老。在社会媒体的影响下，女性们趋之若鹜地将自己打造成符合社会标准的形象，她们在竭尽所能地修饰身体、取悦他人的过程中忘记了自我，忽略了个性。劳德认为，当社会标准意味着人们需要拥有符合大众标准的肤色、身材、体格和乳房数量时，"女性如何审视自己的身体以及从中获取力量的一面就会被贬低、被忽略"（64）。在这种情况下，女性的身体不应该成为被动的物质，而应该成为新力量的源泉，对劳德来说，她需要考虑身体的意义，需要将人们对身体的外在要求和自己对身体的内心需要区别开来。所以，身体对劳德而言不仅是社会压迫女性的关键，也是个人构建自我的重要部分。

其次，劳德的新身份也让这位女勇士关注到另一类边缘群体，即癌症患者。在与病魔搏斗的过程中，劳德深知自己要么因为绝症而一命呜呼，要么因为创造多样的自我而找到活下去的勇气。最终她选择了后者，尽管自己多年以来都是边缘化的"局外人"，但是"局外人既是弱点又是强项"（12）。作为癌症患者，劳德是主流社会的"局外人"，但是她能站在新的群体中开始另一场战斗，就像那些切掉乳房、拉弓射箭的亚马逊女战士一样。[②]一方面她提醒乳腺癌患者在绝症面前既不能若无其事，也不能坐以待毙，人们应该通过呐喊实现自我治愈，让他人了解癌症患者的痛苦和权利；另一方面劳德在《癌症日记》中抒发了自己的政治主张，她用自己的经历鼓励其他女性癌症患者走出沉默，在热爱自己的同时也融入新的群体，从而为社会注入新的促进公正平等的力量。

正是在权衡得失之间，劳德建构了新的自我，即一位充满斗志的癌症患者，她的所失就是所得，如果说劳德失去了一个乳房，那么她却赢得了一个新的自我，癌症威胁到了她的生命，但是却提供给她新的视野。她决心利用新的空间审视自己的人生并深切体会到生存的美好，面对这段充满痛苦、与病魔斗争的人生旅程，劳德无怨无悔。

二、身体与环境

根据国内学者李玲与张跃军的观察，生态批评经历了从荒野描写到毒物描写的趋势变化，前者旨在逃离喧嚣的人类世界，在荒野中融入自然，是一种"出世"的做法；后者则披露毒物污染导致的各种身体重疾，急速攀升的癌症患病率就是当代环境恶化的重要表现，那么揭示毒物与人体关系的毒物描写就是生态批评的"入世"，是对"环境问题和环境正义的深刻思考"（2012：38）。劳德的《癌症日记》不仅通过身体解读女性压迫和构建自我，也渗透着毒物描写的根本理念，即患癌身体与环境恶化之间的因果关系。

其实在劳德之前，著名美国学者蕾切尔·卡森（Rachel Carson）早在1962年出版的《寂静的春天》（*Silent Spring*）中指出，自然环境正被人为环境迅速取代，人为环境中含有大量的物理和化学致癌物，人体暴露在充满有毒物质的环境中，从而有染上癌症的危险，比如她认为癌症患者大幅度上升与农药的滥用之间存在着必然联系。卡森的《寂静的春天》在社会和学术界刮起了一场人类关心环境的飓风，相比之下，劳德的《癌症日记》没有那么深远的影响，但是它也是极富有代表意义的。如果说卡森在作品中罗列了各种科学依据证明环境危机的现状，那么劳德在自传体作品中注入了真实的主观情感，她用日记的形式，以第一人称揭示了自己作为癌症患者的内心挣扎，这在30年前确实是勇气可嘉的。

首先，劳德在书中针砭了某些人所主张的自怨自艾的做法。医学期刊上曾有一位医生说，真正快乐的人是不会患上癌症的，在劳德看来，根据这位医生的论断，癌症患者都是咎由自取，如果当初采用更积极向上的态度面对生活，他们就不应该"落此下场"，所以癌症患者只能自怨自怜，而不能悲天悯人。但是劳德却恰恰认为"悲天悯人"是必要的，因为环境危机和癌症之间存在着某种必然的联系，并给癌症患者带来了无以名状的痛苦。在劳德眼中，那位医生用快乐防御疾病的方法是于事无补的，快乐本身无法阻挡人们为满足贪欲而破坏环境，所以最终也是无法让人们在清洁的环境中享受安全的食品、从而远离癌症一类的疾病的。反过来说，劳德自己是不能因为所谓的快乐，而停止对"辐射扩散、种族主义、女性屠杀、化学食品、环境污染、虐待儿童"等进行宣战的（75）。同时，即使世界上最快乐的人也无法避免吸二手烟，也无法生活在与世隔绝、没有尾气、没有化学微尘的世界，所以将快乐当作治愈疾病的良方是麻痹大众的做法，让人们无法看到生态危机是导致人类健康恶化的一大原因。

其次，劳德从正面指出癌症与环境之间存在着必然联系，而她个人就是宇宙之间"辐射、动物脂肪、空气污染、麦当劳的汉堡包和红色素2号"等的受害者（60）。

劳德呼吁我们不能对周围世界的变化置若罔闻，对自己身体的变化守口如瓶，相反，当我们的地球受到毒害时，癌症患者应该将身体当作战场，批判人类以破坏自然为代价而满足私欲的做法："设想一群只有一只乳房的女人们去国会、要求停止使用牛饲料中的致癌物脂肪激素会引发什么样的事件呢？"（16）因此，在劳德看来，乳腺癌患者走出沉默不仅因为她能以此治愈自我，重新解读社会对女性的压迫，而且因为她们能通过身患绝症的身体促使人们意识到环境破坏的现状，激发人们采取积极行动去缓解当前的生态危机，只有这样，才能确保更多人不会遭受到环境破坏所带来的危害，才能避免更多人承受她们所经历过的切除乳房的痛苦。正是通过自己的经历，劳德借助《癌症日记》寻找到了生命的真谛和力量，在征服绝望中，作者犹如在暮色中的密西斯阔伊河畔垂钓，"品味着绿色的幽静，知道这种美感将永存心中"（17）。

三、毒物描写与物质传记

应该承认的是，劳德在 30 年前用日记形式揭示环境危机是导致癌症的重大原因，是难能可贵的，而她的《癌症日记》作为代表性作品，甚至在同一文体中首开先河，比如当代美国女权主义学者斯泰西·阿莱莫（Stacy Alaimo）在最新作品《身体自然》（*Bodily Natures*, 2010）中指出，劳德的《癌症日记》是"物质传记的先驱"，而其他物质传记都是晚于《癌症日记》10—25 年才出版问世的。在阿莱莫看来，劳德的先知先觉在于她能意识到"身体与环境的内在联系，并将癌症当做（作）女权主义、反种族主义以及环境正义的话题"（Alaimo 2010: 86）。她的个人经历化为政治性话语，日记这一文体成为作者自我反省的私人空间，同时也是她对性别歧视、种族偏见、环境恶化、资本主义等的公开批判场所，这种文体预示了当今物质传记的发展，所以劳德的《癌症日记》的社会影响是绝对不可忽视的。

其实，阿莱莫所归总的物质传记也是生态批评中毒物描写的形式之一。阿莱莫认为"物质传记"应该融合个人经验与科学依据，由于个人的经验受到社会话语的影响，所以本身不足以使人信服，因此作者应该加入科技方面的专业知识弥补传记中的主观成分，同时也是为了更加真实地反映自我。根据阿莱莫的说法，自我是"物质的、通体性的、总是存在的实体"（Alaimo 2010: 87），它是物质性的身体与外界物质相互联系、互相作用的现象，它的通体性（trans-corporeality）表明"人类总是融入于非人类世界"（Alaimo 2010: 2），人类作为一种物质存在，与环境不可分割。由于人类身体与非人类自然之间一直存在着物质交换关系，这种物质联系决定了人与自然的生存和发展，即决定了人和环境的关系从一开始就是一荣俱荣、一损俱损的关系：人类与自然和谐发展，就能保证人体在与环境进行物质交换的过程中能获得清新的空气和安全的食品与水分；反过来，人类一旦破坏了环境，那么污浊的空气、放射性微尘和有毒的食品都将通过这种物质交换进入人体，最终有害人类健康。而劳德的《癌症日记》已经反映了人类身体与外在环境的紧密联系，劳德失去一个乳房、隐匿的癌细胞随时会展开反攻的身体实质上就是阿莱莫所提到的"有毒身体"（toxic bodies）（Alaimo 2008: 260）。当劳德呼吸着肮脏的空气、暴露在放射性物质的环境之中和吞下麦当劳的垃圾食品时，她的身体已经在与外界的物质交换之中变成了毒物实验基地。正如阿莱莫所提及，科学实验表明即使生活在远离尘嚣的人类和动物身上也被发现存有有毒化学物质，有毒物质在自然世界的传播让我们人类不能再自欺欺人，"对有毒身体的思考让我们重新审视人类的肉体存在以及物质本身，它们不再是社会话语书写之前的乌托邦式或者罗曼蒂克式的物质，它们早已打印上了历史、社会地位、地区和分配不均的危险的烙印"（Alaimo 2008: 261）。

另外，阿莱莫也指出"物质传记"和文学经典中的传记存在着很大区别。美国开国之父本杰明·富兰克林的自传是启蒙运动的缩影，它展示了作者如何通过勤勉好学、律己宽人、开拓进取获得成功的故事。而美国华裔作家汤婷婷在其回忆录小说《女战士》（*The Woman Warrior*）中展示了一个中西文化碰撞下产生的自我，这种自我是"朱迪斯·巴特勒所说的、由各种社会话语所构建的自我"（Alaimo 2010: 87）。和富兰克林的传统传记与汤婷婷的后现代经典相比，物质传记是一种"通体性自传"（trans-corporeal autobiography）（Alaimo 2010: 87），它主张自我是在人类物质与外界物质之间的相互作用下产生的，这种自我融入环境，是反映整个环境健康的关键。劳德的《癌症日记》作为"物质传记"的先驱，已经开始表明人类身体实质上是环境现状的风向标，所以癌症不仅带来了个人的痛苦，也是地球环境恶化的征兆。从这个意义上讲，劳德所宣扬的自我超脱了个人的局限，而成为大众关注环境、关心癌症患者的指南针，而这也是劳德的心愿所在，因为她不仅是一个受害者，而且更是一名女勇士，她的写作目的绝对不是渲染自我、凸显个人，而是鼓励其他患者走出沉默、提醒大众人类当前的生存危机。所以，一定程度上讲，如果说富兰克林通过自传将"个人身份渗透到民族身份"，使"家庭故事升华为民族寓言"（赵白生 2004：85），那么劳德通过《癌症日记》将个人身份渗透到人类安危，使个人痛苦转换为人类寓言。

将客观的科学依据与主观的个人经历、外部的物质环境与内在的自我构建融合在一起，"物质传记"这一鲜明的特征也反映到《癌症日记》之后的其他作品上。桑德拉·斯坦格雷伯（Sandra Steingraber）被认为是美国当代的卡森式人物，她曾患上膀胱癌，在与病魔搏斗的过程中，完成了生物学与英语文学的学位研究，并于1998 年撰写了自己的第一部生态文学作品：《居住在下游：一个生态学家眼中的癌症与环境》（*Living Downstream: A Scientist's Personal Investigation of Cancer and the Environment*），在书中她用确凿的科学论据和个人的身体经验证明了环境污染与人类罹患癌症的关系。另一名美国作家齐拉·爱森斯坦（Zillah Eisenstein）于 2001 年撰写了《人为的乳腺癌》（*Manmade Breast Cancers*），在这部物质传记中，她讲述了与乳腺癌有关的家史，批判了由于种族和经济上的不平等而导致的癌症隐患与治疗不均衡的现象。她的作品不仅记录了个人经历，而且批判了当今社会政治和经济的发展现状，并提供了证明乳腺癌是人为制造的疾病的客观科学依据。

与上述后起之秀相比，劳德在《癌症日记》中加入了更多的主观色彩，而这也是阿莱莫认为其作品的局限所在。但是无可否认的是，劳德在 30 年前用日记的形式展示自己与乳腺癌抗争的过程实属勇气可嘉，在这一过程中她通过构建癌症患者的自我而更加坚定了自己作为女勇士的斗志，她不仅在书中坦言自己所经历的痛苦和恐惧，而且把身体当作解读女性压迫的社会话语书写场所，同时她将癌症起因与环境危机联系起来，让更多人了解癌症不仅是个人的痛苦，也是人类应该共同面临的问题，因此她的作品也被阿莱莫尊称为"物质传记"的先驱，并为将来人们更好地理解身体与环境的物质交换关系、更进一步挖掘生态批评中的毒物描写提供了现实依据。

注 释

① 参考 Alexis de Veaux 编写的《奥德莉·劳德传记》封面。

② 亚马逊（Amazon）一族是一个谜一样的女战士族，她们与无数希腊英雄的战斗流传在不同的传说之中。据说每一个亚马逊女战士长大成人时都会烧掉或切去右边乳房，以便投掷标枪或拉弓射箭。见百度百科 http://baike.baidu.com/view/391426.html。

第三节　身体化经验角度论《动物之梦》中的

记忆书写与自我建构

　　《动物之梦》（*Animal Dreams*）是美国当代作家芭芭拉·金索尔弗（Barbara Kingsolver, 1955-　　）的第二部小说，也是金索尔弗从一位青涩撰稿人上升为成熟作家的标志。该作品受到了读者和评论家的好评，并且荣获美国笔会文学奖、艾德华·艾比生态小说奖以及美国图书协会推荐书目和年轻人最佳读物的荣誉称号等等，金索尔弗本人也因此一举成名。作为一位具有社会改良思想的作家，她关注弱势群体和自然生态，并将自己的思想和艺术创作融合在一起，因此金索尔弗发出了美国文学界不可多得的声音。到目前为止，金索尔弗是唯一一位有 4 部作品获得艾德华·艾比生态小说奖提名的美国作家，她的 6 部小说中有 4 部曾名列《纽约时报》畅销书榜首，其中《毒木圣经》获得普利策提名奖并成为奥普拉书友会推荐书目。鉴于该作家对文学、对社会的杰出贡献，美国白宫于 2000 年向金索尔弗颁发了美国艺术最高荣誉——国家人文科学奖章。近几年以来，金索尔弗成为美国文学界备受瞩目的作家之一，在国内也开始成为学者们的研究对象。截至目前，徐广联和笔者都曾对她的鸿篇巨著《毒木圣经》写过评论文章，可是，有关小说《动物之梦》的评论还几乎是一片空白。本书的第一章已经对《动物之梦》中环境正义与地方伦理的关系进行了剖析，该小说在身体维度也将作为解读文本，展示记忆再现与自我建构这两种身体化经验之间的密切关系。

　　"身体化经验"（embodiment）是对西方传统意识形态中心身二分法的反驳，它"颠覆心智与身体之间的二元关系，最终将其合二为一"（Strathern 1996: 181）。它本是女权主义和社会学研究中的一个重要概念，当前已有不少相关专著出版，比如：《身体化经验的面面观：自然文化的交错》（1999）、《身体意象：身体化经验与身体交互性》（1999）、《人类研究中的身体：身体化经验的跨学科研究》（2004）、《身体与存在：身体化经验的女权主义思考》（2006）等等。人类通过身体化经验从事各种社会自然活动，利用感官感受身体作为"第一环境"嵌入世界的本质特点，自省、思考、情绪等一系列原来列为心智范围的活动其实本质上是身体化经验，比如记忆就是个人身体对自己经历或集体历史的回顾，自我建构不是一种单纯的内心思维调整，而是身体化经验作用下对个人身份的思考与调整。一定程度上，《动物之梦》中的主人公科蒂正是通过重拾记忆的身体化经验实现自我重构，将理智的自我融合身体的自我，从而实现自我疗伤。

正如作者所言，《动物之梦》是一部关于"记忆与失忆"的故事。书中的女主人公科蒂曾经因为幼年丧母、胎儿夭折而逃离伤心之地，回到家乡后睹物思人，在记忆的潮水中她揭开了过去留下的伤疤。但是痛苦带来的不是绝望，科蒂在拯救生态危机严重的家乡以及和印第安男友再续前缘的过程中找回了文化记忆与生态记忆中的自我，最终满怀憧憬迎接新生。记忆已经是西方评论家分析《动物之梦》的考察对象。雪莉尔·斯蒂文森（Sheryl Stevenson）认为小说是科蒂的"危机自传"，开始女主人公用内心的麻木掩饰孤独的痛苦，但是在打开记忆的闸门后逐渐敞开心扉（2010：89）。另一位美国学者琳达·韦斯特（Rinda West）从生态心理学的角度探讨了书中记忆、创伤和土地的关系，在她看来，科蒂丧母失子的经历以及地球母亲的遍体鳞伤是互相联系的，而科蒂的心灵"疗伤需要个人去回忆，去重新经历失去的痛苦"（2007：152）。与上面两位评论家不同的是，本节将从身体化经验的视角探讨记忆与自我的关系，剖析科蒂在创伤记忆、文化记忆与生态记忆三个方面的身份认同过程。值得注意的是，这三个方面不是毫无关联的，而是相互交错的，因为侧重点不同，本节需要从多个角度考察书中塑造的丰满人物——科蒂。

一、创伤记忆

"创伤"一词来源于希腊语"τραυμα"，表示身体上的伤口，到 19 世纪末期，心理学家和神经学家将其应用到心理学领域，认为突然的精神打击引起大脑保护功能的紊乱，从而造成心理的创伤。精神分析学派创始人西格蒙德·弗洛伊德认为，创伤的理解大致可以分为三个部分：童年早期经历的记忆、青少年时期经历的记忆和后期经历事件触发的早年事件的记忆。当某些事件的记忆反复地冲破大脑的"保护盾牌"时，就会形成心灵的创伤（Freud 1989: 33），这时个体会出现焦虑、恐惧、无助等症状，这些症状统称为创伤后压力综合症（PTSD, posttraumatic stress disorder）。心理学家卡洛琳·格兰（Caroline Garland）进一步指出，对成长早期事件的回忆能对个体内心世界带来旷日持久的影响，而"创伤能触动和分裂人格的核心"，在治疗过程中，患者不应该回避创伤，而应该将创伤"融入到有意识的存在之中"，只有这样才能治愈创伤，重新认识自我（1998：5）。应该看到，"创伤"内涵从身体的伤口转变为心灵的创伤并不意味着可以超越身体，相反，外在的伤疤内化为危及人格核心的创伤，是一种身体上可见伤口到不可见、不可言说的创伤的变化过程，本质上，还是一种身体上的创伤，身体化经验的创伤会导致个人启动内在的防御机制，比如逃避、否定、失忆等等，而疗伤就需要通过身体化经验再现创伤过程，即使这种记忆再现如同再次经历令人撕心裂肺的创伤经历。在《动物之梦》中，科蒂正是采用逃避或失忆等方式躲避过去留下的阴霾，可是通过创伤记忆，她也开始了自我的重构。

科蒂的童年和青少年时期是她的创伤形成时期。一直以来，科蒂笼罩在死亡的阴影之中。科蒂幼年丧母，成年的她已经忘记了母亲的音容笑貌，唯一的记忆就是一副模糊的场景：一架直升飞机带着病入膏肓的母亲升上天空，又落在家乡的那片苜蓿地上。当她把记忆中的场景告诉他人时，别人告诉她那是幻觉，因为当时邻居带着她留守家中，母亲在飞机上咽气时，科蒂都不在场。所以科蒂十分困惑：

> "这是我的问题——我清清楚楚地记着未曾目睹的事物，有时是未曾发生的事件。我所经历的一切都蒙上了空白——记忆是复杂的，它接近真实，却不是真实。"（Kingsolver 1990: 48）

很长一段时间，记忆与现实之间的矛盾成为科蒂成长之路上不可逾越的鸿沟。在记忆中，她真真切切地目睹了母亲生命中的最后一刻，可是在现实中，她却失去了血缘以外和母亲藕断丝连的任何凭据。正是在记忆与现实的偏差中，科蒂产生了身份危机。每天面对不苟言笑、家教严厉的父亲，科蒂认为自己和妹妹就是孤儿，只能编造母亲是"土豆王后"的玩笑聊以自慰（268）。长大后，在情感的孤岛中，科蒂开始用理智武装自己的脆弱，将自我打造成一位独立自强的知性女性。她离开勾起伤心往事的家乡，在漂泊不定的生活中强制关闭内心的闸口。她否认自己和男友卡罗之间存在真心实意，对她而言，两人只是出于身体的需要和情感上的落寞才生活在一起。她也否认自己和家乡之间存在任何情感纽带，对她而言，回家探望病重的父亲实属履行义务，因为父女之情早已在两代人的争执中消磨殆尽。可以看出，逃避的过程也是科蒂对身体的自我否定的过程，鉴于创伤记忆的再现本身就是身体化经验的过程，这无疑只是让科蒂麻木内心来面对自己无趣的人生。

丧母之痛已经在科蒂的内心中留下了难以愈合的创伤，而胎儿夭折的记忆也让科蒂隐隐作痛。15 岁那年，科蒂与印第安男友洛依德发生关系，怀孕几个月后不幸流产。她已经忘记了中间的所有细节，在她刚强外表的伪装下，人生的第一个 15 年仿佛一笔勾销，期间经历的痛苦也宛若过往烟云。可是回到阔别多年的家乡后，她在朋友艾美丽娜家看到朋友熟睡的孩子，想到自己曾经身为人母的经历，顿时感觉胸口压抑。如果说科蒂曾经拼命忘掉一切，在谎言中维护刚强的自我，可是压抑的痛苦却在下意识中浮现。在梦魇中，科蒂抱着巨大的婴儿鬼魂蹒跚而行，只听到妹妹的声音在耳边响起，"科蒂，停下，她太重了，放下她吧……她会升起来的"（301）。可是，外表刚强的科蒂一旦记起那段痛苦的过去，她就像害怕孩子会消失一样，拼命地抓住生命中那一点点残存的记忆，用以拼贴真实的自我。一定意义上，梦魇中创伤的变异再现也充分证明创伤本身是一种身体化经验，无论科蒂如何掩饰回避内心的痛苦，她无法控制创伤像暗流一样突破潜意识的封锁在梦魇中涌现。

通过忘却丧母丧子的过去，科蒂想掩盖自己的创伤。可是真正让她治疗创伤、缓解身份危机的办法却是回忆。根据加比列·施瓦伯（Gabriele Shwab）的说法，"创伤扼杀……自我"，所以为了治愈创伤，"自我必须得到重生"（2006：95）。如果说母亲的缺位造成了科蒂内心关于自己从何而来的困惑，胎儿夭折的隐痛其实关系到自己向何而去的焦虑。科蒂回到家乡后，踌躇多日才敢在半夜探望儿时的家，因为那是一片死亡笼罩下的"墓地"（50），它承载了自己丧母丧子的创伤。可是正是在记忆的碎片中，科蒂开始了疗伤之路，她不再是一个没有过去也没有未来的孤立自我，她的自我在对死亡的记忆中得到了新生。

首先，从家乡人民的谈话中，科蒂更加了解自己的母亲。以前，科蒂一直以为母亲的名字是爱丽丝，可是家乡一位德高望重的老妇人维奥拉告诉她，其实她母亲的真实姓名是阿尔塞。名字经常与个人身份有着密切的联系。在过去，科蒂受父亲影响，对自己来自于外地的说法笃信不疑，所以一直认为自己只是家乡小镇的异乡客。可是母亲的真实姓名表明，她就是小镇祖先留下的后裔，因为"阿尔塞"和其他传统姓名一样，是当地人血脉相连的标志。从维奥拉那，科蒂也开始了解母亲的音容笑貌。在过去，科蒂将母亲定格为盘旋而上又徐徐下降的直升飞机，早已忘却其真实相貌。可是维奥拉告诉科蒂，她的母亲娇小可以、模样俊俏。一直以来，科蒂因为自己和妹妹像父亲一样身形高大，与家乡人民小巧的身材形成鲜明对比，所以就认为自己的祖先来自遥远的伊利诺伊州，而不是当地小镇。母亲形象的明朗化让科蒂消除了自己从何而来的顾虑，因为母亲不再是语言的符号，她已经变成了孕育自己的真实存在。

有意思的是，科蒂恢复丧子记忆的过程却是在身患帕金森病的父亲荷马的帮助下完成的。帕金森病人存在记忆障碍，科蒂的父亲在重病的影响下难以分清记忆与现实。对他而言，往事可能会蓦然再现，而现实却又往往虚无缥缈。正是在这位貌似冷酷无情的父亲内心深处，保留着科蒂成长过程中的点点滴滴。即使身患帕金森病，荷马也通过记忆，像"蜘蛛"一样奔跑在家庭之网的中央和边缘，挽救"被困的生命"（98）。看到科蒂怀孕的女学生，荷马将其误认为是多年前身怀六甲的女儿，对其破口大骂，而十多年前，他察觉女儿怀孕后，却一直缄默不语。在他心里，女儿丧子的过程历历在目：流产当天，科蒂将自己反锁在卫生间，无数次地冲洗马桶后，带着一个小包裹来到河边，在夜色中草草掩埋包裹后才回家；为了避免野生动物将死去的胎儿挖出，荷马将厚重的石头堆在坟包上；回家后，科蒂向父亲索要阿司匹林止痛片，身为医生的荷马却偷偷给她其他药物，因为阿司匹林会导致流产者大量出血。正是在这种记忆与现实混杂的情况下，荷马见到女儿，仿佛时光倒流：过去他的缄默导致女儿受到伤害，现在他将内心的忧虑脱口而出，警告女儿交友要慎重。可是毕竟现在不是过去，创伤已经留在科蒂心中，正如荷马自己所言：人的情感不在异常坚韧的心脏，而是在娇嫩的肝脏，它的纤维组织"薄如舒洁牌面巾纸"，一旦受损，每一次缝补都会带来新的伤口（261）。荷马的言语打开了科蒂记忆的闸门，正是在记忆的潮水中，那段被自己抹杀的经历再现于眼前。如果说忘却是为了麻木痛苦的自己，那么记忆就是揭开内心的伤口，也许会像缝补肝脏一样带来新的伤口。可是也是在记忆中，科蒂学会了勇敢地面对过去，因为只有这样她才能告别麻木不仁的现在，勇敢地拥抱未来；只有通过记忆她才能缓解身份危机，重建真实的自我。

由此也可以看出，记忆是一种身体化经验，荷马记忆片段的呈现是身体功能运转的一部分，尽管他多年秉承理智至上的理念，但内心对女儿们持有的温存却用记忆的形式透露出来；科蒂流产所带来的身体之痛也内化为身体内在的创伤，她透过父亲内在的温柔重拾失去的记忆，重新认识过去的自己，以建构未来的自我。

二、文化记忆

在科蒂重构自我的过程中，文化记忆也起到了不可忽视的作用。简·奥斯曼（Jan Assmann）是西方学术界公认的文化记忆理论的奠基者，他认为文化记忆是"人类记忆的外延"（1992：12），它分为两部分：记忆文化和追忆过去。记忆文化是一个社会为了保证其文化的传承，通过文化记忆将共同的认知一代代传递下去。而追忆过去是让群体成员通过创造共同的过去秉承经历时空变化却依然保持一致的集体身份（1992：30-34）。需要指出的是，文化记忆并不是虚无缥缈的存在，它也是身体化经验的一部分，正是通过祖祖辈辈身体的承载，通过语言讲述、举行仪典等身体化经验的传递，才能将凝聚集体的记忆传承下来。在《动物之梦》中，文化记忆的这两部分都得到了生动的体现，而科蒂通过在记忆文化中追忆过去，找到了认同集体的个人身份。

传统语言、悠久历史和风俗习惯是科蒂家乡中不可或缺的记忆文化内容。首先，西班牙语是格莱斯镇的传统语言，小镇的老人们依然坚持说着祖先留下的语言。毋庸置疑，这种记忆文化也受到了主流文化的冲击，在英语为主导语言的美国，儿童和年轻人受到无处不在的社会影响，开始淡忘了这种语言。科蒂一直以来也认为自己不会这门语言，所以从来不将自己视为当地人。可是在与家乡人民、尤其是老一辈人交流的过程中，她突然发现这种语言原来并不陌生，而且她甚至能听懂老人们用传统语言讲述祖辈的故事。

其次，各种各样的风俗习惯是一种凝聚集体的仪典，也是记忆文化的重要内容。回到阔别多年的家乡的当天，科蒂见到一群孩子用棍棒追打一只可怜的孔雀，她喝令制止这些顽皮的孩子时，才突然发现他们其实正用棍棒敲打孔雀羽毛装饰的彩罐。彩罐是墨西哥文化传统中的重要标志，格莱斯镇的人们是西班牙人和墨西哥人的混血后裔，所以每逢节日都会用彩罐装点气氛，孩子们也会在嬉戏打闹中击碎彩罐，取食其中的糖果。格莱斯镇面临严重的生态危机时，妇女们自发成立了一个民间组织——"缝线与悍妇俱乐部"，旨在发扬家乡文化的同时，开展一场环境正义运动，从而挽救濒临摧毁的家乡。在此期间，她们制作了很多精美的彩罐。在家乡人民的邀请下，科蒂负责将家乡的历史发展和生存现状写成宣传单，附在彩罐上，然后和她们一起将彩罐卖到大城市，这样不仅能为挽救家乡的生态正义运动积累活动资金，而且能通过宣传文化特色引起大众对小镇的关注。在此过程中，科蒂感受到家乡人民的质朴纯真，在接受家乡文化的熏陶中逐渐意识到自己就是家乡的一部分。

另外，亡灵节也是个人通过记忆文化获得身份认同的一个重要仪典。根据英国社会学家保罗·康诺顿（Paul Connerton）的观点，文化记忆作为社会记忆的一种方式，往往需要仪典式的方式回顾过去，以此强化集体归属感，而人们往往通过身体化记忆（embodied memory）进行，即"我们的身体在仪典中再现过去，通过不断采取某些熟练的行为完全有效地保留过去"（1989：72）。小时候，科蒂和妹妹只能偷偷地参加圣灵节，因为严厉的父亲认为这种迷信的方式只属于当地人的节日。每年的这一天，家家户户带上传统食品和金黄的菊花到去世亲人的坟墓前扫墓。这不是悲伤的节日，人们以欢乐的形式缅怀逝去的亲人，老人们讲述古老的故事，年轻人整理坟墓上的乱草，孩子们在周围嬉戏打闹。根据简·奥斯曼的说法，文化记忆需要"一套符号系统作支撑"，而"节日和仪式是文化记忆重要的重现和传承方式之一"（引自黄晓晨，2006：86）。实际上，亡灵节就是格莱斯镇传承记忆文化的一部分，成员们通过庆祝节日追忆过去，从而加强了内部的凝聚力，而且也加深了与祖辈的联系，以此促进了各自与群体的身份认同。

除此之外，了解自己和家乡历史之间的渊源关系也帮助科蒂重新认识自我。格莱斯镇源于一个美丽的传说，这段历史也通过口头文学的形式保存下来。据说格莱斯镇的祖先是西班牙的九位姐妹，她们带着孔雀远渡重洋，来到美国，嫁给了当地的墨西哥矿工，从此世世代代在这繁衍生息，形成了当今的格莱斯镇。这个传说也有残酷的一面。在回家后的圣灵节当天，科蒂突然发现一个荒弃已久的坟墓，墓碑上的姓诺里拉（Nolina）与父亲的姓诺里恩（Noline）只有一个字母之差。从家乡人民和父亲那，科蒂得知诺里拉就是自己祖辈的姓，而自己一直生活在父亲编造的谎言中。据说科蒂父亲荷马的祖先诺里拉是九姐妹中地位最低贱的，而母亲的祖先阿尔塞家族却有着高贵的血统，因此荷马与妻子的婚姻遭到家乡人们的反对。为了逃避家乡人民的冷眼相看，荷马携妻子远走他乡，退役后易名改姓回到了格莱斯镇，成为当地备受尊敬的医生。因为害怕自己的孩子遭人歧视，荷马告诉自己的女儿他们的祖先远在伊利诺伊州。可是，善意的谎言造就了科蒂虚假的自我，因为她一直以来认为自己是家乡的寄居者、异乡客，所以长期以来承受着缺乏地方归属感的煎熬。尽管传说有着残酷的一面，科蒂在获悉自己是土生土长的当地人时，也开始了重塑自我的历程。她如痴如醉地聆听着维奥拉用西班牙语讲述着九姐妹的故事，这个格莱斯镇的"创世纪"历史（Kingsolver 1990: 267）。从此，科蒂知道自己不再是无中生有的产物，而是有实实在在祖先的自我。

三、生态记忆

如果说自我应该"植根于进化史和特定的家族史"（Abram 1996: 50），那么科蒂已经通过文化记忆将自我融入格莱斯镇家族发展史中，而认识自我和生物进化史的关系需要通过生态记忆来完成。根据伊恩·麦考伦（Ian McCallum）的观点，"自我意识……与（物种）起源的古老记忆、与我们来自何处以及所有生物共同的生存决策的记忆有关"（2010：146）。如果我们失去这种记忆，就会患上当代最容易忽视的精神紊乱，麦考伦将这种精神紊乱定义为"生态失忆"，即我们忘却内在的野性、忽视自己是人类动物的生存状态（McCallum 2010: 146）。可以看出，生态记忆是植根于身体内在意识的记忆，人们在成长的过程中也许会生态失忆，但是它是具有生态属性的人类不可否认的一部分，重拾生态记忆也是人类认同自我这一属性的必不可少的过程。

很长时间以来，科蒂否认自己和自然之间的密切联系，她用西方理智至上的观念武装自己，完全忘记自己曾经是自然的捍卫者、自然的亲密挚友。当科蒂看到朋友杀鸡时的血腥场面还镇定自若时，朋友觉得科蒂与过去判若两人：少女时代的科蒂对动物充满怜悯之心，曾经在格莱斯镇发起反对宰鸡的示威游行。在回忆儿时的洪水遭遇时，科蒂也一直认为当时是妹妹海莉坚持冒着生命危险拯救水中的小狗，可是海莉在信件中告诉科蒂，其实当时是科蒂本人义无反顾地救起危在旦夕的小狗。可是在成长过程中，科蒂压抑了内心对自然的温情，用理智的盔甲武装自己，以防受到伤害，就像她向父亲哭诉的那样，"我就是一个受过教育却流落街头的女郎"

（259）。虽然饱读诗书，科蒂不知道自己的安身立命之地，她成为现代社会鲁滨逊式的人物，恪守着个人主义的信仰，在情感的孤岛上忍受孤寂的同时也忽视了自我与自然的紧密联系。

在这种情况下，科蒂重构自我的过程需要她重新找回生态记忆，重新认识到自我与自然之间的密切联系。首先，科蒂认识到人的本质就是动物。再次见到中学时代的印第安男友洛依德时，科蒂无法压抑内心对性的生理渴望，承认人类"和其他哺乳动物生来一样，我们的整个生命就是围绕被掩饰的动物思维而存在"（118）。在西方传统中，人类通过理智思维超越内在卑劣的动物本性，从而成为万物的灵长和统领自然的"理智君王"（Manes 1996: 21）。可是，人类无法抹杀自己的动物本性，就像书中的洛依德所说，即使在睡梦中，人类和其他动物一样，只会梦见和生活相关的事物，我们所有人都只会做"动物梦"，如果人们想要美梦，那么他的生活也必须甜美（133）。而这就是小说的标题意义，人就是动物，这是不可否认的事实，承认这一事实，就是人类重拾生态记忆的开始。在小说结尾，科蒂坐在故障飞机上感受到强烈的死亡恐惧，她感叹道："很大一部分人生都由动物本性控制：欲望、哈欠、恐惧和生存的意志。"（319）生态记忆的恢复唤醒了科蒂内心"长期潜在的大自然归属感"（Schauffler 2003: 44）。对 F·肖福勒而言，人类的自然记忆无异于宗教仪典，因为"宗教"（religion）最古老的解释就是"结合"（re-ligare），那么自然记忆实质上就是自我与自然的结合（Schauffler 2003: 56）。在《动物之梦》中，科蒂通过自我与自然之间的认同，用身体化经验重新感受到自己内在的生物属性，从而找回了遗忘的自然中的自我。

正是因为意识到人类和其他动物具有共同的生存需要，科蒂开始学会关爱其他动物，并和家乡人民一起投入到拯救格莱斯镇的环境正义运动中，而这场运动的宗旨之一在于满足人类本身以及非人类自然的生存需要，而运动作为行动主义的一部分也是身体化经验的体验过程。

首先，科蒂又像儿时一样开始为动物争取权益。小时候她曾为家畜的生存权利组织示威活动，现在她为斗鸡的生存状态担忧。男友洛依德是一位斗鸡爱好者，看到他和其他人一样疯狂地参与斗鸡赌博，看到动物们为了人类毫无意义的游戏拼得鲜血淋漓，科蒂感到异常震惊：人们利用动物占有领地的本性，激怒斗鸡，从斗鸡血腥的拼杀中获得愉悦，这种愉悦却是建立在动物的痛苦之上的。科蒂开始劝说男友放弃斗鸡的爱好，因为人类的这种娱乐方式以动物们"刺伤和内出血"为代价（191），本身违背了伦理道德，侵犯了动物的生存权益。在科蒂的劝说下，洛依德发誓永远不再斗鸡，而更重要的原因是因为自己的双胞胎兄弟像斗鸡一样命运悲惨，在酒吧斗殴中死于刺伤和内出血。洛依德兄弟的经历与斗鸡的命运相互联系起来，也证明所有生物都是脆弱的。如果人们能为同胞的悲惨遭遇痛哭流涕，那么人们也应该为动物无辜地付出生命而表示同情，因为其他动物和人类一样都有生存的权利，它们不应该成为其他物种获利或取乐的牺牲品。

其次，科蒂投入到家乡人民拯救格莱斯镇的环境正义运动中。生态记忆的恢复促使科蒂关注周围的环境变化，并为挽救人类所依赖的健康生态系统做出了必要的贡献。科蒂的家乡具有丰富的矿产资源，代表西方资本主义经济的黑山公司曾经在此过度开采，导致格莱斯镇的土地盐碱化，果园常年失收。作为一位中学生物老师，科蒂带领学生进行水样实验，通过科学实践证明，格莱斯镇的河水已经受到严重污染，因为水中重要的参数指标——浮游生物——已经消失。科蒂开始受邀参与当地妇女组织的"缝线与泼妇俱乐部"，用科学理论告诫人们必须采取措施反对黑山公司危害生存环境的做法，否则人们只能流落他乡；而且，科蒂加强了对学生的生态理念教育。她告诉学生，土地和人类一样拥有记忆，人类破坏土地以后可以一走了之，可是土地已经记住了人类留下的全部创伤：

> "河流湖泊还有滴滴涕残留以及我们留下的其他伤害。苏必利尔湖是一个超级污水池，鱼儿患上了癌症，海洋正在枯竭，该死的空气也正消失殆尽。"（255）

在为人类和其他物种的生存权益奋斗的过程中，科蒂也在重建自我，并逐步实现孤立自我到联系自我的升华。在小说开始，科蒂还是一位典型的西方个人主义者，回到养育自己的家乡却感觉自己不过是小镇的过客，希望与格莱斯镇擦肩而过后重新开始自己的漂泊生活。可是，生态记忆的恢复开始了科蒂的觉醒之路，她意识到自己的身体和非人类身体所具有的共同属性，也意识到自己和格莱斯镇人民和土地千丝万缕的联系，而这时她已经不是孤立的自我，而是变成了联系的自我。在某种程度上，她和其他家乡妇女一样，成为一名生态女权主义者，为缓解家乡生态危机做出贡献的同时，也显示了女性在保护环境方面的力量，而建立"与万物相互联系的自我"正是生态女权主义的基本理论支撑（Gaard 1993: 1）。

　　通过身体化经验再现创伤记忆，重拾文化记忆和生态记忆，《动物之梦》中的科蒂实现了自我的重构。在小说开始，科蒂是一位不折不扣的个人主义者、鲁滨逊式的现代孤独者，为了逃避创伤记忆，用外表的理智坚强武装自己。在小说结尾，科蒂建立了温馨的小家，毅然决然地投入了家乡和自然的怀抱，成为与万物相互联系的自我。再度怀孕的科蒂在亡灵节扫墓，虽然父亲和妹妹已经不在人世，科蒂并不觉得寂寞，因为她就是格莱斯镇的一部分，她将成为家族历史的传承者，继续发扬家乡的历史传统，让文化记忆成为后代集体身份的重要内容。同时，通过科蒂和家乡人民的不懈努力，格莱斯镇成为受保护的文化遗产，焕发出蓬勃的生命力。对科蒂而言，她将继续留在家乡当生物老师，帮助自己的学生成为"地球的守卫者"（332），从而让学生保留生态记忆，维护地球上生物共同的生存权益。站在格莱斯镇那片茂盛的苜蓿地上，身怀六甲的科蒂对母亲的个人回忆也仿佛近在眼前。多年前，她确实目睹了母亲临死前的场景，在那一刻，记忆和事实的吻合证明过去、现在和未来是紧密联系的，科蒂深刻地知道自己来自何处，又将要走向何处。

第四节　《纵情夏日》中食物链的生态智慧

　　《纵情夏日》是美国当代作家芭芭拉·金索尔弗的第五部小说，在该书出版的同年（2000），金索尔弗被授予美国人文最高荣誉——国家艺术勋章。令某些读者失望的是，和金索尔弗之前的鸿篇巨著《毒木圣经》（1998）相比，《纵情夏日》缺乏波澜壮阔的历史背景、跌宕起伏的故事情节和个性鲜明的人物形象，所以乍眼看来，这本书以"说教"的形式着眼于田园书写，在读者的脑海里刻下了郁郁葱葱的阿巴拉契亚山脉风景；同时，也在读者的耳边絮叨着拯救动物、保护环境的重要性。但是，这本看似缺乏大家风范的小说却也有着小家碧玉的精彩之处，它描写平凡生活的行文中洋溢着作者对每种自然现象的激情，使人物角色所在的农村世界熠熠生辉。在这种情况下，那些所谓的"说教"反而突显出作者循循善诱的艺术才能。在她笔下，女性人物就像热爱生活、拥有社会良知的生物老师，她们将读者带进了一个生机盎然的自然世界，向我们讲述着生命中最本质、最真实的东西，其中最重要的一点就是食物链。

　　在《纵情夏日》中，金索尔弗勾勒出阿巴拉契亚山脉那片生机盎然的世界。该书采用了多方位叙事方式，三位人物的故事构成了三条表面上若即若离、实质上却难舍难分的主线。"食肉动物"部分讲述了守林员蒂安娜的故事，已是徐娘半老的她在远离尘嚣的森林中邂逅了年轻英俊的猎人埃迪，她在满足情欲的同时也希冀消除对方对食肉动物的偏见。"飞蛾"部分围绕一位由昆虫学家转变为农村寡妇——露莎的经历而展开。新婚丈夫在车祸中丧命后，有丰富的科学理论但是缺乏实践经验的露莎学会了如何用可持续发展的方式经营风雨飘摇的农庄。"栗树"部分讲述了年迈的鳏夫——加内特的故事，使用农药喷杀害虫的加内特在和邻居的交往中，逐渐敞开心扉，并改变了自己掌控自然的傲慢态度。笔者将综合三条故事主线，分析书中食物链与生态意识的关系。

在 20 世纪 70 年代开始兴起的生态批评领域，人们集中关注"文学与物质环境之间的关系"，而生态批评创始人之一格罗费尔蒂也质问我们是否要考察"环境危机是以什么方式、产生了什么后果出现于当代文学和大众文化之中"的（Glotfelty 1996: xviii-xix）。其实，食物链就是一个独特视角，它不仅关系到人类与非人类身体的生存，也让我们更深刻地理解生态网内万物相连的关系，让我们知道食物链中的任何一环出现危机都可能波及其他物种，而缓解生态危机的一个重要任务就是认识到食物链的智慧：认清食物链内部物种平等的关系以及保证食物链健康发展的重要性。

但是，在实际生活中，生物圈中的食物链经常被简化为"大鱼吃小鱼，小鱼吃虾米"，给人的错觉是自然世界中存在着一种恃强凌弱的关系，因此人们往往会同情弱者、痛恨强者，食肉动物作为强者的代表，往往遭人唾骂。《纵情夏日》中的蒂安娜却一再致力于为食肉动物平反。在她看来，食物链是物种紧密联系、相互平等的依据，物种与物种之间的数量比率决定自然的平衡。食肉动物和猎物的数量比率合理时，就能保证生态系统正常运转，否则就可能引发生态危机。蒂安娜为食肉动物喊冤叫屈时，绝不是为了抬高食肉动物的地位，确认生物圈中不同物种的尊卑关系；相反，在不断强调食肉动物和猎物的数量比率时，她肯定了所有物种的平等关系。在她眼中，"食肉动物是值得尊敬的"，首先因为杀死一只食肉动物带来的后果更严重，当人们踩死一只蜘蛛时，一百只苍蝇将会骚扰我们的生活，当人们杀死一只短尾猫时，一千只田鼠将成为农民们的心腹之患（Kingsolver 2000: 317）；其次，食肉动物的养育过程更复杂，郊狼妈妈需要整整一年时间含辛茹苦地将孩子养大，她不仅要为解决全家温饱四处觅食，还要向下一代传授生存本领，而且要严密提防猎人们的捕杀。但是，人们往往对食肉动物有偏见，认为他们会给人类的生存带来威胁，小说中多次提到农民们认为郊狼捕食家畜，恨不能人人得而诛之，殊不知郊狼是田鼠的克星、农场的保护神。蒂安娜的男友是牧场主的儿子，从小把郊狼视为天敌，在蒂安娜的影响下，虽然不能完全摆脱对郊狼的偏见，但是至少不再认为这种动物罪大恶极，并且主动放弃了对郊狼的捕杀。

同样，本是昆虫学家的露莎也深知食物链的重要性，并以之为准则经营丈夫留下的农庄。在大学实验室从事昆虫研究的露莎满怀着对农村生活的向往，嫁给了强壮的年轻农夫柯尔，丈夫为偿还农庄的债务，农闲之余跑长途运输，结果死于车祸。

悲痛欲绝的露莎面对债台高筑的农庄，没有弃之而去，而是开始谋求农场的新出路。她本可以选择继续像其他农民一样种植烟草，因为烟草是当时唯一挣钱的作物。可是，在食物链中，人类是烟草的直接受害者，当农民们为种植烟草而牟取利润时，人们却在喷云吐雾中残害自己的身体，所以露莎拒绝种烟草，转而养殖山羊。露莎也可以选择砍伐农庄中的参天大树，可是食物链中的人类最终也会成为这种做法的受害者。在茂密的农场树林，露莎和侄女克里斯侃侃而谈，她们之间的谈话鲜明地表明人类与其他物种在食物链中的紧密关系：

> "你可以把树都砍了，就有大把大把的钱了。"
>
> "是啊，"露莎回答，"那我有大把大把的钱，就没有树了。"
>
> "那么？谁需要树？"
>
> "大概有 1 900 万只虫子吧，它们生活在树叶里，树皮下，到处都是。"
>
> "那么？谁需要 1 900 万只虫子？"
>
> "吃虫子的 19 000 只鸟啊。"
>
> "那么？谁需要 19 000 只鸟？"
>
> "我需要，你需要……再说了，雨水从山上浇下来，就把表层土壤冲走了，小河就成了泥滩，这块地方就成了坟墓了。"
>
> 克里斯耸耸肩，"树会重新长大。"
>
> "这只是你的想法罢了。这片森林需要几百年才能长成这样。"（353-354）

从上可以看出，我们有必要重新认识到食物链的 智慧：我们从中可以认识到人类和其他物种是一荣俱荣、一损俱损的关系，只有与非人类自然友好相处，我们才能保证人类自己的生存。

而且，《纵情夏日》还指出食物链的危机实际上是人为造成的，其中最突出的一条是农业产业化带来了食品危机。首先，当代农业产业化带来的必然结果就是人与土地关系的扭曲，原本自给自足的农民与土地和谐相处，但是在物欲横流的资本主义社会，人们力求从有限的土地中实现利益最大化。为了让土壤更加肥沃，人们购买化肥，为了让蔬菜瓜果不遭虫害，人们喷洒杀虫剂，当食品安全出现问题时，处于食物链中的人类也必将自食其果。《纵情夏日》中的老妇人纳尼痛斥邻居加内特喷洒农药的做法：作为邻居，她的身体深受其害，因为农药残存在空气中，当她呼吸到有毒的空气时，就很有可能染上肺癌。而加内特的妻子恰好8年前死于肺癌，他的妻子没有吸烟等不良嗜好，这让加内特想到，很有可能自己就是导致妻子送命的罪魁祸首。纳尼的斥责促使加内特对于自己经营方法的自省，并帮助他改变了掌控自然的傲慢态度。除此以外，农业产业化的另一结果就是大规模经营取代小农经济。著名美国农民诗人、小说家、随笔作家温德尔·拜瑞（Wendell Berry）将农业划分为两种，一种是"好农业"，它将农业生产视为"不可或缺的高雅艺术"，另一种是工业化农业，采取的是机器化大规模经营，目的是"将大观点、大笔钱和大技术引入小农社区、小农经济和生态系统"（2003：24）。柯尔家深受工业化农业的影响，六个兄弟姐妹中，只有两家还在维持小农场，但也经营惨淡、濒临破产，其他四家要么已经变卖土地，要么已经将土地租赁给大农场经营。农业产业化的后果就是食物链中的人们对于充饥果腹的食品安全一无所知。露莎的妯娌珍妮在美国连锁超市巨头之一的克罗格上班，她的顾客就是美国绝大多数人的代表，他们不仅"疏远了自己的食物链"，而且间接地从大农场购买以次充好的食品（292）。这种农业产业化所带来的食品危机也是金索尔弗本人一直担心的。她认为当代的工业化产业将食品变成了"受宠的小名人"，人们在空调房将它们加上光鲜的包装，资本家不惜巨资为其打广告，当人们站在琳琅满目的食品架前，已经忘却了食物来自何处，已经"远离了农业的根基"，因此也容易忽视食物生产过程中的安全问题。长此以往，人们无法意识到自己和土地的关系，也无法正确处理生态系统中的危机（Kingsolver, " Foreword " 2003: xiv）。

对于金索尔弗来说，从自身做起建立真正的食物文化是最重要的，因此她本人在外辗转漂泊30年后，回到了故土维吉尼亚州，在一片农场开始种植自己的蔬菜瓜果，农耕的同时不辍笔耕，并于2007年出版了《动物、蔬菜、奇迹：一年的饮食生活》（*Animal, Vegetable, Miracle: A Year of Food Life*）一书，讲述了全家经营农场、自给自足的生活经历。正如金索尔弗书中所说，"对于真正的食物文化，其核心是人们与养育人类的土地之间的亲密关系"（2007：20）。它不是指代令人眼花缭乱的商业化食品，而是指在一定气候、土壤等条件下通过劳动生产出的食物，当人们从事于建立真正的食物文化时，我们就能与土地和谐相处，在生产健康安全的食品时，我们也能确保食物链的安全，进一步保证生态系统的正常运转。

毋庸置疑，《纵情夏日》中的露莎和纳尼也在为建立正确的食物文化而做出贡献，她们就像拜瑞所说，致力于"好农业"的实践，将农业生产当成了"高雅艺术"。作为传统农业的代表，纳尼擅长精工细作，而不是好大喜功。当人们追求速度给作物施化肥时，纳尼选择浇粪施肥，充分发挥了食物链的作用。当人们针对眼前利益喷洒农药时，纳尼不辞辛苦地亲手捉害虫。她还告诫邻居加内特不要再使用杀虫剂，因为人们喷洒农药时不分敌友，杀灭了大量吃害虫的食肉动物。在这个过程中，害虫产生了对农药的抗药性，而吃害虫的食肉动物需要更长的时间恢复保持生态平衡的数量，其必然结果就是生态失衡。纳尼的辛勤劳作换来了果实累累，她生产出来的蔬菜瓜果不仅味道更可口，而且更有潜在的经济利益，越来越多的人愿意出高价购买健康安全的有机食品，这也证明人们加强了对食品安全的认识，开始拒绝当工业化农业的受害者。至于年轻的露莎，她是现代农业的代表。和纳尼一样，露莎也不愿意给作物施化肥、喷洒杀虫剂，她也一样认识到食物链的智慧，不同之处在于，她利用自己的专业科学知识致力于建立正确的食物文化，比如她调制一种药剂，让害虫消化不良的同时，不会影响传授花粉的蜜蜂和杀灭害虫的瓢虫。品尝着露莎婶婶种植出来的蔬菜，克里斯的弟弟不再挑食，因为他第一次发现蔬菜原来可以如此美味。而露莎也不用再像美国千千万万的大众一样依赖于资本家经营下的大型超市，她可以欣然地享受自己的劳动果实，快乐地感受着自己和大地的紧密联系。

其实，纳尼和露莎就是新型女性农民的代表。在物欲横流的资本主义经济高速发展阶段，薇拉·凯瑟塑造了安东尼娅和亚历山德拉等女性农民的形象，她们没有趋之若鹜地奔向城市，而是选择坚守在热爱的土地上。在环境恶化的新形势下，金索尔弗塑造了关注食物链智慧的新型女性农民，她们不仅与土地建立了紧密的纽带关系，而且为食物链的健康发展做出了重要的贡献。

综上所述，我们可以看出金索尔弗在《纵情夏日》中展示了食物链的智慧，同时也在向读者传达自己的生态观念。她呼吁人们认识到自己在食物链中与其他物种相辅相依，只有避免人为的食品危机，建立正确的食物文化，才能确保食物链的安全，保证生态系统的正常运转。这也证明，如果我们想保证人类与非人类身体的健康，我们先要理解食物链对于生态系统运转的重要价值。

第三章
生态批评的性别维度

第一节　生态批评中的性别维度研究

一、生态女权主义与文学批评

生态批评的性别维度主要聚焦生态女权主义或生态女性主义（ecofeminism or ecological feminism）。在生态批评的第一波浪潮中，随着"深层生态学"（deep ecology）的提出，人们将矛头指向导致生态危机的人类中心主义，但是，以法国女权主义学者弗朗斯瓦·德·艾奥博尼（Francoise d' Faubonne）为先锋的学者们提出异议，艾奥博尼于1974年首次提出"生态女权主义"（ecofeminism）一词，提出人类中心主义的根源实质为男权主义，女性的压迫和自然的压迫有着本质的联系，因此号召女性参与拯救地球活动的同时也解放自己。1976年，美国另一学者内斯特拉·金（Ynestra King）开始在课堂上使用该词，并在20世纪80年代创办了"女性与地球生命"的座谈会，从此推动了"生态女权主义"的广泛使用。

此后，一系列专著或论文集随之出版。比如艾伦·戴蒙德（Irene Diamond）和格劳丽亚·奥林斯坦（Gloria Orenstein）主编的论文集《重构世界：生态女权主义的诞生》（*Reweaving the World: The Emergence of Ecofeminism*, 1990）讨论了女性与宗教、政治与伦理、拯救地球与拯救女性等多重关系的话题，并指出该理论不仅要"颠覆西方文明中的人类中心主义和男权中心主义"，还要"编写有关认同和尊重支撑所有生命形式的生态文化多样性的故事"（1990：xi）。作为生态女权主义的杰出学者之一，格瑞塔·嘉德（Greta Gaard）于1993年主编出版论文集《生态女权主义：女性、动物、自然》（*Ecofeminism: Women, Animals, Nature*），她指出生态女权主义的基本命题就是"所有种族、阶级、性别、性取向、身体状况、物种基础上的压迫与压迫自然建立于同一意识形态基础之上"（1993：1）。这本论文集的独到之处在于将女性与动物的关系纳入研究范围，这种联系涉及几个方面，首先，西方文化传统贬低所有与女性、情感、动物、身体相关的事物；其次，环境恶化中女性与动物更容易沦落为受害者；女性呵护弱者的文化氛围有利于女性保护动物权利，从而建构一种与"非人类生命形式进行情感灵魂沟通的伦理"（Donovan 1993: 185）。瓦尔·普卢姆伍德（Val Plumwood）同年出版专著《女权主义与统治自然》（*Feminism and the Mastery of Nature*），指出支配逻辑从柏拉图时期贯串西方文明，我们不仅要颠覆导致社会生态危机的二元论，推翻支配者的身份（master identity），解构西方文明殖民自然的关系，还要建构以生存为目的的新故事。在这种新的叙事中，被支配的他者也是"改变自我和世界进程的主体"，致力于建构一种"与地球他者互惠共存的伦理关系"（1993：195-196）。

不同的学者从不同角度阐释压迫女性与统治自然的内在联系，基于联系的紧密性、内在原因与重构社会关系的解读不同，生态女权主义又分为不同的分支，比如自由生态女权主义（liberal ecofeminism）提倡自由民主社会中女性享有和男性平等的权利；文化生态女权主义（cultural ecofeminism）强调女性更接近自然的联系，从而女性精神与女性文化是缓解生态危机和解放女性的根本途径；精神生态女权主义（spiritual ecofeminism）挖掘宗教传统对人类与自然关系的解读、宣扬女性的神圣性与自然的神圣性。下面笔者集中介绍至今影响深远并在不断进行理论拓展的社会生态女权主义（social ecofeminism）与社会主义生态女权主义（socialist ecofeminism）。

与文化生态女权主义和精神生态女权主义不同的是，社会生态女权主义试图削弱女性与自然的联系，从而避免了本体主义（essentialism）的弊病。它强调超越二元对立的等级社会，尽管男性女性存在生理差别，但是都可以建构一种关怀地球的生态伦理观。作为生态女权主义主要领军之一的美国学者凯伦·沃伦（Karen J. Warren）就是社会生态女权主义的代表。她主要致力于生态女权主义哲学研究，在其2000年出版的专著《生态女权主义哲学：定义及其重要性的西方视角》（*Ecofeminist Philosophy: A Western Perspective on What It Is and Why It Matters*）中，她揭示压迫性概念框架（oppressive conceptual framework）一般具有五大特征：它是一种价值为导向、自上而下的等级式思维（hierarchical thinking），男性优越于女性，文化优越于自然；它是对立性的二元论（oppositional dualisms），男性、白种人、理性被推崇，而女性、有色人种和情感被贬低；上层结构具有统治下层结构的话语权力；保证上层结构享受特权；它认同支配逻辑（a logic of domination），赋予具有优越地位的上层结构以统治支配权力（2000：46-47）。针对这种压迫性意识形态，沃伦提出具有八大特征的生态女权主义伦理：伦理是动态发展的，生态女权主义伦理是基于不同背景发出的声音而概括汇总的；它反对任何逻各斯中心主义；它遵从语境性伦理，即伦理观与其历史背景应该是相对应的；它反映了女性与其他他者的多元观念；它的内容并不是绝对客观、不偏不倚的；它推崇传统伦理中忽视甚至贬低的价值观，比如呵护、关爱等等；它重新阐释人类，否认人类具有独立存在的本质特征，而致力于"从历史的、具体的关系网络中"审视人类与人类道德行为；它也重新定义西方传统哲学中的"理智"观念，人们应该思考理性智慧（rational intelligence）与情感智慧（emotional intelligence）的共存性（2000：98-101）。在此伦理基础上，沃伦探讨了生态女权主义中备受争议的"素食主义"主题，沃伦反对为了保护动物权利强迫性推广素食主义，因为素食主义是一种语境式行为，在某些文化环境中，食肉行为并不是一种支配压迫动物的方式，而是一种宗教仪式或生活传统。

印度学者范达娜·希瓦（Vandana Shiva）是第三世界生态女权主义研究的杰出代表和积极的行动主义者。具有理科研究背景的希瓦多年致力于宣扬第三世界妇女与穷人的生活困境以及生态正义，比如她向世界介绍了印度女性保护赖以生存的森林的抱树运动，提倡可持续发展的印度传统农业耕作方式，反对导致环境破坏的发展至上主义。她与在印度工作过多年的德国学者玛利亚·米斯（Maria Mies）合作出版的《生态女权主义》（Ecofeminism, 1993，第一版）是社会主义生态女权主义的代表佳作，它是来自发达国家与发展中国家的知识女性对共同面临问题的思考和对话。在书中，两位学者将危及自然与边缘人群生存的矛头指向西方男权——资本主义世界体系，认为这一体系建立于"将女性、异种民族和土地的殖民化"基础之上，对"现代化"、"发展进程"、"进步"的推崇导致了当前的环境恶化，而不同文化背景的世界女性在遭受生态危机带来的生存重创时进行了积极的反抗。因此，人们有望在求同存异的基础之上建立保护地球、支持边缘人群解放的生态女权主义视角（2014：3）。社会主义生态女权主义的代表还包括澳大利亚学者阿尔·萨勒（Ariel Salleh），她在著作《生态女权主义政治：自然、马克思与后现代》（Ecofeminism as Politics: Nature, Marx and the Postmodern, 1997）中糅合社会主义、生态学、女权主义与后殖民主义的理论，探讨生态女权主义的政治意义。她指出西方父权资本主义

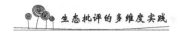

体制将女性与自然视为经济生产条件，负责社会生产（production）的男性优越于生儿育女（reproduction）的女性，这种体制本身就是反生命的（anti-life）。有鉴于此，生态女权主义的首要任务是为生存联合对抗这种体制，建立一种"跨文化、跨物种的地球民主"（earth democracy）（1997：x）。

将生态女权主义研究应用于文学作品批评就叫作生态女权主义批评。主要代表之一帕特里克·D·墨菲（Patrick D. Murphy）于1995年出版专著《文学、自然与他者：生态女权主义批评》（*Literature, Nature, and Other: Ecofeminist Critique*）。他提倡以巴赫金对话理论（Bakhtinian dialogics）重构自我与他者的关系，自我与他者不应该是中心与边缘、高贵与卑劣的关系，而是互相促进、互相融入的关系，他者和自我一样应该是发声的主体（speaking subject），因此墨菲建议用"另者"（another）代替"他者"（other），建立一种认同差异的非等级意识机制，承认非人类自然与人类的平等关系，看到生态系统中人类自然与非人类自然互相影响、互惠互利的共存关系，以此拥抱生态社会的多样性。墨菲与格瑞塔·嘉德合编论文集《生态女权主义文学批评：理论、阐释与教学》（*Ecofeminist Literary Criticism: Theory, Interpretation, Pedagogy,* 1998）也成为该理论批评实践的样本，不同学者利用生态女权主义理论解读文学作品，其中，卡拉·安布鲁斯特（Karla Armbruster）指出，生态女权主义批评需要与其他理论进行结合，不能停留于探讨人类与非人类自然的连续性或差异性的简单问题之上，也应该"揭示人类主体与非人类自然关系的复杂性"（1998：99）。国内学者吴琳的专著《美国生态女性主义批评理论与实践研究》（2011）对这一理论进行了梳理和批评实践，有兴趣的读者可以进行参考以获得更全面的了解。

二、生态批评中的男性与同性恋研究

生态女权主义在生态批评的性别研究中很长时间"独领风骚"，为促进其多元性，文学与环境研究学会于2001年召开的会议中开展了有关男性气质与生态批评关系的讨论，这一讨论促成了《生态男性：男性气质与自然的新视角》（*Eco-Man: New Perspectives on Masculinity and Nature*）一书的出版，该论文集从不同角度探讨生态批评与男性研究进行结合的可能性。美国历史和神话中，征服自然是凸显男性阳刚之气的重要表现，因此，在包括梅尔维尔、海明威、福克纳所撰写的多部经典作品中，男性都是通过与自然的抗争来建构自我。所以，作者们也在质问男权社会中对于男性气质的定义，寻找文学作品中"生态男性"的塑造，尝试在全球生态危机背景下重构一种关爱地球、保护环境的男性气质，而这也是该论文集的独创之处。但是，至今，生态批评中的男性研究极其缺乏，可以说在世界父权主义依旧顽固的今天具有极大的拓展空间。

生态女权主义与酷儿理论研究的结合构成了性别研究的另一维度。早在 1993 年，艾伦·奥卢格林（Ellen O' Loughlin）就提出有必要剖析"种族主义、异性恋偏见、阶级划分、年龄歧视、性别歧视与物种主义的关系"（148）。而首次提出"酷儿生态批评"（queer ecocriticism）说法的是生态女权主义先锋之一格瑞塔·嘉德。她指出生态女权主义比较全面地批判了西方传统社会中不同形式的二元论，但是"一大理论缺陷"就是忽视了"异性恋 / 酷儿"这一二元划分，在异性恋视为社会标准的环境下，同性恋被当作淫秽耻辱的代名词（Gaard 1997: 117）。异性恋是社会的主体，同性恋是边缘化的"他者"，异性恋作为"自我"需要同性恋作为参照，但又鄙视同性恋，异性恋被认为是具有理性的社会主流，而同性恋则是具有异常性欲的少数群体。因此，酷儿生态批评需要"揭示理性 / 肉欲与异性恋 / 酷儿这两重二元论是支配主体身份的一部分并将其解构颠覆"，剖析同性恋如何在某一文化中"被女性化、动物化、肉欲化与自然化"的过程，以及揭露边缘群体与社会主流构成的体系化被歧视与歧视的关系网络（Gaard 1997: 119）。将同性恋行为视为"非自然"（unnatural）之列，不仅贬低了同性恋，也是对自然的一种扭曲理解。根据科学依据，同性恋行为是大自然中比较普遍的现象，因此，这种歧视同性恋的依据是经不起推敲的。嘉德追溯西方文明的两大来源，发现基督教和希腊文明从本质上都是压抑人性、贬低性欲的，异性恋行为成为人类文明延续的正常需要，而在历史长河中同性恋行为一再被压制，西方帝国主义的扩张阶段更是力图扼杀少数族裔内部视为正常的同性恋行为。至今，西方文化几百年的"殖民化理念"依旧残存，为了铲除这种理念，我们需要"拥抱多元性的性欲体验，在解放自己的基础上联合创建民主的生态文化"（Gaard 1997: 132）。

国内学者方刚与罗蔚主编的《社会性别与生态研究》一书比较全面地介绍了生态女权主义与男性性别研究，指出"无论是社会性别的研究，还是生态的研究，在中国当前都处于起步阶段"（2009：2），迄今为止，国内也鲜有学者探讨同性恋研究的社会生态维度。笔者在下面章节也主要探讨生态女权主义中"身体"理论的拓展与该理论的应用，希望能够抛砖引玉，促进更多学者在男性研究与酷儿理论的结合上有所拓展。

第二节　重构生态女权主义视域中的"身体"

"身体"在生态女权主义领域中是一个微妙的话题，从西方二元论中抽象的存在到当代生态危机中具体的受害者，"身体"的概念好像无处不在，同时却又若即若离，忽隐忽现。生态女权主义学者们不像女性主义理论家们那样从 20 世纪 60 年代开始就引经据典、理论联系实际，对"身体"的剖析说不上淋漓尽致，却也入木三分。就像理查德·特怀恩（Richard Twine）所说的，"身体从生态女权主义早期作品开始就出现，但是对其的评论还不尽如人意"（Twine 2001: 33）。本节将讲述"身体"概念在生态女权主义中的本体主义表现，认为生态女权主义作为一种涉身理论，应该将身体作为立足点，借鉴物质女性主义中的身体概念，从"物质化"（materialization）的角度理解身体的两面性："物质性"（materiality）和"论述性"（discursiveness）。身体的物质性否定了女性主义和生态女权主义中的本体主义糟粕，认为身体不是固定单一的生理特征，而是自然和文化相互作用的动态物质化过程；身体的论述性从社会的角度，肯定了社会机制、语言等在身体的思想、行为上有一定的控制和约束力，但是和后现代女性主义相比，这种概念并没有将身体当作被动的社会 / 语言的产物，而是肯定了人类和自然的创造力和主动性。通过这两方面的具体作用，不仅解构了西方父权社会中心智和身体的二元对立思想，又重构了自然和文化、人类与非人类、男性与女性、自我与他者的关系，这对于生态女权主义的继续发扬光大有着巨大的理论意义和现实意义。

一、本体主义中的"身体"

卡罗尔·比格伍德（Carol Bigwood）将本体主义定义为"因为对历史、文化多样性缺乏理解而将任何范畴一般化、固定化的"表现，在性别上（gender），本体主义具体体现为"在所谓的超越历史和文化特征基础上来区别男性和女性",很多时候人们是从身体的角度来阐述性别的来源,即认为身体是有着与历史发展无关的、固定的生理特征(1993:14)。在生态女权主义领域,本体主义思想主要表现为社会和生理两方面,前者认为将女性等同于自然是社会建构的,是父权社会中女性和自然处于卑劣地位的压迫性意识形态表现之一;后者认为女性在生理上普遍存在着呵护、关爱的女性气质,和有着暴力倾向的男性相比,女性有着和大自然独特的紧密联系,因而拥有保护环境的生理和社会优势。比如基尔(Marti Kheel)就认为,"生态女权主义哲学必须建立在女性与自然世界独一无二的感性联系上"(1990:136)。但是这种以偏概全的说法正是犯了本体主义的错误,将女性与自然的联系变成普遍的本质特征,没有看到很多女性内化了父权社会控制自然、压迫弱势群体的思想,而忽视了很多男性尊重自然和被压迫者的创造性、并为人类和非人类自然的关系改善做着不可忽视的贡献。而且值得一提的是,不管男性和女性,不管他们是否意识到,他们的生活和自然都有着紧密的联系,有感性和理性的认识,关键在于个人和群体对于这种紧密联系的态度,肯定性的尊重能带来人类和非人类自然的共同繁荣,否定性的鄙视则会加重已有的生态危机,并导致弱势群体的进一步边缘化。

苏珊·格里芬(Susan Griffin)作为生态女权主义早期代表,实际上非常关注"身体",她的作品《女性与自然》(*Woman and Nature*, 1978)倾注了大量的笔墨来描写西方二元论心智和身体的对立给人类和自然带来的危害。在男性话语和女性声音的交织中,我们听到两种截然不同的世界观,代表男权主义的声音是"客观的、冷漠的、无身的"心智或思想(1978:xv),他所表达的"身体"是物质,是女性和自然的等同物,他鄙视身体,因为女性的身体是"死亡","诱惑","圈套","地狱","瘟疫"(Griffin 1978: 83);与男性声音相比,女性的声音是"涉身的、激情的"(Griffin1978: xvi),女性对身体是敏感的,面对父权主义的压制,女性的身体是"堡垒",是"老勇士",女性身体的觉醒就是解放的开始(Griffin 1978: 207)。应该说格里芬在20世纪70年代就能关注女性和自然,并呼吁女性身体的解放,是有一定震撼力的。但是不容忽视的是,格里芬在其作品中也隐藏了生态女权主义遭到批评的负面,即本体主义思想,她在肯定身体的同时,也夸大了女性和自然的联系,女性和自然融为一体,"我们是自然,我们是观察自然的自然,我们是有自然观念的自然,自然在哭泣,自然在和自然说着自然"(Griffin 1978: 226)。从本质上讲,女性的压迫和自然的控制联系在一起，并成为生态女权主义的基本观点，但是在试图解构男性和女性、人类和自然二元对立的过程中，格里芬却认同了西方父权社会女性等同于自然的说法，区别在于她是用愤怒的语气去纠正以往鄙视自然和女性的做法，用肯定的态度来看待女性身体，但是造成的误解就是男性是一切压迫的始作俑者，只有女性才能担当起拯救自然、消除压迫的历史使命，只有女性能够"用双手读懂身体，读懂大地，找到水源，发现万有引力的痕迹。我们知道什么生长和如何保持万物平衡"（Griffin1978: 175）。国内生态女权主义学者曾璐和罗蔚认为，格里芬所代表的文化生态女权主义"过于简单和主观"，因为自然与女性的天然联系是一直以来用以"贬低女性，而数千年来形成的消极文化影响是不可能通过文化生态女权主义学者几句主观热情的强调'重申'就会改变的"（2009：84）。

生态女权主义的另一位理论家沙勒（Ariel Salleh）提出生态女权主义是一种"涉身物质主义"（1997：ix），并且认为"物质的自我"是一个"身体器官、意象和社会压力下的跳动的综合体"（1997：176）。她的贡献在于她认为身体不再是外在的、固定不变的生理实体，而是物质和社会作用下的过程，可是在尽量避免本体主义的错误时，她的著作《生态女权主义》（*Ecofeminism as Politics*）中还是流露出将现象等同于本质的痕迹。比如她认为女性和自然区别于男性和自然的特殊联系体现在四个方面：第一是女性在生育和哺乳过程中的涉身经验，第二是历史原因下女性作为男性和自然之间的桥梁而相夫教子，第三是女性纺纱织布、耕种农田等体力劳动，最后是在艺术形式及日常话题中自然的女性化联系的塑造（1997：161）。这四种方式都与涉身经验有直接或间接的关系，但是将女性的这些利于生存的涉身经验变成所有女性的本质特征（essence），是无视历史发展和文化差异的，不是所有女性都经历了生儿育女的过程，而很多现代女性已经与传统的劳动方式脱离了联系。另外因为文化差异的关系，很多文化群体中还保留着人类与非人类自然的建设性联系，比如美洲印第安部落文化虽然受到西方父权社会思想的冲击，但是还有很多男性和女性在继续和非人类自然保持着利于生态和社会发展的紧密联系。

由于生态女权主义内部所存在的一些本体主义思想，很多学者怀疑该理论的可靠性，原来拥护生态女权主义理论的珍妮特·比尔（Janet Biehl）主要因为该理论的本体主义思想而号召人们重新思考生态女权主义，并转向社会生态学的研究领域（1991）。因为同样的原因，很多研究女性和自然的女性主义理论家拒绝"生态女权主义批评家"这一冠名，比如史黛西·阿莱莫，作为物质女性主义的主要代表人物之一，她在呼吁女性主义重新定义物质、自然的同时，却拒绝称呼自己为生态女权主义学者，有意思的是，她的理论在当今生态女权主义领域却有着举足轻重的潜在影响力。

二、"身体"理论的发展

但是我们应该看到生态女权主义是不断发展的，而它的"身体"理论也在不断完善，走出本体主义的阴影与其领域中涉身性理论的不断拓展有着紧密的联系。英国生态女权主义家艾里克·卡德沃斯（Erika Cudworth）独到的"身体"理解已经与物质女性主义中的"身体"概念有着非常直接的关系。她从科学研究中的复杂理论（complexity theory）出发，认为身体是"相互联系的、复杂的社会/生物系统出现和变化的网络"（2005：130），即身体既是生物的，又是社会的，它的概念从人类及动物的身体扩大到植物和大地，而"物质性"是描述身体的更合适方法，通过涉身性的概念，人们可以看到多样物种之间的差异。卡德沃斯认为各种各样的生态理论其中大部分对身体的研究都是含蓄的，不够直接，而后现代女性主义及后人文主义中的赛博格（cyborg）理论对身体的定义也是不全面的，甚至是否定身体的，以唐娜·哈拉维（Donna Harraway）为代表的后人文主义认为赛博格是"有机体和机器"的综合体（1991：4）。这种赛博格理论将代表自然/生物的有机体和代表文化的机器联系起来，虽然解构了自然和文化的二元对立思想，却没有看到高度现代化对技术的痴迷实质是人类进一步"控制地球、空间以及其他'他者'"的表现，（Cudworth 2005: 150）。而后现代女性主义利用福柯（Foucault）的身体哲学，认为社会实践规定了人类身体的行为举止，女性在社会中的地位体现在社会对其身体的控制上。但是这种后现代女性主义的身体理论就像史黛西·阿莱莫和苏珊·哈克曼所说的，"具有讽刺意义的是，在过去二十年中大量的学术研究都倾注到'身体'上，但是该领域几乎所有著作都局限于对身体的话语分析"，而没有注意到"活生生的物质身体及不断变化的身体实践"（Alaimo and Hekman 2008: 3）。因为后现代女性主义和后人文主义对身体研究的不足，卡德沃斯认为，我们需要"用辩证的现实主义方法来理解人类涉身性的物质方面"（2005：130），这样有利于解构文化和自然的二元分裂关系，而身体作为社会和自然网络关系的综合体，更有利于探究因为差异带来人类之间及人类和非人类自然之间的支配关系。

卡德沃斯的身体或涉身理论与物质女性主义的身体理论有一些共同点。首先双方都承认身体的两面性，即生物性和（社会）论述性，其次在方法上，双方都针砭了后现代女性主义中身体理论的不足，用物质性来纠正其中夸大社会对身体的控制作用的问题。但是本书认为卡德沃斯的理论偏于笼统，没有从深层次角度剖析"身体"，而且由于过多地注重复杂理论在生态女权主义中的应用，没有阐述生态女权主义作为涉身理论的现实意义。当然物质女性主义没有从生态女权主义的角度分析其身体理论的作用，所以下面将进一步探讨其身体概念对于生态女权主义的理论和现实意义。

三、物质女性主义的身体

物质女性主义主要代表人物之一凯伦·巴拉德（Karen Barad）可以说在"物质"研究上提出了该领域中最系统的理论，并且物质女性主义的其他研究很多都是建立在她的理论上的，比如阿莱莫的"通体性"学说（transcorporeality）。所以阿莱莫和哈克曼认为巴拉德的理论强有力地证明"物质女性主义独特的优势"（2008：12）。

巴拉德的"物质"研究表面上看和"身体"毫无关系，但是她的分析渗透了后现代女性主义中的"身体"研究，并且她的"物质主义、自然主义和后人文主义"的物质理论对于"身体"的阐述对以往女性主义的身体学说也是具有颠覆性意义的。（Barad 2008: 122）

巴拉德在后现代女性主义代表朱迪斯·巴特勒（Judith Butler）的"表演"理论的基础上，提出了后人文主义表演学说（posthumanist performativity）。后现代女性主义的理论是建立在福柯的"身体"哲学思想上的，福柯认为身体是各种"生产力要素的中心"（2008：127）。但是福柯的生产力要素只局限于社会力量，而没有考虑对身体有巨大影响的生理和历史因素，换一句话说，福柯思想里的身体是单纯的社会作用下的产物，而不是"进一步物质化的主动因素"（2008：128）。巴拉德质疑这种说法，提出"当前需要的是一套强有力的身体物质化理论，身体涵盖了人类和非人类的身体，以及物质和社会实践是如何产生身体差异性的"（2008：128），为了理解社会和物质现象的关系，以及人类和非人类身体的能动性，巴拉德综合了科技、女性主义、马克思主义、同性恋学说等的理论，提出了"作用实在论"（agential realism）。她认为人类和非人类都具有创造力和能动性，人类不再是单纯的主导世界的主体，也不是单纯的社会产物。和以往的事物之间的相互作用相比（interaction），巴拉德指出"内在互动"更准确地表达了现象的产生（intra-action），现象产生的因素并不是相互作用中可以独立出来的个体，而是不可分离、相互渗透的因素；宇宙就是"变化中能动的、内在互动的过程"（2008：135），物质是"反复的内在互动中稳定化和不稳定化的过程"（2008：139），物质因素和社会因素在内在互动中相互融合、相辅相成，所有人类和非人类身体在世界的内在互动过程中都担负着重大的作用。身体不再是有着固定界限和品质的物体，人类和非人类的内在互动，或者"表演"决定以往二者之间泾渭分明的关系是不成立的。从根本上讲，人类身体和非人类身体都是物质—论述现象（material-discursive phenomena），或者说是物质—社会现象，能动性不等同于人类的意识力或者主体性，而是一种内在互动。所以非人类身体也具有能动性和创造力，自然不再是等待文化作用的被动的表面，也不是文化的产物，而人类也不是世界外在的观察主体，而是世界身体（world-body）能动创造过程中的一部分。这就是巴拉德的后人文主义表演学说，它将"物质和社会、社会和科技、人类和非人类、自然和文化因素"融合到一起，质疑人类和非人类之间有着固定差异，肯定了人类和非人类在内在互动中所产生的能动性（2008：126）。

四、"身体"重构的理论现实意义

物质女性主义的身体概念对于生态女权主义有着重大的理论意义和现实意义。首先它提供了一套比较系统深入的身体理论，弥补了生态女权主义在这方面的不足。根据生态女权主义家格瑞塔·加德的研究，生态女权主义有两大理论依据，一是所有阶级、性别、种族等压迫都与压迫自然的意识形态有关，而解除所有压迫的理论基础就是建立"与所有生命相互联系的自我"（Gaard 1993: 1）。从深层次讲，身体其实是两大理论依据的立足点。首先，西方父权社会压迫性的意识形态表现为人类中心主义，认为人区别于动物的本质是理智，所以人类是超越自然的文化创造主体，为了超越自然，人类必须摒弃生理意义上的身体，因为身体和非人类自然一样是低级的物质，只有意识或心智才能创造文化和主导自然。其次，这种压迫性的意识形态表现为男子中心主义，认为男性代表心智，是创造文化和文明的主体，而女性和自然一样是低级的物质、身体，因为心智优越于身体，所以男性优越于自然化的女性和女性化的自然。同样这种压迫性意识形态表现在对于种族、阶级差别的态度上，被压迫者被等同于缺乏思想意识的动物，是"打上烙印的身体"（marked body）（Twine 2001: 35）。由于边缘群体不知道如何去超越身体、接受文明的洗礼，那么压迫者就有责任利用理智去控制这些边缘化的身体，特怀恩将这种思想意识命名为"无身的主导身份"（disembodied mastering identity）（2001：39）。综上所述，身体是西方父权社会压迫性意识形态的立足点，贬低身体是贬低自然、女性和其他边缘群体的理论依据。

但是根据物质女性主义的观点，身体并不是消极被动的物质，而是世界内在互动过程中的现象，人类和非人类身体都具有能动性和创造力，世界在不断变化的过程中，是离不开人类和非人类身体的，不仅人类的能动性改变了世界，非人类的创造力也在推动世界的变化，所以贬低自然的人类中心主义是没有依据的。同样，女性和男性一样在内在互动过程中起着非常重要的作用。生态女权主义家卡洛琳·麦茜特认为，在资本主义发展过程中，生态和再生产是服务于生产的，但是为了可持续发展，我们需重新解读再生产，人类的再生产不仅局限于生理的，还有社会的（2005：210）。女性在繁衍后代的再生产过程中担负了重要的作用，这不仅是一种生理过程，也是社会延续的过程。但是麦茜特主要讲述了女性身体在繁衍后代过程中的作用和社会对其身体的控制（比如医学将女性身体当作被动的研究对象），而没有认识到不仅繁衍后代是女性身体能动性的表现，在改变社会的其他方面也在和其他身体的内在互动中发挥了创造性，所以男子中心主义将女性等同于被动的身体是站不住脚的。至于其他边缘化群体，他们的能动性和创造力也是不容忽视的，在压迫者看来，他们"丑陋"的身体是不合乎白人男性的审美标准的，他们"愚昧"的行为是落后于文明发展的，但是他们即使在沉默中、在普通的劳作中也在参与世界变化的内在互动，在爆发中、在抵制压迫性思想意识形态中探索真正自由平等的出路，在这个过程中，对身体的研究也是重要的部分。比如法农（Frantz Fanon）早在 20 世纪 60 年代就撰写了《黑皮肤、白面具》（*Black Skin, White Mask*），讲述了（后）殖民主义对于种族身份的影响。而物质女性主义对"身体"的理解打破了中心和边缘、文化和自然、心智与身体的二元对立，让我们看到多元化的世界是建立在各种身体的内在互动基础上的。这种后人文主义的理解代替了人文主义时代对于人是理性的定义，人类不再是独立的群体，而是与非人类身体相互渗透、共同发挥能动性的现象，这也是身体建立"和其他生命相互联系自我"的立足点，因为这种自我不再与"他者"对立（Other），而变成了世界生态网中的"另者"（Another）（Murphy 1995: 152）。帕特里克·墨菲认为，将女性和自然视为"他者"，是否定自然进程中普遍存在的相互作用，相反"另者"理论是认同人类和非人类内部、之间的相互联系和相互作用的，因为"我们不能永远是为自己而活的自我，也是为他人而活的另者"（1995：152）。物质女性主义对于"身体"的理解能促进人类思想观念的改变，非人类、女性、其他边缘化群体不是"他者"，而是参与世界内在互动、发挥能动性的"另者"。

物质女性主义的"身体"理论对于生态女权主义的研究具有一定的理论意义和现实意义。首先将"身体"的概念从人类的身体扩大到非人类自然有三大意义：一是它解构了人类和非人类、心智与身体的二元对立关系，这点在以上分析中已经体现出来。二是它让我们意识到"身体"的脆弱性，非人类自然和人类的身体同样体现了生态危机下环境恶化对我们的影响，而且与早期生态女权主义家将自然比喻成"地球母亲"或者其他女神相比，"身体"的形象避免了将自然性别化的缺点。比如墨菲认为"任何父权社会中（将自然）性别化的现象都不可避免的（地）强化了社会中主导意识形态的性别歧视"（1995：68），非人类自然不能简单地等同于具有母性关怀的女性，否则这也是本体主义的表现，相反"身体"的意象不仅形象地表明世界是一个活生生的整体，而且避免了生态女权主义中本体主义的倾向。三是我们能认识到所有身体的能动性，肯定非人类、女性和其他边缘群体在世界变化过程中的创造性，只有这样我们才能真正颠覆西方父权社会中压迫性的意识形态。一方面我们不能否定身体的能动性，另一方面我们也不能歪曲理解这种能动性，比如认为女性身上具有关爱呵护的品质，应该认识到身体是社会和物质因素内在互动的过程或者现象。就像黛博拉·瑟莱斯（Deborah Slicer）所说的，生态女权主义应该将"身体"作为物质化的起点，去理解物质化的自然，以及探求其他物质化的可能"（1998：70）。

第三节 生态女权主义视域中的《毒木圣经》

具有生物研究背景的芭芭拉·金索尔弗是一位畅销小说作家，并自称为政治作家，她于 1998 年出版的《毒木圣经》（*The Poisonwood Bible*）连续 130 周名列美国畅销书榜首，并被选为奥普拉书友会推荐书目，书中渗透了非洲刚果在殖民和后殖民时期反抗西方帝国主义国家压迫的历史，充满了浓烈的政治因素。表面上，金索尔弗作品的通俗性和政治性都很难让该作家跻身于严肃小说大师之列，但是她通过写作不断证明政治题材可以和文学艺术融合并存。事实表明她是成功的，她在西方批评界受到越来越多的关注，她本人获奖多次，包括笔会／福克纳小说奖、爱德华·艾比生态小说奖、英国橘子小说奖等等，并于 2000 年获得美国人文学科最高荣誉——国家人文科学奖章。斯诺得格拉斯（Mary Ellen Snodgrass）评价金索尔弗是一位"具有道德观及天生对地方和人物有把握的大师"（Snodgrass 2004: 3）。加文·艾斯勒（Cavin Esler）认为《毒木圣经》能列入"后殖民文学最有实力的作品"，可以让作者当之无愧地成为"美国最有天赋的作家之一"（Esler 1999: 12）。但是在中国，金索尔弗还是一个陌生的名字，研究其作品的中国批评家更是凤毛麟角，目前国内作者徐广联从互文的角度诠释该小说对《圣经》的改写重构。葛藤（Ceri Gorton）认为金索尔弗的小说内容丰富，包含了"女性主义、自由主义、南方、乡村以及生态女权主义的"多重元素（2009：12）。本节专门从生态女权主义视角分析金索尔弗这部倾注了 10 年心血的巨著，解读女性、黑人和自然在西方社会话语中的卑劣地位，以及反抗西方人类中心主义和男权中心主义的过程。

一、性别歧视、种族主义、物种主义

生态女权主义是西方生态保护运动和女性主义运动相结合形成的时代思潮，主张用女性主义的理论诠释生态问题，从生态与环境的视角解读人与自然的关系，它旨在寻求普遍存在于社会中的贬低女性和贬低自然之间的特殊关系，并指出"种族、阶级、性别等方面的压迫性意识形态和控制征服自然的思想观念是紧密相连的"（Warren 1997: xi）。生态女权主义不仅致力于解决环境恶化与生态危机的问题，还关注如何改变父权制内的压迫性价值理念体系，它不仅披露导致自然受支配、受宰割的人类中心主义，还批判导致女性受歧视、受压迫的男权中心主义。从这方面来说，《毒木圣经》是一部典型的生态女权主义小说，它不仅披露了西方人类中心和男权中心主义所带来的巨大危害，还展示了女性、黑人与自然反抗压迫的希望，以此揭示了性别歧视、种族主义与物种主义的内在联系。

金索尔弗的《毒木圣经》推翻了西方宗教经典《圣经》中男性叙事者的模式，通过普莱斯家女人多方位叙事方式，讲述了西方白人女性如何反抗男权主义、刚果黑人抵制西方殖民主义和自然发挥能动性的故事。该书分为七大章节，前五章节以母亲欧丽安娜（Orleanna）的讲述开始，中间的小节由家中的四个女儿轮流讲述，大女儿拉结（Rachel）是爱慕虚荣的物质主义者，双胞胎利亚（Leah）和艾达（Adah）性格迥异，利亚是健康活泼的假小子，艾达是沉默寡言、跛足的残疾儿，小女儿鲁斯·梅（Ruth May）是调皮玩闹的五岁儿童。五个女人跟随一家之长——浸信会教士纳森（Nathan）从美国乔治亚州来到非洲刚果的一个村庄，开始了一场在异国他乡的生存战争。

母亲欧丽安娜经常把自己和非洲这片土地联系起来，无形之中显示了女性和自然受压迫的共同命运。对她而言，"妻子就是土地，被交易转手，伤痕累累"（Kingsolver 1998: 89）。欧丽安娜的一生缺乏爱情的滋润，她就是丈夫的性伴侣和孩子们的保姆。即使是性伴侣，她也遭到丈夫纳森的鄙视，甚至诅咒。从战场负伤回来的纳森变成了偏执的传教士，拯救灵魂的信念超越了身体的欲望，因为害怕上帝谴责的目光，他回避妻子的亲吻，但他又按捺不住性欲，事后反而谩骂妻子淫荡，妻子的屡次怀孕都让他羞愧难当，他强烈的负罪感让他变成了"上帝面前的孩子"，"男人中的暴君"（198）。在丈夫的"统治"下，欧丽安娜就是家中的那只鹦鹉，"在笼子里瑟瑟发抖，尽管心灵憧憬着青山，却被剪断了翅膀"（201）。

普莱斯家的女孩们也难逃父亲的暴政。智慧超常的利亚和艾达被纳森鄙视，对纳森而言，"送女孩子上大学就像把水泼在鞋子上，是把水放出去糟蹋水，还是把水留住糟蹋鞋子，都很难说哪种更糟糕"（56）。纳森惩罚孩子的方式就是让她们抄写圣经，用上帝的语言来规范她们的行为，努力把她们变成符合父权社会意识形态下卑微顺从的女性。更确切地说，纳森是在用他自己的意志强迫家中的女人们成为自己统治下的良民。在一定意义上，尽管普莱斯家的女孩们对圣经耳熟能详，却从来没有真正和上帝进行心灵的对话，上帝和女孩们中间隔着傲慢专横的纳森，他用上帝无所不在、无所不能的权威为利剑，企图统治着家中的女性和村庄里的黑人，并征服脚下的土地。当欧丽安娜和鲁斯·梅生命垂危时，纳森不仅没有承担起家庭的重担，还对她们岌岌可危的现状无动于衷；当利亚要参与村庄男人们的围猎，保护全家人不受饥饿时，纳森不但不想如何养家糊口，反而站到了村里父权主义专制的长老一边，反对利亚去承担男人的工作。

纳森在本质上是白人殖民主义者的代表，企图将自己的意志强加到非洲黑人身上。首先纳森用西方社会话语中的身体范式来解读非洲人的裸体，《圣经》中的裸体是罪孽深重的表现，亚当、夏娃偷食禁果后，羞愧地用树叶掩盖裸露的身体。内化了西方传统中身体规范的纳森在面对热情待客的刚果人时，大加谴责他们赤身裸体，并将他们视为"无视上帝的罪恶者"（27），他没有看到身体裸露是当地人亲近自然的表现，相反那些穿着西方慈善组织捐赠衣服的非洲人却成为讽刺西方帝国主义"亲善"的漫画，他们不合体的衣服就像用西方的社会话语来诠释本地的身体一样不伦不类。其次，纳森无视当地人的宗教信仰，企图用《圣经》为西方文明的代表来征服非洲人。他坚信浸礼是引领当地人领悟上帝意志的必经方式，但是他根本没有意识到要进行浸礼的小河里有村民畏怯的鳄鱼。他对当地语言一知半解，当他咆哮着"bangala"就是《圣经》时，他没想到以他的口吻说"bangala"时，这个词语已经不是"珍贵"的意思，而表示"有毒"之意。在一定程度上，他的布道企图瓦解当地文化，他所宣扬的《圣经》也只能是"毒木圣经"。

如果说纳森将自己的西方男权主义思想强加到家中女性和非洲黑人身上，他也表现出西方传统中根深蒂固的人类中心主义。生态女权主义理论家普鲁姆伍德认为，殖民主义思想意识形态表现出人类中心主义的形式，"通过强加的殖民者土地模式和理想风景意识来对非人类自然进行殖民化"（53）。在纳森眼中，非洲这片土地是他要开垦的伊甸园，他要用自己的劳动迎来硕果累累，向当地人显示上帝的荣耀。他在利亚的帮助下，铲出一块像"美国大平原一样平展的土地"，将从美国带来的种子播撒到土里（41），结果他理想中的伊甸园建立却并没有像他想象的那么顺利实现。在铲土过程中，纳森无视塔塔巴妈妈关于毒木的警告，结果导致严重过敏，他还一意孤行将菜园整理成平地，结果种子被雨水冲散。无奈之下他采纳了塔塔巴妈妈的意见，重新将菜园整理成不易被雨水冲散的小山包，但是非洲这片土地缺乏美国植物所需要的花粉传播昆虫，导致郁郁葱葱的菜园只开花，不结实，就像"葬礼中的会客室"（77）。纳森个人的狂妄后面是西方殖民主义侵犯非洲土地的历史，他们奴役黑人的过程和他们践踏土地的过程紧密相连。非洲矿藏丰富，各大殖民国家每年要掠夺走大量的自然资源。欧丽安娜将美国人和比利时人比喻成"饥饿的老朋友"，他们彬彬有礼地在刚果地图前商讨着如何瓜分土地，他们从非洲掠夺走大量珍贵的钻石、象牙和乌木（317）。而非洲人是西方帝国主义国家掠夺资源的工具，他们作为被压迫者付出了巨大的牺牲。书中的医生对纳森说"我们比利时人奴役了他们（非洲人，笔者注），让他们在橡胶园砍断了手，现在你们美国人发给矿工微薄的工资，让他们把自己的手砍断"（121）。

通过以上分析，可以看出纳森身上体现了西方人类中心主义和男权中心主义的典型思想，他贬低女性、蔑视自然，当他作为殖民主义者的代表，将压迫性意识形态强加到非洲黑人身上时，就体现出鲜明的种族歧视。这也证明《毒木圣经》是一部典型的生态女权主义小说，它充分展示了相互关联的性别歧视、种族主义和对于自然的剥削。除了批判相互联系的压迫方式外，金索尔弗也在进一步思索如何挣脱这些复杂的压迫关系，让人们看到一丝反抗压迫的光明。

二、走向光明的女性、黑人与自然

将女性、黑人和自然被压迫的命运联系到一起，金索尔弗勾勒出一幅刚果独立前后30年的历史画卷。艾琳·戴梦得（Irene Diamond）和欧蓝斯坦（Gloria Feman Orenstein）曾经指出，生态女权主义不能停滞于"摧毁西方文明中的人类中心主义和男权中心主义"，还应该注重"构建新故事，新故事是尊重确保生命延续的生物文化多样性的"（1990：xi）。那么，金索尔弗的这部小说也体现出鲜明的生态女权主义特征，它不仅呈现了"互为联系的压迫"（Gorton 2009: 177），解构了西方传统中人与自然、男性与女性、白人与有色人种的二元对立关系，而且勾画了拥有能动性、走向光明的女性、黑人和自然。

在女儿眼中失去自我的欧丽安娜在非洲寻回了自己的声音。在西方资本主义社会，女性繁衍后代和相夫教子是从属于男性获取经济收入养家糊口的劳动的，但是在非洲，严酷的生存环境让纳森的微薄收入根本无法支撑全家，首先钱是不能像在物质主义社会的美国那样主导人们生活的，连最基本的饮水都需要家中的女性从河边抬水，然后生火烧水消毒。在美国用大众电器花 30 分钟就能准备好的一日三餐却是非洲"一辈子的艰苦努力"（Kingsolver 1998: 93），厨房的门后随时会爬出可怕的毒蛇和狼蛛，不足糊口的面粉长出了蝇蛆。其次，当妻子、女儿和当地非洲人都在为身体的温饱而挣扎时，纳森却在为他们"罪恶深重"的灵魂担忧，他所追求的不是生存，而是超越生存的空中虚无的天堂。正是在这种条件下欧丽安娜用瘦弱的肩膀撑起了全家的生活，以致于当她病倒时，女儿们才真正体会到维持基本生存的艰难。病后康复的欧丽安娜也仿佛获得了重生，她不再是唯唯诺诺的妻子，而是敢于表达内心思想的坚强女性。她公然挑战丈夫的威严，责问殖民政府在非洲的统治。欧丽安娜对丈夫男权主义的最大挑战发生在小女儿鲁斯·梅被毒蛇咬死后，她带领三个女儿毅然决然地离开非洲，这一章节叫作"出埃及记"。《圣经》中的摩西带领被奴役了几百年的以色列民族离开了非洲，而在金索尔弗的小说中却是一位普通女性为了孩子的生存，逃离了丈夫的统治。传统意义上，历史被认为是男人创造的，女人的家居劳动不足以写入历史诗篇，"当罗马被烧毁时，我们（女人们，笔者注）在吹口哨，或是擦地板"，而"当一群男人对着新生的刚果磨刀赫赫时，姆万扎妈妈能干什么呢？"（383）恰恰相反，欧丽安娜用行动不断证明女性是有能动力的，女性也在创造历史，而女性、有色人种和自然受压迫也只是历史长河中的一部分："锁链摇响，河水流淌，动物惊吓脱缰，森林呼吸伸展，胎儿在子宫张着嘴舒展腰身，嫩苗弓着脖子悄然迎接阳光。"（384）欧丽安娜把家中所有的用品分送给村庄里的女人们，独自带着三个女儿离开了丈夫，她离开的不仅是丈夫男权主义的枷锁，还有留下就是殖民者帮凶的命运。

经过千辛万苦欧丽安娜终于将残疾女儿艾达带回美国，但是非洲始终让她魂牵梦绕，"她时时刻刻面向非洲，凝望大海，仿佛希望海水能突然枯竭"（530），她积极参与非洲的救济工作，帮助留在非洲的女儿利亚全家，她不断乞求赎罪，对她来说，非洲"就像一场罕见的病"，她从来没有痊愈过（9）。值得一提的是，欧丽安娜并没有因为自己的悲惨遭遇开脱自己也是西方殖民主义帮凶的罪名，就像她们的姓一样——Price，非洲一行让她付出了巨大的代价，她失去了一个孩子，但是她对非洲有着强烈的负罪感，当她同情非洲人、诅咒包括自己的国家美国在内的西方帝国主义国家的行为时，她已经在为自己赎罪。她将非洲比喻为弃妇，人们从她身上牟取暴利后，将她抛弃，"她蜷缩着裸露的身体，待在夺走一空的子宫矿山里"（9）。欧丽安娜愿意成为圣经中罗得的妻子，即使变成盐柱，也要同情地回眸身后被毁灭的城市。不同的是，圣经中的邪恶之城所多玛被上帝摧毁，是因为市民自己罪恶深重，煽动了上帝的怒火。《毒木圣经》中的非洲却是被西方帝国主义所蹂躏的土地，它丰富的矿藏被西方国家掠夺，原本自给自足的人民生活在水深火热之中。像纳森一样的传教士带着传播信仰和文明的"光荣"使命，却是带着上帝的火把，企图用奴役践踏女性、有色人种和自然的西方中心主义来摧毁源远流长的非洲文明。

欧丽安娜的女儿利亚和艾达也用自己的声音谱写了刚果巨幅历史背景下的个人历史。在母亲的影响下，利亚开始怀疑父亲在自己心目中的伟大形象，她无法理解父亲为什么主宰她们的命运却无法提供最基本的保护，为什么父亲所维护的上帝的殿宇里只有战无不胜的英俊男子。一直以来利亚都在循规蹈矩"跟随父亲的脚印"，但是刚果宣布独立后家庭的巨变让利亚成熟起来，她像妈妈一样，也开始寻找自己的独立（244）。她去阿纳托尔的学校教书，参与当地男人们的围猎。在一定程度上，虽然身为女性，利亚却承担了西方传统上男人用于养家糊口的工作，她的行为引起了男权至上的父亲及当地长老的指责。利亚挑战了男尊女卑的观念，用行动表明女性和男性一样聪明智慧、勇敢坚强。除此之外，她还挑战了根深蒂固的种族壁垒，和黑人教师阿纳托尔结婚生子。

瓦格纳·马丁（Wagner-Martin）认为利亚的婚后生活是《毒木圣经》一书中"最薄弱的环节"（2001：48），因为书中 3/4 的内容讲述了普莱斯一家在刚果村庄 1 年多的生活，而后面 1/4 的内容却讲述了跨度 20 多年的演变。卡洛·伯奇（Carol Birch）也认为金索尔弗后面的内容是画蛇添足，"破坏了一个完美的布丁"（1999：14）。但是笔者认为这一部分的精彩之处在于它生动体现了非洲生活对于普莱斯家女人的巨大影响，而且也是对康拉德的中篇小说《黑暗的心》的重构。利亚与阿纳托尔的婚姻其实也是刚果历史延展的缩影，他们颠沛流离的生活是刚果分裂、本国政府和西方帝国主义勾结下国家动荡不安的映照。利亚完全可以携同全家回到美国，但是她已经把自己交给了非洲，就像艾达所说，利亚的"宗教就是苦难"（Kingsolver 1998: 442）。利亚一家在美国的短暂生活并没有给他们带来快乐和归属感，琳琅满目的超市失去了非洲独特的味道，阿纳托尔受到种族歧视，即使冒着生命危险，利亚和家人也要植根于非洲，为刚果的自由而奋斗。另外，《毒木圣经》被某些评论家认为是败笔的后面一部分其实是对康拉德的小说《黑暗的心》的重构。通过对两部小说的比较，帕米拉·得莫利（Pamela Demory）认为金索尔弗重新诠释了《黑暗的心》。康拉德的小说是"关于男性、针对男性，有关男性冒险、男性观念"的"男性故事"（2002：192），它鞭挞了奴役非洲人民的西方殖民主义，却停留在披露黑暗的这一面，同时又充斥着男性角度的冒险理念。而与《黑暗的心》时隔百年的《毒木圣经》却以多重女性叙事者为中心，它在披露西方殖民主义黑暗本质的同时，塑造了一个充满希望、憧憬光明的非洲。而书中关于光明的主题很大程度在书后部分 1/4 的内容体现出来。利亚将自己奉献给了非洲，虽然身心备受折磨、丈夫为国家自由奋斗随时有牢狱之灾的危险，但是看着自己晒黑的皮肤，还有不同肤色的儿子们，她"明白时间抹掉了白色"（526）。作为一位白人女性，她充分意识到西方肤色差异带来种族差异观念的荒谬，虽然她的婚姻并不能真正消除种族歧视，但是她通过个人和家庭的努力，证明希望是存在的。

如果说利亚挑战了西方的性别和种族观念，那么她的双胞胎姐妹艾达挑战了西方对性别和残疾人的双重歧视。史蒂芬·福克斯（Stephen Fox）认为小说中的残障人物通常都是单一不变的平面人物，但是金索尔弗塑造了一个"复杂的、有血有肉的"残疾女孩：艾达（2004：406）。艾达笨拙的外表下掩盖着文思敏捷的头脑，她有着超常的洞察力和挑战传统的反抗意志。在父亲眼中，像艾达这样"愚笨的、牛一样笨拙的女性"却是一位精通语言、爱好诗歌、亲近自然的女孩（Kingsolver 1998: 73）。她善于回文，姐妹中她对语言的领悟力最强，她钟情于迪金森的诗歌，而且有着强烈的反抗意识。当利亚生活在对父亲光环的敬畏之中时，艾达已经看透了父亲的狂妄和他传教使命的荒谬，当父亲引导村民吟唱歌颂上帝的赞美诗时，艾达在默念上帝的邪恶。另外，艾达也洞察到女性、非洲黑人以及自然受压迫的共同命运，她将家中的鹦鹉看作女性阵营中的一部分，受到男权主义的蔑视，鹦鹉也代表了非洲，它就像残疾的艾达一样，翅膀的肌肉已经"萎缩，可能毫无治愈的希望"（137）。回到美国后，艾达凭实力考上了大学，并从事医学专业，在病毒研究方面做出了很大贡献。人们往往把病毒当作敌人，相反艾达却喜欢病毒，因为她学会了用平等的思想看待一切，她相信"从根本上讲植物或病毒都有权利统治地球"（531）。在这个意义上，艾达也是金索尔弗所塑造的生态女权主义者，她能看到边缘人物和自然受压迫的共同命运，又用相互平等、相互联系的观念重构了西方人类与自然、男性与女性、白人与有色人种等的二元对立关系。

在一定程度上，非洲黑人的塑造不够丰满，甚至像史蒂芬·福克斯所说的，金索尔弗"美化了刚果人，以至于抹杀了他们的真实本质和实际需要"（412）。但是另一方面，普莱斯女人的多重叙事角度却肯定了黑人的创造力和能动性。西方殖民主义并没有把他们变成苦难的受害者，他们身上留下了为生存而奋斗的烙印，他们是让普莱斯女人刮目相看的能动者。失去双腿的姆万扎妈妈辛苦劳作，支撑着全家的生活，并且暗中援助普莱斯一家；在军蚁吞噬村庄的过程中，是非洲黑人不计前嫌，挽救了普莱斯一家的性命；鲁斯·梅去世后，是村庄里的女人们用她们独有的方式悼念这位可爱的美国白人女孩；而欧丽安娜带着孩子们逃离非洲时，又是曾经受她们鄙视的非洲黑人伸出了援助之手。阿纳托尔作为小说中最为丰满的黑人男性，也为刚果的自由、西方和非洲的文化沟通做出了巨大的贡献。而在更巨大的历史画面上，非洲黑人也不是顺从的受压迫者，他们在不断努力寻求真正的独立自由之路，书中通过普莱斯女人的转述，描绘了刚果民族英雄帕特里斯·卢蒙巴（Patrice Lumumba）的光辉形象。非洲黑人争取自由独立的历史和普莱斯家女人挣脱父权主义的统治相辅相依，与之紧密相连的还有具有能动性和多样性的自然。在西方传统中，自然只是被动的物质，是可以为人利用的自然资源，但是金索尔弗所描绘的自然却是具有能动性的。虽然西方帝国主义国家从非洲掠走大量的自然资源，但是自然是不可驯服的，干旱、洪涝、疾病等是非洲人民生活中的一部分。作者笔下的自然是生机盎然的，刚果的森林里毒蛙交配繁殖、树木盘根错节，一群蚂蚁将参天大树餐食殆尽，一簇簇树苗从腐蚀的树桩中"弓着脖子，从死亡中吸取生命的养分"（5）。在强大的自然力量面前，普莱斯一家已经不是"掌控日出日落，让河水倒流"的自然的征服者（280）。纳森用美国的种子创造非洲的伊甸园的幻想破灭，当军蚁犹如"黑色的火山熔岩"席卷村庄时，人们只能飞奔逃命（299）。自然的力量如此强大，非洲这片土地仿佛"有上千种清洁方式，军蚁、伊波拉病毒、艾滋病：所有这一切都是自然所创造的扫帚，清除出一片片空地"（529）。金索尔弗笔下的自然如此桀骜不驯、如此生动丰富，以至于萨拉·科尔（Sarah Kerr）认为，"在当代作家中，唯有金索尔弗才能创造出这种效果"（1998：53），而这是和作家本人多年的生物研究背景息息相关的。本科和研究生阶段专业为生物的金索尔弗在毕业后又投入到生物方面的科研写作中，所以她的小说中都渗透了她对自然的深刻理解。《毒木圣经》的最后一节充满魔幻色彩，叙述者好像是鲁斯·梅的灵魂，又好像是自然，这位神秘的叙述者见证了普莱斯的家庭历史和非洲的连年战火，"经过三十五年死亡一样的沉睡，被屠戮的土地深吸一口气，动了动手指头，它的河流和森林充盈着生命力"（540）。虽然女性和非洲黑人没有完全摆脱压迫，虽然非洲经历阴霾，但是满怀希望的人们和充满创造力的自然终于可以勇敢地"走向光明"（543）。

　　《毒木圣经》是一部内容丰富、视角多元化的长篇小说，本节以生态女权主义文学批评的方法，分析了作品中女性、黑人以及自然备受压迫的共同命运，并探讨了边缘人物和自然通过能动性来反抗西方人类中心主义和男权中心主义的过程。尽管该小说在塑造黑人个体形象方面不够丰满，但是在解构和重构西方意识形态中人类和自然、男性和女性、白人和有色人种的二元对立关系是成功的。如金索尔弗本人所说，"满怀希望、拥抱各种可能，这是首要的本能"（Kingsolver 1995: 16），带着这种想法，作家重构历史，塑造了利亚和艾达这样一批反抗传统、满怀憧憬的女性人物，并建构了一个充满希望、走向光明的非洲。

第四节 《一只白苍鹭》中人与自然和谐关系的乌托邦

随着生态批评在文学界的兴起，人们开始从这个新视角诠释萨拉·奥恩·朱厄特（Sarah Orne Jewett）的短篇小说佳作《一只白苍鹭》，指出作者建构人与自然和谐关系的卓越见解，并呼吁人类创造这种和谐关系的必要性和紧迫性。比如井卫华指出，"《一只白苍鹭》有助于唤醒人们的环境保护意识，善待动物，善待自然，就是善待人类自己"（2005：27）。陈煌书从"回归自然"、"融入自然"和"感悟自然"三个方面分析该短篇小说的主旨在于"阐释其生态女权主义自然观"（2006：95）。可是，小说并非以完全肯定的态度来创建一个封闭式的人与自然和谐相处的乌托邦，作品的模糊性（ambiguity）透露出创建这种人与自然相互平等、相互依存的关系本身在文本中不仅是一种理想状态，也是一种尴尬困境。一方面是对现实生活中人与自然、男人与女人二元对立关系的颠覆，有利于我们人类自己在多元化世界中重新定位，另一方面这二者的矛盾显示出建立人与自然和谐关系任重道远，促使我们继续对提出的问题开展积极的思考，以建立一个人与自然、男人与女人真正和谐共存的现实世界。

如果说生态批评发起了对人类中心说（anthropocentrism）的进攻，那么生态女性批评不仅要反对人类中心说，而且更针对的是男子中心论（androcentrism）。人类中心说是人类统治自然、掠夺自然的心理准则，这意味着人类将自己与自然割裂开来，人与自然成了主体与客体、统治与被统治的关系，这种物为我用的实用主义观点在《一只白苍鹭》中年轻的鸟类学家身上得到了典型体现。为了反对这种人类中心说，生态批评号召实现"人类为中心到自然为中心"的转变（Gaard 2004: 21）。

生态批评所提倡的生态中心说（ecocentrism）认为，人本身就是自然中的一部分，生态圈（ecosphere）中的一切都是平等的主体，这种平等的关系在《一只白苍鹭》中西尔维亚与自然的相处中得到了最好的体现。

鲁枢元在他的著作《生态批评的空间》中也指出，和谐的社会应当包含三个层面的和谐：人与自然的和谐、人与人的和谐及人与自己的和谐（2006：233）。如果说《一只白苍鹭》中年轻人与自然、小女孩与自然的关系体现了两种截然相反的世界观，那么年轻人与小女孩西尔维亚的微妙关系折射出男子中心论的傲慢，体现出人与人难以和谐相处的困境，更确切地说，是男权社会中男人与女人难以和谐相处的尴尬局面。故事中小女孩虽然差点屈服于持男子中心论的年轻人，但是最终她在晨曦中与自然的亲密接触，在白苍鹭震慑的美丽中实现了人与自己、身与心的和谐。可是这种和谐是有代价的，西尔维亚付出的代价是自己的世界失去了男性的同伴，而且男子出现之前的心灵的平静代替为彷徨与渴望。所以这种人与自然的和谐是不完全的，这也是该短篇小说模糊的结局中暗示的创建女性与自然和谐的封闭世界只是理想化的乌托邦，是一种困境，因为把男性排除在外本身就违背了自然多元化（biodiversity）的本质特点。所以，这篇小说与其说是提供了生态女权主义创建和谐世界的实验品，不如说指出了通往和谐社会的曲折道路：我们既要肯定自然的多样性，又要排除男子中心论和人类中心论的偏见，这样我们的"和谐"才不是空洞的理想，才能成为生活中的现实。

一、乌托邦的模型

《一只白苍鹭》故事短小精悍，人物关系简单，9岁放牛小女孩和姥姥住在乡下，平淡的生活中闯入了一位研究鸟类的男青年，然后主要人物小女孩西尔维亚和无名男青年围绕神秘的白苍鹭展现了"男性—女性—自然"三者之间的微妙关系的故事。但是，简单的情节却蕴藏着深厚的内涵，该故事揭示了女性与自然如何摆脱男权主义的压迫并建立和谐乌托邦的美好愿望及无奈。

如词源上解释，女主人公的名字西尔维亚（Sylvia）来自拉丁语 Silva，意思是"树木，森林"，而故事中的小女孩也是与她所生活的森林分不开的。她与自然朝夕相处、乐趣无穷，并且已经融入到自然这幅美妙的画面中，成为其不可或缺的一部分。她兴致勃勃地与自己的奶牛玩捉迷藏的游戏，趣意盎然地听着画眉鸟婉转而鸣。西尔维亚用敏锐的感官捕捉自然中的点点滴滴，充分地感受着大自然所洋溢的生态之美，而且她觉得自己仿佛是"溶进了灰暗的阴影与摇曳的树叶之中，成为它们的一分子"

（2007：7），这一点表明西尔维亚已经把自己与天地万物紧紧联系在一起，而这也是生态女权主义批评学者格瑞塔·加德认为的该理论的基础（1993：1）。在西方传统思维中，人与自然的二元对立就是自我（Self）和他者（Other）的对立，这种观点导致了人类中心论，认为人能统治自然，自然为我所用，从而引发了环境污染、生态恶化。可是文章中西尔维亚和自然的关系恰恰是这种二元对立关系的颠覆，因为小女孩已经成为生物圈的一部分，而她在乡村的自在生活跟在城市的 8 年压抑生活相比，"她的生命像是到了这儿乡下才真正开始的"，这其实更像人类回归自然的开始（2007：5）。在一个和谐的生态环境下，世界是一个相互联系的网，而西尔维亚在这个网里，不再是以往主导万物、操作控制的人，而是与万物平起平坐、相互作用、相互联系的个体。

　　而且在西尔维亚的眼里，自然已经不再沉默无语，而变成了有血有肉、有说有笑的生命。生态批评学者马内斯（Christopher Manes）在文章《自然与沉默》中说过，传统文化里自然都是无声者，是不能思考、没有语言的沉默者（1996：15）。所以很多人可能会认为西尔维亚的奶牛只是一头"步子沉重、行动迟缓，好惹人生气的畜牲（生）"（2007：3），但是对西尔维亚来说，这头奶牛是"毛莱太太"，是一位像人一样思考的难得的好伙伴。而且作家在故事中写出了这头奶牛的声音，她不再是一头愚笨的牲口，却化身为一位可爱的人物，她高兴地发现自己站定时铃铛不再发出悦耳的铃声，调皮地躲在灌木丛中直到小主人变得不耐烦，离开草地时她甚至能找到回家的路。同样，故事也写出了自然中飞禽走兽及树木的语言。小鸟啁啾，困倦地在相互道晚安，蟾蜍因为被挡住了去路而烦恼，老松树深爱着攀爬在自己身上的小女孩。整个世界对西尔维亚来说不再是童话般的虚无缥缈，而成了无数有声生命的载体，这不仅仅因为西尔维亚热爱自然，单纯的热爱自然可以把自然当作精湛的艺术品，把自然物化了，所以这种爱是肤浅的，而这种物化自然的爱也是无法推翻顽固的人类中心论的。与此相比，西尔维亚和自然情同手足，就像亲姐妹一样，她们互相支持，是多元化网状世界中的平等成员，假如故事后面西尔维亚选择了男青年及 10 美元钱的物质报酬，那么她将背叛像自己的亲姐妹一样的自然，也将放弃她与自然统一和谐的精神高度。

　　通过呈现这样一个多元化的网状世界，该短篇小说如同搭建了一个狭小的乌托邦，在这个让人充满无限憧憬的森林里，女性和自然相互平等，和谐相处。但是男青年的闯入及其所象征的男权主义却冲击了这个乌托邦，并让女性和自然和谐共处的关系受到了考验。虽然事实证明这种乌托邦不是不堪一击的，是有一定的韧性来抵挡外来的冲击的，但是我们应该看到它是有局限性的，是经受不了时间的考验的。

二、乌托邦的考验

根据墨菲的理论，生态女权主义文学批评"从最开始就把自然和文化、人类对自然的主宰和对女性的压迫紧密相连"（Murphy 1998: 23）。从历史根源上来看，女性和自然拥有同样被男权主义社会压制的命运，生态女权主义将其解释为自然压迫和性别压迫。从思维意识来看，西方文化中的价值二元论以男权为中心确立人和自然、男性和女性的对立关系，正是在这篇看似简单的短篇小说里，朱厄特用微妙的手法揭示了自然和女性的被压迫地位，并尝试解构人和自然、男性和女性的二元对立。

小说开头背景是黄昏时候的森林，可是走在幽静漆黑的小路上西尔维亚没有一点恐惧，她捕捉着光和影，感受着动与静，她是自在自然的。可是，年轻猎人的出现却打破了这种状态。他还没露面，口哨声就让小女孩毛骨悚然，它远没有小鸟啼啭那么愉悦，而是"肆无忌惮甚至有点咄咄逼人"（2007：7）。年轻人的出现，以及手中象征男性生殖器的枪，给西尔维亚和林中小鸟带来了威胁。作为鸟类学家的年轻人热衷于猎捕各种鸟，并把它们剥制保存做出标本。对他而言，鸟类只是加德和墨菲所说的"外部"世界的"为我之物"（Gaard and Murphy 1998: 5），换句话说，缩影于鸟类中的自然，其存在的意义不在于其本身，而在于其对人类的用处。这种思维方式正是西方人类中心论的一种体现，认为本我的人类可以统治边缘化的他者，即自然，人类以这种心理来满足自己的私欲，这种割断自我与他者、人类与自然的思维理念只能导致生态的继续恶化。而这种理念也渗透到男性与女性的二元对立关系中，让父权主义为女性压迫自圆其说，这种思想就体现在年轻猎人的身上，表现在他那"征服"西尔维亚的傲慢上。

尽管年轻猎人的魅力慢慢驱散了西尔维亚内心的恐惧，甚至勾引出小女孩对朦胧的爱的向往，他眼中的西尔维亚与自然并无差别，他都是根据她们的功能性来衡量判断，并意图征服统治她们。当西尔维亚的外祖母梯尔利太太絮絮叨叨聊起家庭的伤心史时，年轻人对家庭的苦难痛楚毫不动情，反而特别关心西尔维亚和飞禽走兽的亲密关系，因为他所关心的是西尔维亚是否能向其透露白苍鹭的栖息之所。为了鼓动西尔维亚为其寻找白苍鹭，他甚至许诺以 10 美元作为交换。

而且，这位年轻的男性以能统治女性、主导自然而沾沾自喜。他饶有兴趣地观察西尔维亚苍白的脸，对他来说，苍白肤色跟雄刚之气相比，刚好透出女性身上的柔弱之美。当西尔维亚森林冒险归来，这位鸟类学家确信羞怯的小女孩的眼神表明她至少见过他梦寐以求的白苍鹭。他的逻辑推断似乎把他推到了马内斯所称为的"自然定律的理性君主"的高位（1996：20）。当男青年决定一定要想方设法让小女孩说出白苍鹭的窠巢时，他身上的男权主义可谓达到了极致。这种强迫西尔维亚说出秘密的意图及其所透露出的傲慢正是由于他固有的男权至上的想法在作怪，在他看来，女人比男人卑劣，所以必须服从于男性，而自然必须得到开发，为人类所用。假如女主人公和白苍鹭在猎人的视域里只是物质，那么她们分别代表的女性和自然有着紧密联系就不仅仅是因为她们都是男人的有用之物，还因为她们都是男权主义下的被压迫者。

如果这位鸟类学家是男权社会中的男性代表，那么梯尔利太太就是这个社会中的善良的女性"帮凶"。路易·伦查（Louis Renza）是这么评价梯尔利太太的，这个人物证明"女性如何在扮演男性的社会角色却不能理性的脱离美国男权思想而行动"（Renza 1984: 79）。小说中梯尔利太太为儿子阿丹出色的枪法而自豪，因为只要儿子在家，她从来不愁家里没有山鸡和松鼠来做菜。在一定程度上，阿丹和鸟类学家别无二致，因为二者都将自然视为"为我之物"，不过前者是为了生存，后者是为了研究。所以梯尔利太太对儿子的称赞证明梯尔利太太认可人类对自然的统领主导地位。并且，梯尔利太太叹息自己没有机会到外面去看看世界，隐含的意思即见世面是男人的特权，如果她是男人，她也会像儿子一样去外面的世界闯荡。和梯尔利太太相反，西尔维亚的梦想中有无边的大海，广袤的世界，她不把自己是女人看作见世面的障碍，对她来说，真正的阻力来自于外祖母对沼泽地危险的警告。

在一定程度上，西尔维亚爬树寻找白苍鹭的这种征服自然的勇气是受年轻人和外祖母的影响的，因为前者又用另外一个与男性生殖器相关的折刀和魅力四射的雄刚之气暂时征服了她那颗纯洁幼小的心灵，而后者是拥护男权主义的女性，认可自然的开发利用及女性群体的卑微低劣。表面上看，还是孩子的西尔维亚只是本能的受到 10 美元物质奖励的诱惑。但是深层次来说，她是在取悦男青年及外祖母，这种动机因此也把她推到了变成男权社会忠顺女性的危险边缘。

没有意识到内心的小小变化，西尔维亚开始了征服自然的冒险历程，她迫不及待地要爬到树梢以寻找白苍鹭的窠巢，因此她成了一个为了"伟大的事业"而贸然闯进森林的善意的"侵犯者"（17）。跟小说开始那个网状世界中的一分子相比，西尔维亚现在成了为了个人利益企图征服自然的人。当她终于爬到树顶上时，她就成了征服自然的胜利者，也因此从自然的亲姐妹的位置站到了自然的对立面。尽管这样，自然并没有摒弃她，而是依然接受了她。在朱厄特笔下，高挺伟岸的松树也是一个具有人类丰富感情的生命。它能感觉到"一颗人类坚定意志的火花"，能撑起细小的枝桠帮助西尔维亚轻巧瘦弱的身子往上爬（17）。这棵老松树拥有一颗跳动的爱心，"比起鹰隼、蝙蝠、飞蛾甚至歌喉甜美的画眉来，它更喜欢这个孤单单的灰眼睛小姑娘那颗勇敢的、怦怦跳动的心"（17）。所以，老松树已经不是无声的植物，而成了有声的角色，它的存在也是最后西尔维亚能保守白苍鹭秘密的部分原因。

尽管西尔维亚面临像外祖母一样"被不自觉地融入男权社会"的危险（Renza 1984: 79），她内心却在看到广阔浩茫、令人肃然起敬的世界那一刻变得豁然开朗，原来那张生命之网不再模糊昏暗，而是变得清晰剔透。她感觉自己仿佛只要张开双臂就可以在"云端自由翱翔"（19），这种领悟意味着西尔维亚开始与自然建立起和谐关系历程的回归，当然，这个历程并不是一帆风顺的。甚至在西尔维亚看到白苍鹭惊喜的那一刹那，她还有所动摇，而她眼睛里所"射去的两道利箭似的目光"和思维意识将她和白苍鹭分成了能思考的人和没有意识的鸟，这种划分是与她以前让小鸟从手中摄食的亲密无间、平等关系截然不同的。而且她从树上下来的过程中前思后想男青年会跟她说什么话，如果告诉他找到白苍鹭的窠巢他又会怎么看待自己。从这来看，西尔维亚心中的天平依然倾向于男青年，或者说是让她"中邪"的男权主义。

但是到透露秘密的时刻，西尔维亚却保持了缄默，她的内心起了波澜，不知道自己是否值得为了一只鸟而拒绝了友谊之手。当她犹豫不决时，她想起了老松树和白苍鹭。

> "青松的涛声充塞着她的耳朵，她记起那只白苍鹭如何穿越金色的天空，她和白苍鹭又如何一起眺望大海，欣赏晨曦。西尔维亚自然不能开口；

她不能泄漏（露，笔者注）苍鹭的秘密，葬送掉它的生命。"（2007: 21）

值得注意的是这里的"生命"不仅仅是白苍鹭的生命，这个生命代表了从一开始就紧密联系的女性和自然的自由意志和独立精神。如果西尔维亚泄露白苍鹭的秘密，就等于泄露了女性和自然的秘密，即伦查所说的她们共同的愿望——"摆脱对男性的依赖和影响"（Renza 1984: 78）。幸运的是，西尔维亚并没有那么做。她保守秘密拯救了白苍鹭，也拯救了自己，免于自己成为男人的俘虏，对其百依百顺，成为男权社会的卑微低劣的一分子。也许她会因此失去友谊，成为一名孤寂的乡下小姑娘。

三、乌托邦的困境

热衷于科学研究的鸟类学家走了，西尔维亚回到了自然的怀抱，重新成为网状世界中的一个链条，故事的结局好像又回到了故事开头，女主人公和姥姥，还有姐妹一样的自然留在了这个理想的"女儿国"里。但是，这个女儿国"驱逐"了男性，并不等于驱逐了父权主义和人类中心论，故事的开头和结尾一样，这个人与自然和谐的小小世界只是朱厄特构建的乌托邦实验品，它在宣扬女性可以离开男性、独立自由生活的同时，无形中也在表达在顽固的父权主义和人类中心论面前的无奈。故事中的年轻人只是走出了这个乌托邦，可是他不会停止对鸟类的残杀。另外这个乌托邦以外，还有无数鸟类学家一样的猎人，他们举着咄咄逼人的"猎枪"，带着人类是"万物灵长"、男性比女性尊贵的傲慢，肆无忌惮地在掳夺自然、压迫女性。并且，这个乌托邦里还有梯尔利太太这个父权主义和人类中心论的"帮凶"，她还在想念那个打猎精湛的儿子，并守着自己可惜不是男儿身的遗憾，所以这个乌托邦也是有局限的。

另外值得注意的是，故事开头和结尾中西尔维亚已经有所改变，如果说清晨的冒险让小女孩体验到了精神的苏醒，那么这种苏醒在结局中却被代替成一种混沌状态。西尔维亚对分别的男青年依依不舍，她的心灵因为不能像"忠犬"一样跟随并爱戴着男青年而"蒙受着巨大的痛苦"（21）。她不能忘怀那位离去的鸟类学家，甚至忘记了他捕杀小鸟时血淋淋的场面给她带来的痛苦，她还怀疑鸟儿是否是比猎人更好的伙伴。这种模棱两可的态度揭示出女性挣脱男权主义的樊笼实属不易，西尔维亚在这个乌托邦里，决不能再拥有以前那颗纯真质朴的心，她宁愿把自己变成摇尾乞怜的小狗去博取男青年的些许爱意。这种把自己动物化的自卑想法把她变得和外祖母一样，成为了父权主义和人类中心论的支持者，以这种想法再回到自然，让人怀疑西尔维亚是否还能跟自然结成开始的友好伙伴关系，即使能继续和自然保持"精神上的亲缘关系"（Schauffier 2003: 8），她能认为自己和男性是平等的吗？这一点也是值得怀疑的。

最重要的是，这种结尾也提出了一个值得思考的问题，没有男性的存在，只是在女性和自然内部建立一个小范围的和谐乌托邦是否现实？为了自由独立，以西尔维亚为代表的女性得离开男性的陪伴在孤独寂寥中了此终生，即使能和自然建立和谐的关系，这种关系又能维持多久？至少，如果人与人不能和谐相处，那么人与自然的和谐也不是完全的。而且，从结局来看，西尔维亚内心的和谐已经被打破，开头那种怡然自得的样子已经被结尾中的满腹疑惑所代替，这样的话，肖夫尔（F. Marina Schauffier）所说的"外在生态"和"内在生态"就难以保持一致（2003: 3），因为表面上回归了生物圈，可是内心还在困惑，怀疑自己是否值得为了一只鸟而放弃与男性的友谊，那么在这种环境下，西尔维亚还会有那种自然的归属感吗？而这个乌托邦还能给小女孩生态学辞源上解释的"家"的感觉吗？这本身就不是生态女权主义研究的答案，而是问题。当然，这个问题的出路决不会在于男性持枪主导自然，用雄刚之气来统领女性。小说虽然没有给出答案，至少它给了人们希望，给了可以奋斗的理想，即人类和自然和谐的关系在西尔维亚忠诚于白鹭鸟的行动上得到了极致的体现，在物质的诱惑下，人类依然可以征服自己的心灵，怀着人与世间万物互相联系、互相依存的理念，实现内心与外在的统一。

综上所述，该短篇小说一方面是反抗男权主义对女性和自然统领主导地位的尝试，另一方面其结局暗示摆脱这种被压迫被统领的地位的艰难。对于女性，如何与自然保持和谐的关系并与男性建立平等的关系，决不在于驱逐男性，所以探索一条人与自然、男人与女人和谐平等的关系之路遥远而漫长，却值得人们探索研究。

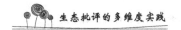

第五节　《麦田里的守望者》中的有声胜无声

　　J·D·塞林格（1919—2010）是美国文坛的奇才，《麦田里的守望者》（1951）是他首战告捷的小说，并成为奠定其文学地位的惊世骇俗之作。为了避免成名后抛头露面，塞林格也开始了长达半个多世纪的离群索居生活。在此期间，他笔耕不辍，可是其他作品在大众中的反响一般，其地位都难以与《麦田里的守望者》相提并论。在中国，塞林格研究也主要集中于评论他的首部小说，其研究方法视角多样、不拘一格，从解构主义到生态批评，从叙事学研究到文化批评，所谓"仁者见仁、智者见智"，《麦田里的守望者》也成为不同学者眼中的不同风景，而其丰硕的研究成果仿佛也穷尽了该书丰富的内涵。可是，正如学者杨金才和朱云所言，虽然我国的塞林格研究成绩斐然，可是还有不尽如人意之处，比如"视野不够开阔"，主要是因为"主观上创新意识不足"等原因导致而成（2010：135）。在此，笔者将另辟蹊径，从生态女性主义视角重新解读这部经典之作，旨在披露小说中隐形的成人中心主义世界，剖析孩子的消声现象和施事潜力。

　　从表面上看，生态女性主义的批评方法应用于对该书的评论实属牵强。众所周知，《麦田里的守望者》中的主人公不是女性，而是一位"冥顽不灵"的少年，为数不多的女性人物着墨不多，生态女性主义最关注的女性受男性压迫、自然受人类控制的关系模糊不清，甚至杳无踪迹，因此，迄今为止，国内外无人尝试从生态女性主义角度分析该作品。国内有学者从生态批评的视角解读该小说，比如王育烽认为主人公逃离成人世界的做法反映了他"回归童真、重返自然的强烈情感"（2007：68），曹晶晶解读霍尔顿拥有"追寻人与自然和谐共存生态意识"（2008：60）。但是露桑娜·克丝·沙（Ruthanne Kurth-Schai）的文章《生态女性主义和孩子》也许能提供给我们新的视角审视小说中孩子和成人的关系。

一、生态女性主义理论中的成人中心主义

"生态女性主义"一词可以追溯到法国女作家朗西丝娃·德奥博纳（Francoise d' Eaubonne）的作品《女性主义或死亡》（*Le Feminisme ou la Mort*）（1974），并逐渐演变成生态保护运动与女性主义运动相结合形成的时代思潮，它呼吁从女性的视角看待自然和环境，号召用女性主义理论研究生态问题。它的基本理论前提是"导致种族、阶级、性别、体格、物种压迫的意识形态也是导致自然压迫的意识形态"（Gaard 1993: 1）。可是，在生态女性主义近四十载的发展历程中，很少有学者考虑儿童的社会地位这个问题。生态女性主义领域的泰斗人物之一卡伦·沃伦只用寥寥数语提到孩子是环境年龄主义（environmental ageism）的受害者，环境危机中最容易受到恶性影响的群体就是孩子和妇女，所以"女性、有色人种、穷人和孩子的生存状况是生态女性主义的研究话题"（2000：12）。对另一名生态女性主义学者克丝·沙而言，孩子的生存状况不仅与水、空气、植被等物质环境有关，而且与社会环境密不可分，因为孩子和女性、有色人种、少数民族、下层阶级、自然一样"遭受了社会压迫"（1997: 194）。这种压迫有体力上的，比如童工或家庭暴力，但是更多的是精神上的，很多孩子在现代社会强加的双重枷锁下变得孤独异化，甚至误入歧途。首先，家庭或社会压力促使孩子提前承担成人的责任，克丝·沙特别指出越来越多的孩子需要充当父母的助手，为衣食住行而奔波。但是更普遍的现象是孩子身上肩负的期望迫使他们提前结束童年，为将来成为社会的栋梁之才走入人类文明的规范式教育体系。其次，孩子无权参与社会民主政治决议，在年龄的等级观念影响下，社会将孩子看作缺乏力量的人群，在法律上孩子是缺乏声音的被保护对象，而在家庭，他们的呼声也被淹没在大人们自以为是的决断中。所以，一方面孩子们要为尽快进入社会角色而发愤图强，另一方面他们又被拒绝在社会参与权之外，他们生活在以大人为中心的世界，成为另一类边缘人群，他们得不到应有的照顾和关怀，却成为大人所支配和监控的对象。

众所周知，生态女性主义旨在揭露所有"人类系统中无理的支配关系"（Karen 2000: 43），指出人类社会的压迫现象和人类支配自然是相互联系的。克丝·沙认为，如果生态女性主义不能理解、聆听孩子的声音，不去认识孩子目前所处的被支配境况，

那么它将犯下"成人中心主义的错误",是为成人及相关社会机构助纣为虐的学术研究（1997：194）。

在本质上，成人中心主义折射了西方二元对立的思想意识形态。在西方传统中，人类和自然、心智和身体、男性和女性、白人和有色人种等等的对立关系构成了二元对立意识形态的重要模式，这种对立关系的前提是前者优于后者并有权支配后者。当人类自诩为"自然定律的理性君主"时，人类就把自己的兴趣和利益凌驾于自然之上，将自然视为物质资源而随意开采利用，这就是一种人类中心主义（Manes 1996: 20）。同时，父权社会赋予男性支配压迫女性的权利，男性被认为是理性的代表，而女性是情感的化身，而西方人文主义认为，人是有理性的，那么没有理性就不是人，或者低人一等，这种男权中心主义的观点让女性成为边缘人物，被视为缺乏能动性的无声者。而克丝·沙所说的成人中心主义是成人与孩子成为二元对立关系的结果，成人被认为拥有更成熟的心智，也更有力量维持世界的运转，他们贬低孩子的自然社会参与能力，对孩子真实的需要置若罔闻。所以，在理论上和实际经验中，这种成人中心主义是"与广为人知的压迫女性、支配自然的压迫性体系紧密相关的"（1997：195）。

著名生态女性主义学者普鲁姆伍德（Val Plumwood）将西方的二元对立关系特征概括为五大方面：①背景化和对依赖性的否认；②极端排斥和极端区分；③吸纳和关系性定义；④工具主义和对象化；⑤同质化和刻板化（1993：48-54）。成人和孩子的对立关系中也反映出这几大特点。首先成人否认孩子的能动性，只看到孩子需要保护的一面，没有认识到孩子也在参与人类历史的发展，他们也在影响我们的自我定位和社会关系，所以，孩子对社会的奉献被背景化了。其次，成人和孩子被认为是两大泾渭分明的人群，在法律上，一般以 18 岁为年龄分界线将两大群体分开。另外，成人和孩子互相需要对方来定义，但是前者优于后者，孩子被认为心智不成熟，需要成人保护。同时，孩子又是成人有用的工具，孩子是未来世界的栋梁，成人需要孩子接受社会文明教育后成为文化传承的接班人。最后，孩子被同质化，人们普遍认为孩子是天真无邪、塑造性极强的群体，而孩子的个人欲望、特性和能力往往被忽视；同时，社会教育体制也旨在以标准化的模式培养孩子，这种流水式作业的教育模式进一步加深了社会对孩子同质化的影响。

综上所述，考察成人支配孩子的关系应该成为生态女性主义责无旁贷的研究任务，因为成人中心主义和人类支配自然、男性压迫女性等等是紧密相连的，聆听孩子的声音、意识到他们的能动性是生态女性主义结束所有支配关系宗旨的必要组成部分。那么，塞林格的小说《麦田里的守望者》成为我们解读成人和孩子关系的很好的参考材料，帮助我们去解构和重构成人和孩子的二元对立关系，并加深我们对当代生态意识和教育理念的理解。

二、有声似无声

塞林格笔下的主人公霍尔顿已经是 16 岁的少年，书中充斥了他对成人世界的批判和诅咒，也夹杂着他向往童年、热爱自然的温情脉脉的言语。如果说整部小说是霍尔顿歇斯底里的呐喊，那么他发泄的背后是被压制的声音，所以，《麦田里的守望者》是一部有声似无声的作品，男主人公在想象空间中的嘶喊影射了他在现实生活中的无声。

首先，具有讽刺意义的是，小说中霍尔顿父亲的无声代表了实际生活中的有声，他在书中的角色缺位也是对孩子的情感缺位。霍尔顿提前离开了潘西中学，因为害怕回家面对父母，所以独自一人在纽约度过被学校开除后的情感低落期。霍尔顿偶尔会提到父亲，他的只言片语却向读者勾勒了情感上缺位的父亲形象：他在经济上支配霍尔顿的生活，却不能真正理解儿子的真实需要，更意识不到儿子有主宰自己生活的能力。霍尔顿提到父亲是公司的法律顾问，同时投资百老汇的演出事业，他所关心的是如何赚钱、如何让孩子上贵族学校、如何让家庭生活富裕。他是幕后操纵儿子的主宰者，霍尔顿则是舞台上的傀儡，他不能选择自己的生活，而只是任凭父亲从一个学校摆布到另一个学校去接受社会教育体制的标准化训练，从而成为父亲所需要的家业继承人。这种实用主义的想法也让霍尔顿成为受父亲支配的工具，当霍尔顿不遵循成人中心主义的社会规则时，那么他受到的惩罚就是被父亲"再痛骂"一顿，然后被"送到那个混账的军事学校里去"（塞林格 2010：181）。

至于霍尔顿的母亲，她身体羸弱、精神紧张，霍尔顿是这么描述母亲的，"她的神经衰弱的要命。整个晚上她有一半时间起来抽烟"（171）。霍尔顿也只用寥寥数语描绘了母亲，从小说推断，这位女性无权无力参与儿子的人生选择。霍尔顿提到自从兄弟艾里去世后，母亲的身体每况愈下，由于担心母亲因为自己开除学籍而伤心，霍尔顿不忍心她接受这种打击。同时，霍尔顿的母亲在儿子择校方面没有发言权，菲芘一再提醒"爸爸会要你的命"，隐含之意是父亲是一家之主，他负责支配家庭中的其他成员。从这方面讲，霍尔顿的母亲在家庭生活中的支配权是很有限的，她无力参与孩子人生的决策。但是她也没有跨过社会中成人和孩子的分水岭，从孩子的角度考虑他成长过程中的彷徨和渴望，她宁愿在舞会、抽烟和购物中排泄心中的忧郁，也不愿意去聆听霍尔顿内心的呼喊。因此，我们可以毫不夸张地说，霍尔顿的母亲也把霍尔顿视为没有主观能动性的个体，从而忽略了他抒发自己内心感受和情绪的需要，也忽略了他改变社会的潜在能力。

从上推断，在霍尔顿困惑的少年时期，父母的情感缺席清楚地表明他的声音在现实社会中毫无分量可言，他们对儿子的真实需要置若罔闻，从这种意义上讲，霍尔顿被"无声化"了。

和霍尔顿的父母一样，他的两位老师老斯宾塞和安东里尼先生也是成人中心主义的代表。首先，霍尔顿内心的呼喊被老斯宾塞忽视了。表面上，老斯宾塞似乎对霍尔顿的前途十分担忧；实际上，他是一位自以为是的老学究。他教训霍尔顿学业表现不佳，只是为了能够在霍尔顿"这位受制听众面前大谈特谈"，以满足自己的表达欲望（Baumbach 1964: 465）。所以老斯宾塞是一名夸夸其谈的"演说家"，而不是一位能够聆听霍尔顿内心声音的听众。他并未给霍尔顿提供任何有用的建议，他的话语只是让霍尔顿变得更加沮丧，"听上去好像我就要死了似的"（16）。这位迂腐的斯宾塞正是以一种成人的优越感凌驾于霍尔顿之上，他的"谆谆训导"无助于传道授业解惑，只能适得其反地打击霍尔顿的自尊心，使他关闭内心的闸门，不敢向这位老学究敞开心扉。

至于安东里尼先生，他和老斯宾塞一样，无法聆听霍尔顿内心的呼喊。表面上他是一位智者，能聆听完霍尔顿的愤世嫉俗的抱怨并给出相应的指导和鼓励。但是安东里尼本身的状况表明，他自己是一位不折不扣的理想主义失败者。他从一位名不见经传的中学老师摇身一变，成为知名的纽约大学教授；娶了一位比自己年长的富婆，住进了豪华公寓，并且还是网球贵族俱乐部的会员。从一定程度上讲，安东里尼放弃了自己的梦想，迷失在物欲的世界里，丧失了自己的精神寄托。所以，安东里尼这根最后的救命稻草只能让霍尔顿失望，因为往日的智者已经丧失了人生信念，泯没在虚伪的成人世界中，他不能了解霍尔顿内心的真实需求，也并未真正关注霍尔顿的内心呼声。

其实诸如此类的"无声化"现象在小说中比比皆是，霍尔顿多次在书中向他人求助，却屡屡碰壁。而与妓女桑尼和皮条客毛里斯的遭遇也恰恰证明孩子在社会中的生存地位。对性爱好奇的霍尔顿决定结束自己的处男生活，这时负责开电梯的毛里斯向他推荐了一名妓女。看到和自己年龄相仿的妓女桑尼，霍尔顿的怜悯之心油然而生，并将其视为诉说对象谈到内心的困惑。可是桑尼过早涉世，早已丧失应有的纯真，她只关心自己能否通过满足他人肉体的需要获得物质上的回报，所以无法当霍尔顿的聆听对象。毛里斯不满于霍尔顿给桑尼的酬报，对这位懵懂少年大打出手。毛里斯对待霍尔顿的粗暴行为体现了成人对待孩子的傲慢和自以为是的态度。霍尔顿在他的眼里只是一名幼稚的少年，毛里斯用体力上的优越凌驾于霍尔顿之上，所以他们之间的冲突实际上反映了成人和孩子之间的不平等关系。

综上所述，在纽约的经历中，霍尔顿还有许多问题没有得到解答，许多困惑期待排解，许多感情需要抒发，也有内心隐藏太久的声音需要倾诉。他曾经多次尝试说出他的所思所想，由于自以为是的大人们将其当作缺乏主观能动性的孩子，霍尔顿自始至终无法找到一名真心的听众。从这个角度来看，在旁人眼里，霍尔顿歇斯底里的呼喊似乎只是无理取闹，他愤世嫉俗的抱怨似乎是无病呻吟，由此可见，霍尔顿的"有声"其实似"无声"。

三、有声胜无声

根据生态女性主义学者克丝·沙的观点，孩子应当被赋予社会话语权，他们的衡量标准是"本身所做出的贡献，而不是变为成年人的潜力"（1997：203）。在小说中，虽然霍尔顿是一位问题少年，他身上的闪光点表明他也是个具有能动性的孩子。在他抨击庸俗虚伪的成人世界的同时，他也用温情脉脉的言语表达内心向往童年、热爱自然的渴望。他在现实世界中消声的无奈与他内心呐喊的欲望形成鲜明对比，而他看似狂人妄语的声音恰恰给我们传达了一条信息，那就是——有声胜无声。即使在现实世界中没有听众，霍尔顿的故事却让社会大众加深了对孩子们内心的需求、情感以及改变世界的潜能的了解。从这种意义上讲，霍尔顿的呐喊是有意义的，他向成人证明孩子具有亲近自然的天性，孩子身上具有改善世界的能动性。

在小说《麦田里的守望者》中，主人公霍尔顿对大自然的热爱及其渴望回归自然的强烈愿望跃然纸上。首先，小说中耐人寻味地多次提及霍尔顿对纽约中央公园浅水湖的鸭子如何过冬的关注。在与历史老师斯宾塞先生交谈时，霍尔顿突然想起中央公园里的野鸭，随后他在与两名出租车司机的交谈时又谈到野鸭的生存状况。然而，与霍尔顿形成鲜明对比的是那两名出租车司机——两名成年人，他们对鸭子的去向漠不关心，要么不愿作答，要么极其暴躁。霍尔顿与两位司机对待自然事物的截然不同的态度是整个社会孩子与成人行为的缩影——孩子们亲近自然，而成人们却漠视自然。在本质上，霍尔顿对鸭子无意识的发问实际上代表了所有孩子内心的呼唤，即他们渴望亲近自然的愿望。因此，从这个角度来看，"有声"胜"无声"。

此外，霍尔顿还时常流露出回归自然的愿望。在他眼中，自然是一个能使他摆脱所有尘世烦恼的天堂。与同学萨丽约会时，霍尔顿表达了回归自然的强烈愿望。他希望和萨丽一起隐居山林，远离喧嚣，摆脱社会束缚，过一种与大自然融为一体的生活：一位聋哑人建起一栋小木屋，自己做饭，同一个聋哑姑娘结婚。毋庸置疑，霍尔顿只能虚构出一个乌托邦的世界，因为历史不能重新书写，人类社会从荒野到乡村、从小城市到大都市的发展过程不能逆转。

但是，霍尔顿的愿望实际上传达了人类对消逝的童年精神和消失的乡村世界的渴望。在《生态批评的空间》一书中，国内学者鲁枢元记录了一段有关现代都市生活的对话，其中指出，城市生活"结束了人类种群的童年时代，也结束了人类个体的童年经验"（118）。这并不意味着城市中就没有自然的存在，只是因为很多人在物欲的驱使下疲于奔命，忘记了自己和自然的联系。比如霍尔顿在谈到作为律师的父亲的职业时，说律师们并不去"搭救受冤枉的人的性命"，而是"挣许许多多钱，打高尔夫球，打桥牌，买汽车，喝马提尼酒，摆臭架子"（187）。而霍尔顿的老师安东里尼先生，也已经放弃了自己的精神寄托而逐渐迷失在物欲社会之中——他娶了一位富婆，过起了奢侈放纵的生活。不难想象，在物欲横流的都市中，追名逐利的大人们已经忘记了内心对自然的渴望、忽略了自己和自然的联系。

另外，城市文明所赖以生存的是一种桎梏化的教育体制，这种教育体制是导致人类远离自然的另一原因。著名生态女性主义学家查伦·斯普瑞特奈克（Charlene Spretnak）认为，20世纪儿童的成长及教育理论以人类为中心："现代儿童成长在凌驾于自然之上的'玻璃箱'内"，这并非言过其实（1999：120）。在霍尔顿就读的潘西中学，他的两位老师斯宾塞和文森先生不是大谈"人生是场球赛，你得按照规则进行比赛"（塞林格 2010：9），就是教学生"统一和简化"（202）。对于一名教育者，如果他关心的是整齐划一的教学体制，那么他是无法关心个体的内心需求的，所以他所培养的学生也是无声的。另外，塞林格用浓墨描绘的迂腐老学究斯宾塞实际上是所有潘西中学老师伪善一面的影子，而这实际上也是霍尔顿时代"所有学校，甚至可以说是整个世界的缩影"（Baumbach 1964: 466）。在霍尔顿的世界里，"学校里的老师和家长强迫他读书只是为了'出人头地，以便将来可以买辆混账凯迪拉克'"（塞林格 2010：141）。所以，现行的教育体制旨在将孩子塑造为符合社会需要的接班人：即成绩突出、表现乖巧、有望成为社会精英人才的孩子。因此当代教育家大卫·哈金森（David Hutchison）指出，在很大程度上，当今学校局限于为振兴社会经济而输出人才，"忽略了与环境危机和人类破坏星球生态平衡这一角色有关的更本质的问题"，即培养孩子正确的生态意识的问题（1998：1）。在小说中，正是当今教育体制中的"败类"霍尔顿表达了这种社会亟需的生态意识。成长于纽约这个欲望都市的霍尔顿，他像所有孩子一样有过亲近自然的童年，当他内心的童年精神将要被城市文明发展和其所需要的教育体制所碾碎时，他用语言表达自己对自然的留恋，即使这种留恋需要建立在虚幻的乌托邦世界，他也无怨无悔。从这种意义上讲，霍尔顿表达内心对自然的眷恋证明"有声"胜"无声"。即使在他的现实世界中无人能理解他对野鸭的关心，即使他建构的乌托邦世界显得幼稚可笑，霍尔顿的声音却在当今环境危机严重的世界中获得了读者的共鸣。比如宁云中认为，霍尔顿回归自然的愿望也是"实现诗意生存"的美好梦想，麦田不仅象征着清纯质朴的童年时代，也是自然的缩影（塞林格 2010：93）。

正如克丝·沙所言，生态女性主义应该构建"以联系、多元、融合、改变为核心的生态伦理"（1997：204）。在构建这种生态伦理的过程中，我们需要孩子的参与，而不能将他们当作成人世界的附属物，只有这样，才能真正实现多元和融合的目标，才能真正推进世界的改变，建立人与自然紧密联系、和谐相处的生态网络。从这种意义上讲，霍尔顿的呐喊并不是狂人妄语，他的"有声"胜"无声"。

霍尔顿的内心呼喊表明人们应当赋予孩子们更多的话语权。人们应该努力发掘出孩子们身上的创造力，从他们身上找回遗失的童年精神，重新认识到自己是自然的一部分。如果说过去生态女性主义一直以来都把关注的焦点放在人与自然、男人与女人以及白人与有色人种的二元对立上，现在我们需要用联系的、多元化和融合的观点，将孩子的生存状况作为研究内容的一部分，认识到孩子对生态社会的贡献。只有这样，我们才能真正缓解当前的生态社会危机，建立一个人与自然和谐共处的未来世界。

从这个角度来说，克丝·沙的理论的确是独具开创性的。用她的理论作为本文的理论基础，对小说主人公霍尔顿的生态女性解读让我们发现孩子们身上的闪光点并了解他们改变世界的潜能。因此，霍尔顿的呐喊是有意义的，他的"有声"胜"无声"。

第四章

生态批评的种族维度

第一节　生态批评的种族维度研究

生态批评与种族研究的主要结合成果就是后殖民生态批评理论的萌芽与发展。2004 年，澳大利亚学者格雷姆·哈根提出对生态批评与后殖民批评进行交叉研究的可能性，认为二者的成功结合有望"促进政治思考，开辟新的美学空间"（701）。哈根指出学术界的研究趋势已经为两种批评理论的融合奠定了基础，一直注重社会研究的后殖民批评在 20 世纪 90 年代已经开始关注西方殖民主义给第三世界带来的环境破坏，而跨国公司对当地资源的掠夺也进入人们的视野；同样，环境批评中也出现了"后殖民转向"（postcolonial green），人们开始不满生态批评舞台上西方白人学者的"独唱"局面，提出发达国家的环境主义并不是放之四海而皆准的真理，指出恃强凌弱、导致当地生态社会危机的"生态帝国主义"（ecological imperialism）的危害性（2004：702）。如果生态批评与后殖民理论进行"嫁接"研究，可拓展的领域涉及以下几大方面：①针砭不同历史阶段以发展为目标的资本主义意识形态；②展示不同地域的传统环境文化；③为当前的生态批评讨论提供思考，比如全球性的生态伦理思考是否可以无视本土环境历史文化的问题；④解构理性／情感的二元论，质疑当前环境主义对原住民生态文化的理想化现象；⑤"他者"的建构中存在的代言问题；⑥利用环境想象建立一个伸张全球社会生态正义的未来社会（2004：720）。在之后的 10 年中，后殖民生态批评的研究得到了飞速的发展，尽管它并不一定被学者接纳为生态批评中的新方向，但正如哈根所言，该理论推动了后殖民批评"成功地扩充其环境研究"（2004：702）。

2010 年是后殖民生态批评研究硕果累累的一年，有 6 部专著或论文集出版，其中哈根与加拿大学者海伦·提芬（Helen Tiffin）合作出版的《后殖民生态批评：文学、动物与环境》（*Postcolonial Ecocriticism: Literature，Animals，Environment*）堪称后殖民生态批评的奠基之作。专著首先指出后殖民生态批评的核心概念就是揭露种族主义与物种主义的共谋关系，换而言之，"殖民意识形态体现在人类中心主义与欧洲中心主义之间不可分离的关系上"（2010：5），即人类对自然的支配关系与帝国主义推行的种族歧视是一脉相承的，因此，后殖民生态批评作为文学批评需要承担解构和重构这种共谋关系的美学功能，还要考察其"社会政治意义"，从而推动世界的"物质改变"（2010：14）。专著的主体部分从两方面介绍。首先，考证后殖民主义与环境的关系需要批判性思考"发展"（development）与"土地权"（entitlement）的定义。西方资本主义致力于建立和维护创造社会经济效益的世界市场体系，这种发展至上的观念实际上是一种唯利是图、劫贫济富的"新殖民主义"，它以扶持第三世界为名义，与地方政府建立各种商贸合作关系，实质上却借用跨国公司将影响深入发展中国家，剥削当地劳工，掠夺环境资源，转嫁生态危机，积累巨额财富（2010：30）。这种全球性资本主义就是旧殖民主义的新时代变异，它破坏了第三世界的传统农耕经营模式，取而代之的是工业经济，导致发展中国家环境恶化、社会矛盾加剧，这是一种世界范围内社会非正义与生态非正义的集中表现。另外，哈根与提芬以"田园"为关键词考察了"土地权"的不同定义，对西方殖民者而言，土地权是一种对土地的拥有关系，而对很多被殖民者而言，它指代包含地方归属感的家园概念。西方文化中根深蒂固的田园情结在后殖民背景下却隐藏着血腥的暴力，当殖民者致力于建构失去的伊甸园时，这是以摧毁被殖民者家园为代价的。其次，哈根与提芬在专著中探讨了动物研究与后殖民的关系。在推崇理智、贬低身体的西方传统中，动物是愚笨野蛮的，因此具有智慧的人类是优越于其他动物的，所以殖民者大肆掠夺殖民地的环境资源，比如进行象牙贸易。但是人们发现动物也是会思考记忆的，比如大象与自然世界之间存在一种灵性的交流。另外，哈根与提芬也指出"食人"（cannibalism）与"食肉"（carnivory）的两个定义是西方霸权主义控制社会话语的体现。为了妖魔化原住民形象，殖民者给他们贴上"食人族"的标签，以证明他们的野蛮无知；"食肉"一词反映了西方殖民者对动物的支配关系，他们以此将自己区别于原住民，从伦理道德上标榜自己的优越性，与此同时又以侵犯动物权利来解释对动物的支配权。最后，哈根与提芬也指出动物和人类一样具有能动性，我们与动物之间具有情感的纽带关系，因此我们要消除人类中心主义，认识到人类与动物之间在生态网络中的相互平等的关系。

2010 年出版的另一部专著《后殖民环境：自然，文化与当代英语印度小说》

（*Postcolonial Environments: Nature, Culture and the Contemporary Indian Novel in English*）也颇具代表性。作者沃帕马努·帕布洛·穆克荷吉（Upamanyu Pablo Mukeherjee）很明确地指出"后殖民"并不指代西方帝国主义统治的结束和亚非拉美国家独立的开始，而是"欧美核心成员国组成的卡特尔对以前的殖民地人类与非人类自然不断进行剥削压迫的升级版"（2010：5）。典型的案例涉及各种以保护自然为借口而驱逐当地居民、破坏栖息地的行为，比如美国为建设黄石公园驱赶大量的印第安人，游人蜂拥而入并没有实现保护生态的目的，印度以保护老虎栖息地为名义对难民实施暴力，对保护区的老虎进行救护却对野外的孟加拉虎生存状态视而不见。穆克荷吉采用马克思主义生态批评对一系列当代印度小说进行评论，并建议建构一种生态唯物主义美学原理（an aesthetics of eco-materialism），主要探讨：

> "人类与环境、历史与自然的根本统一关系；人类与环境通过各种劳作方式建立的持续、变化和差异性联系；物质环境对人类认知过程与前期相对被动的认识过程所起到的核心作用；环境对所有人类文化活动所提供的特定条件。"（2010：63）

两本具有代表性的论文集包括：伊丽莎白·德罗戈里（Elizabeth DeLoughrey）与乔治·B·韩德力（George B. Handley）主编的《后殖民生态：环境文学》（*Postcolonial Ecologies: Literatures of the Environment*），以及邦尼·露丝（Bonnies Roos）与亚历克斯·亨特（Alex Hunt）主编的《后殖民绿色：环境政治学与世界叙事》（*Postcolonial Green: Environmental Politics and World Narratives*）。值得指出的是，德罗戈里与韩德力强调"景观参与历史进程"的能动性，从而反驳了人类书写历史的论断，她们认为后殖民生态批评并不是简单地将后殖民批评方法应用于人类物质世界，也要考虑"超越人类时间与政治利益的生态系统运作方式"（2010：4）。与上面穆克荷吉提出的美学原理相对应的是德罗戈里与韩德力提出的"地球美学"（aesthetics of the earth），它反对建立一种全球普适性环境伦理，尤其从欧美利益出发提出的环境保护原理不一定适用于发展中国家，因此考虑差异性的本土化非常重要（2010：28）。露丝与亨特也指出当前的国际关系是殖民关系的延续，形式上虽然不再是军事占领和政治支配，但是经济上的控制还是以支援发展中国家为名义而进行的资源掠夺和劳工剥削。他们主编的论文集以地域划分为不同章节：亚洲和南太平洋、非洲、北美、南美与加勒比海，以此展示西方帝国主义的全球性的持续影响以及世界学者就后殖民生态问题进行对话的必要性。

总体而言，后殖民生态批评在近十年来得到了飞跃的发展，它颠覆了生态批评早期西方白人学者的主导地位，以更全面、更深入的方式对西方全球资本主义体制进行了批判；它将有色人种与非人类自然他者变为叙事中心，从历史发展的角度审视传统殖民者与被殖民者在当代全球化背景下关系的演变以及环境变化的历史进程。

第二节 生态后殖民主义视域中的《毒木圣经》

出于"对文化帝国主义与后殖民历史的浓厚兴趣",当代美国女作家芭芭拉·金索尔弗(Barbara Kingsolver, 1955-)根据幼时亲身经历,查阅大量文史资料,经过10年的养精蓄锐撰写了长篇巨著《毒木圣经》(The Poisonwood Bible, 1998)("FAQ")。该书广受评论界的青睐:Esler将小说称之为"后殖民文学中最宏伟的著作"之一(1999:12),李·西格尔认为金索尔弗凭此作品可以跻身于"我们整个时代最伟大的政治作家之列"(Siegel " Sweet and Low ")。在书中,金索尔弗将刚果20世纪60—80年代长达30年的历史变迁浓缩于小说中,其锋利矛头直指西方帝国主义国家的丑恶嘴脸,她尤其针砭了"后殖民文化与帝国主义研究中缺失的美国"形象(Kaplan 1993: 17)。早在1993年,艾米·开普兰在《美国帝国主义文化》中指出,"帝国"历史研究聚焦于欧洲的版图扩张和新殖民主义干预,忽略了美国在其中推波助澜的作用,美国在研究中的缺位源于英国殖民历史中的受害者身份,而19世纪美国的领土扩张又被所谓西进运动的文明推进所掩盖,"二战"后美国对独立运动中崛起的第三世界采取的政治干预又往往披上了经济扶持、科技创新、文明救世的虚幻外衣。在这种情况下,人们有必要审视这种文化研究上的盲点,了解"海内外扩张、征服、抗争与抵抗交融的历史,正是这些历史塑造了美国文化,并使之凌越于境内外的其他文化之上"(Kaplan 1993: 4)。有鉴于此,1998年问世的《毒木圣经》可以说为包括美国在内的帝国主义文化研究提供了有力证据,而书中帝国建构与田园想象的张力构成从后殖民生态批评角度解读小说的重要维度:一方面,帝国的建立依赖于田园想象,扩张所依存的种族歧视与物种压迫需要文明救赎与秩序建立作为先锋铺垫;另一方面,帝国建构又催生出反殖民的田园想象,人们在颠沛流离的错位生活中依旧心怀对家园的渴望。从生态后殖民主义视角解读《毒木圣经》,希望与前面章节中从生态女权主义视角的分析形成对比,让读者看到该

书内容的丰富性以及从不同生态批评视角解读同一文本的批评方法的差异性。

一、帝国建构与田园书写

一定程度上，21世纪兴起的后殖民生态批评为近30年方兴未艾的生态批评注入了新的活力，成为其第三波浪潮中全球视野研究的重要部分（Buell 2011: 99）。作为后殖民生态批评奠基者，澳大利亚学者格莱汉姆·哈根与加拿大学者海伦·提芬在其代表作品《后殖民生态批评：文学、动物、环境》（2010）一书中指出，环境正义与社会正义、物种主义与种族主义有着本质的联系，重新定位人类在自然中的位置需要人们重新审视"人类与自然的对立思想与从帝国主义侵略至今的殖民主义和种族剥削的共谋关系"（2010：6），而田园书写是考察这种关系的方式之一。表面上，后殖民视野中的田园书写模式显得不伦不类，有小资情调与逃避社会现实之嫌。可是，田园想象具有两大优势：①它是作家寻求"更公正社会、更环保意识的替代世界"的策略措施，也许这种书写蒙上了乌托邦般的梦幻色彩，但是这种理想主义却有着"建构美好新世界"的潜力。②有助于"揭开殖民与后殖民语境下所有权与归属感的张力"，面对饱受蹂躏的家园，人们只能带着对祥和田园的憧憬维持艰难竭蹶的生活，所以这种田园想象隐匿着暴力血腥的幢幢鬼影，也是人们内心渴望回到地方家园的写照（2010：84-85）。

需要指出的是，在提出田园书写的两大优势时，哈根和提芬忽视了帝国建构本身所依存的伊甸园神话因素，进而忽略了帝国成员田园想象的理论价值。美国生态学者卡洛琳·梅茜特（Carolyn Merchant）在其著作《再创伊甸园：西方文化中的自然命运》（*Reinventing Eden: The Fate of Nature in Western Culture*）中指出，"恢复伊甸园故事是西方文化的主流叙事，也许也是人类解释自己与地球关系所创造出来的最重要的神话"（2003：3）。如果说"驯服荒野、消灭野人和奴役黑人"是白人将美洲新世界创造成"殖民伊甸园"的重要部分，那么美帝国在全球的势力扩张也是创造"殖民伊甸园"的延续拓展（2003：163）。所以，从后殖民主义视角辩证分析田园书写是必要的，单纯分析被殖民他者对美好家园的希冀具有一定的片面性，应该认识到殖民者将伊甸园神话嫁接到第三世界的严重后果，以及心存良知的帝国公民对此的追悔反省和促进和平的新田园想象的内在价值。这种换位思考是帝国公民参与世界后殖民对话的不可或缺部分，也是殖民者田园书写代表作品《毒木圣经》想传递的信息。它表明"殖民伊甸园"神话的创造不仅破坏了第三世界的生态系统与社会文化，而且使参与帝国创造的成员丧失地方归属感，同时也有可能成为建构救赎自我和他者的新田园想象空间的内驱力。

二、伊甸园的重建

正如哈根与提芬所说，"没有政治斗争的田园诗是不存在的"，任何田园想象都隐含对失去之物的怅惋或对所需之物的欲望，人们既要考察其中的"情感因素"，又要以"质问模式"挖掘其内在的政治因素（2010：120）。那么，《毒木圣经》本身作为对西方经典《圣经》的戏仿和解构，正是以独具匠心的安排（小说共分七部分，除了最后一部分以外，第一、二、三、五部分的标题直接源自《圣经》：如"第一部：创世纪"、"第二部：启示录"、"第三部：士师记"和"第五部：出埃及记"；第四、六部的标题是对《新约外传》的借用：如"巴尔与毒蛇"和"三童之歌"），揭露了一个帝国版的伊甸园建构和衰败过程，同时也赋予其新的田园想象空间，展示非洲反殖民的巨大潜力，以此揭示田园想象的政治内涵。

在书中，美国普莱斯家的浸礼教牧师纳森与其说是代言上帝之言的牧师，不如说是一位觊觎创造人间伊甸园的上帝。一定程度上，"宗教布道的虚伪在于为少数当权派的利益牺牲大众，横向比较传教士的态度与殖民帝国主义思想，可以看出二者有着一脉相承的关系"（Ognibene 2003: 20）。纳森作为美国帝国主义的代表，将个人意志强加到非洲人身上，作为西方尤其是美国帝国主义代表，他将以文明发展为目标的伊甸园神话嫁接到对非洲刚果人民和土地的驯服实践中，为帝国建立铺垫道路，同时也埋下了颠覆帝国的祸根。

对纳森而言，驯服野蛮的非洲人与征服刚果荒野是创建伊甸园使命中难以分割的部分。为了挽救那些赤身裸体、大多数目不识丁、盲从迷信的当地居民，他相信只有基督教能帮助他们"摆脱邪恶、走出黑暗、拥抱圣父之荣光"（Kingsolver 1998: 28），而在蔓草丛生、气候无常的非洲开拓一片美国式的菜园就是上帝荣光"奇迹"再现的试验地。如果这项"将野性十足的荒野变成菜园"的试验成功，那么刚果人自然会心悦诚服地来到上帝的怀抱（36）。可是这片想象中的微型伊甸园实验在屡屡受挫后以失败告终：在丛林中开垦土地时不听当地人劝阻的纳森身染毒木汁液，眼睛红肿、全身出脓；整理成平地的菜园被大雨冲成一片狼藉；按照当地做法在土堆上种菜看似即将成功，可是郁郁葱葱的番茄树和豆角藤却因为没有传授花粉的昆虫无法结出丰收的果实，整个菜园就像摆满鲜花的"殡仪馆"（77）。执意验证基督的仁爱慷慨，纳森又不惜动用炸药将河中成千上万条鱼炸死，吸引食不果腹的村民参加一场大快朵颐的复活节野餐，以此驯服他们成为基督教徒，可是"丰盛的饮食演变为铺张浪费的节日"，连续几周整个村庄都弥漫着死鱼的腐臭（70）。为了阐释无处不在的奇迹，纳森还编造了一个有关传送皮带损坏的梅赛德斯卡车的故事：12 位黑人孩子用非洲象草编织成一条条坚韧的传送皮带，使卡车得以前行，表面上这展示了"上帝的伟大之处"，实际上揭示了纳森内心征服自然和黑人的欲望（75）。梅赛德斯卡车是西方文明的象征，只有白人奴役那些像孩子般愚笨无知的黑人、征服非洲象草所代表的自然，才能让庞大的西方帝国继续发展，才能让《圣经》中失去的伊甸园得以重建。

可是，以征服他者和掠夺资源为基础的帝国注定危如累卵，而作为西方帝国主义的代表，纳森所谓"拯救黑暗"的神圣使命却是使当地居民陷入黑暗的精神枷锁。当他咆哮着"耶稣是 Bangala"时，他所模仿的当地发音已经使 Bangala 失去"神圣宝贵"之意，表达的却是"毒木或有毒"的意思，因此他所宣扬的《圣经》也成为《毒木圣经》，他所希冀的伊甸园也只是一厢情愿的产物。为了让村民的孩子皈依基督教，纳森已经到了丧心病狂的程度。由于浸礼是其教派教义规定的必须程序，纳森数次怂恿村民将孩子带到鳄鱼出没的河边；一再遭到拒绝后，纳森仍然心存不甘，在自己最小的女儿鲁斯·梅的葬礼上，他完全没有失去女儿的哀伤，却在瓢泼大雨中欣喜地为送别女儿的村民孩子擅自实施浸礼；遭到驱逐后，纳森又继续到其他村庄传教，最后，因为多名孩子无故溺亡或葬身鳄鱼之腹，愤怒的村民手举火把，将纳森驱赶到咖啡园的木制瞭望塔，纳森最终在所谓的"荣耀之火"中结束其一生（488）。具有讽刺意义的是，纳森的悲惨结局也是伊甸园田园想象和帝国终结预兆的缩影。咖啡园本可以唤起人们对田园生活的憧憬，可是作为比利时殖民者的遗留物，它却是白人压榨黑人、掠夺资源的见证地，比利时监工正是站在这座已经摇摇欲坠的瞭望塔上，严密监视所有摘咖啡豆的工人，对于那些稍有懈怠的黑人，西方资本家的走狗将其鞭打至皮开肉绽以作为警示，而大量的咖啡豆出口又为西方帝国的扩张打下了经济基础。比利时在刚果殖民统治的结束很快被美帝国主义的干预所代替，纳森作为美国帝国建构的参与者，他的死亡也传达了作家对终结帝国主义时代的强烈愿望。

应该看到，这种愿望的表达来源于对历史的反思，其中很重要的一点就是揭示伊甸园神话与帝国建构的张力。梅茜特曾说过，西方文化中的"发展性叙述"宣扬经济腾飞、社会发展的进步模式，企图以此实现人造伊甸园的梦想，却往往以过度发展、资源匮乏、严重污染、种族排挤等为高昂代价（4）。西方帝国主义国家以发展至上为原则推动了自己家园的飞速发展，同时以促进第三世界发展为幌子掩盖自己扩张帝国的豺狼野心。比利时放弃对刚果的殖民统治后，美国大力干预刚果内政，扶持傀儡政府，使其甘心为美帝国的扩张服务，建立各种基础设施，从而加快对刚果矿产资源的掠夺，这种以帮助刚果发展为借口的后殖民统治在本质上与比利时毫无差异：美国和比利时一见到刚果的版图，就会"放弃谦谦君子之间的侃侃而谈，垂涎三尺地舔舐桌子上的地图，企图将其瓜分"（317）。对他们而言，真正的伊甸园就是自己的家园，只有将自己的利益凌驾于其他地方之上，通过抢夺他国自然资源发展强大自己的家园，才能将《圣经》中失去的伊甸园重新建立于飞速发展的西方社会。

从这个意义上讲，普莱斯家的大女儿拉切尔在小说结尾中经营的豪华宾馆就是这种西方伊甸园的象征。种族歧视严重、举止轻浮、以美色斡旋于男人世界的拉切尔像"统治小国一样"经营着坐落于刚果共和国①的"赤道宾馆"（512）：宾馆远离城区，橘树成荫、椰树环抱，这里有学舌的鹦鹉、顽皮的小猴和灵巧的狐狸，厌倦城市生活的人们可以在微风习习、鸟语花香中体验温馨的田园生活。可是，这座伊甸园是白人的温床，对黑人和动物而言，却是失去自由的牢笼。宾馆仅招待白人中的商贾权贵，他们平常奔跑于各种搜刮民脂民膏的工程活动之中，疲劳之余到拉切尔的宾馆享受短期的田园生活，也是一种奢侈糜烂的生活。黑人佣工的一举一动都处于拉切尔的严密监视之下，对拉切尔而言，黑人就是邪恶的化身，在宾馆这个小国中，"任何人都会在你背转身时顺手牵羊偷点东西"，或是在修建泳池时偷工减料（512）。拉切尔的伊甸园也并不是动物的安乐所，猴子和狐狸豢养于牢笼之中供人观赏，对屋顶上窸窸窣窣自由穿梭的松鼠，自诩热爱动物的拉切尔却会愤怒地大吼："闭上你该死的嘴。"（465）鉴于以上，尽管拉切尔的宾馆坐落于刚果，它却是西方帝国的缩影，白人以剥削当地民众、掠夺当地资源换取自己家园的奢华舒适。如果说拉切尔认为外在的世界丑陋不堪，唯有紧锁大门，严加防范，才能"让自己的小地盘日趋完美"（516），她没有意识到自己的微型伊甸园恰恰是藏污纳垢之所，是丑陋邪恶的集结地。同样道理，西方帝国的伊甸园也是贪婪野蛮邪恶的象征，它掩盖了对弱势群体的欺压和对他国自然资源的掠夺，很多白人根本没有意识到自己只是"嫁接到一棵好树上的枝杈，是非洲伟大的根基支撑着"他们（258）。从这个意义上讲，伊甸园神话给西方帝国扩张的暴力行径披上了浪漫化的外衣，只有揭示神话的本质，才能将包括美帝国在内的西方帝国主义势力的本质暴露于日光之下。

三、新田园想象的建构

与纳森和拉切尔掩盖帝国征服欲望的田园想象截然不同的是，普莱斯家母亲欧莉安娜和双胞胎女儿——利亚与艾达作为同情黑人、喜爱自然的代表，经过非洲经历的洗礼，逐渐萌生了各具特色的另一种田园想象。在她们的想象空间中，非洲不再是任由西方帝国主义者宰割的对象，不再是"缺乏合作或反抗意识、没有能动性的地方"，而是在历史长河中久经磨炼、伤痕累累却仍旧满怀希望的主体（DeLoughrey and Handley 2011: 19）。她们对新世界的阐释也构成了哈根和提芬所提倡的"后殖民生态伦理"，即"推翻欧洲中心主义意识形态的伦理，而殖民主义统治、对种族他者的支配与自然的征服构成该意识形态的重要部分"（qtd. from Roos and Hunt 2010: 3）。

《毒木圣经》以欧莉安娜的田园描写开篇。回首往事，普莱斯家的这位母亲仿佛带着四个女儿来到非洲森林野餐，深切感受着每一寸土地焕发的生命力：枯骨般的毒蛙将卵产在树叶上，蜿蜒的树藤为争夺阳光盘旋而上，一群蚂蚁咬断参天大树，枯树桩中长出一排小嫩芽。森林里没有绝对的强者和弱者，就像社会中没有绝对的中心和边缘一样，万物互相联系，互为依托，遵循新陈代谢自然规律的同时享有共同生存的平等权利。西来诺与德鲁丽曾经说过，"后殖民生态批评的一大要点是放弃对天然风景的怀念"，因为这种所谓的天然风景已经打上了文化的烙印，而西方帝国的统治也早已践踏了殖民地的天然景观（Cilano and DeLoughrey 2007: 79）。从这层意义上讲，欧莉安娜回忆中看似安静闲适的田园风光具有一定的政治内涵，它暗讽了西方中心主义思想中鄙视自然力量的傲慢，并从正面折射出自然万物平等的后殖民生态伦理。当然，谈及非洲的自然也无法脱离论述殖民历史和后殖民干预，因此所谓祥和的田园风光其实隐藏着血腥的暴力。美丽的霍加比鹿②与欧莉安娜隔河相望，然后旁若无人地继续喝水，这种人与自然和谐相处的田园画面很快让位于美国博物馆中的一幅残酷场景：被刚果人奉为神奇之物的霍加比鹿被闻风而来的西方白人宰杀风干，陈设于博物馆中供人参观；茫茫林海中的树木"曾经为生灵遮风挡雨、曾有蛇在树枝上蜿蜒爬行"，现在却成为瓜分刚果的殖民主义者所用办公室墙上的嵌板（317）；动物们本应该在辽阔的非洲大草原上自由驰骋，却成为"比利时人炫耀打猎技能"的猎物，陈列于墙上的犀牛头和猎豹头也成为帝国主义者蹂躏自然的罪证（318）；当外面弥漫着"暴风雨前的气息、沟渠的味道和烤玉米的香气时"，白人们却私自盘算帝国中"河流、森林、大洲与海洋"的瓜分方案，而墙上风干动物的"玻璃眼和曾经齐根砍断的参天大树"就是这场交易的见证者（318）。透过这一幕幕暴力肆虐的田园描写，我们能够理解后殖民生态批评对前期生态批评最大的诟病："其提倡者忽视了其书写中对占领新领土的白人男性主体理所当然的接纳"，即高谈阔论安谧祥和的原始风光，逃避白人对有色人种与自然大开杀戒的血腥过程，"抹杀了帝国扩张中白人共谋参与的历史"（Cilano and DeLoughrey 2007: 73）。

如果说欧莉安娜想象中的非洲更多的是一种野性活力与遍体鳞伤的结合体，双胞胎女儿之一艾达的田园想象则充满了艺术的灵动和科学的理性。虽然艾达身有残疾，但是酷爱文学作品，精通数学和语言学习。在她眼中，非洲起初更像一幅印象派的画作：朝阳将刚果抹成诱人的粉色，村里袅袅炊烟、鸟儿鸣唱、公鸡打鸣，宽阔的红色土路蜿蜒曲折，顶物行走的女人们"就像舞台上的芭蕾舞蹈演员"，红土房子后面长着一排排密不透风的高高象草丛，河对岸青山绵延，与蓝天相接（31）。这种从观察者角度对非洲艺术般的描绘很快让位于探索者对当地人文地理状况的现实考察。尽管行动不便、当地传染病肆虐，好奇的艾达还是不断扩大自己探险的范围，以包容理解的态度洞察周围的一切，所以她的描述也往往偏向于客观写实：在田地里劳作疲倦的女人们相继起身站立，将缠身的衣装解开再系上，就像"翅膀一张一合的蝴蝶"，长着粉红象牙的象群在森林里安静地走动，个子矮小的俾格米人微笑时露出尖尖的牙齿，一群男子在树林中秘密集训（137）。与妄自尊大、偏见严重的父亲相比，艾达以平等的观念看待非洲的万物，这段非洲的经历以及后期美国的医学专业学习与生物学研究更使其坚定了这种想法，所以她萌生的田园想象与万物平等的观念密切相关。在一定程度上，艾达所构思的新世界是对《圣经》中创世纪的改写。如果说《圣经》中创造万物的上帝高高在上，那么艾达的想象中"上帝就是万物，上帝是病毒……上帝是蚂蚁"（528）；如果说西方人普遍认为万能的上帝创造了伊甸园和人类，那么在进化论影响下的艾达用科学的理性将非洲视为人类的发源地：非洲的大裂谷走出了能直立行走的原始人类，他们制造工具、创立最老的宗教——伏都教（被西方人称为"巫术"）、敬畏生灵与死者、"具有强烈的土地归属感并深度嵌入食物链"（528）；"人类与害虫不分胜负，在大裂谷湿润的土壤中一起茁壮成长，在五百万年的历史长河中互为伙伴"（529）。尽管非洲备受西方帝国主义者践踏，但是它并不是忍气吞声的受害者，它有"上千种净化方式，军蚁、伊波拉病毒、艾滋病：这都是清理空间的自然产物……一旦寄主灭亡，寄生虫也毁在旦夕；消灭我们的寄生虫也将很快与人类同葬坟冢，所以捕食者与猎物之间的竞争总是难决雌雄"（529）。艾达的田园想象影射了西方意识形态中的人类中心主义，以万物平等的观念替代了人类优越于自然的傲慢，所折射的后殖民生态伦理也传达了西方帝国终将坍塌的信念。正是出于对非洲的同情，艾达弃医从事非洲病毒研究，为减轻当地民众生活疾苦做出应有的贡献。

艾达的双胞胎姐妹利亚是普莱斯家中与非洲结下最深情缘的成员。姐妹俩都能用包容理解的态度接纳异国文化与自然环境，不同之处在于艾达倾向于用客观的观察与理性的思考建构新的田园想象，那么利亚更喜好感性地表达对西方帝国主义的憎恨和对非洲土地与人民的热爱，所以她的田园想象倾注了她对重构非洲、让其摆脱西方帝国控制、让人民在亲近土地过程中诗意栖居的美好愿望。对于少女时期的利亚，陌生的刚果并不是让人望而生畏的洪水猛兽之地，相反，它有时甚至是"神圣的天堂"（103）：在美国超市才能买到的香蕉、芒果、鳄梨却是刚果野外随处可见的天然免费水果；深秋时分，各家房前院后原本奶绿色的灌木丛仿佛突然之间绽放出一品红的颜色。虽然刚果当地的女性歧视严重，利亚却有机会放纵自己假小子的性情，爬树摘果子，射箭打猎物。因此即使当地毒蛇横行、疾病肆虐、灾害不断，利亚逐渐热爱这片土地，而她所萌生的田园想象也与她的开放性思维不可分割。擅长聆听和学习的利亚在与刚果年轻教师安奈泰勒的交往中，逐渐从更深层次了解非洲，从而丰富了她对非洲新世界建构的田园想象。对西方帝国主义者而言，非洲是"偷偷交易的无情矿物和闪亮钻石",但是"刚果就是我们(指代刚果人民)",是由辛勤劳作、亲近土地的人民组成(231)。这里没有美国兜售琳琅满目食品的超市,但是人们知道食物来自于亲自耕作的土地,能确保食物可以安全食用;这里也没有美国的大农场,美国的农民"像宝座上的君王一样端坐于拖拉机上,征服一望无垠的土壤"(283),与拥有土地的美国人相比,在刚果,"土地拥有人们":"四周环绕着浓密潮湿的深草丛林,人们就像小鼠一样在黑暗小径上穿梭来往(283);在美国,人们好像是自然的支配者,可以让自然随其所变:修建城市、驾驶汽车、种植庄稼,可是"刚果却是桀骜不驯的地方",人们刚想在开垦出的荒地上种植庄稼时一场暴雨就会将之冲洗为泥河,或者蔓生的草藤将其变成自己的领地(284)。正是出于对刚果的热爱,利亚不能自拔地爱上为国家独立自由铤而走险的黑人安奈泰勒,并与之结婚生子,为心目中的刚果田园世界倾注余生的热情。她诅咒独立后的蒙博托政府,这个傀儡政府将西方殖民主义者命名的地方恢复为刚果祖先使用的地名,表面上仿佛"能为人民摆脱国外统治",可是不仅抹杀了刚果在西方帝国建立过程中作为受害者的历史,而且企图掩盖该政府与西方资本家狼狈为奸的丑恶交易:刚果满目疮痍,人们苟延残喘于纸片木板搭建的贫民窟时,蒙博托为中饱私囊"却对掌控非洲钴矿和钻石矿的美国卑躬屈膝"(284)。利亚与家人在美国衣食无忧的短暂生活并没有使她放弃对田园梦想的追求,即使美国具有领先世界的教育环境和科技水平,可是这里已经失去了泥土的芬芳,"杂货店一个过道中的食品是在刚果一辈子也难以见到的,可是空气里面仅仅飘散着淡淡的消毒水气味"(467)。

对于利亚而言,即使在非洲因为国内动荡需要过着漂泊不定的生活,她的田园想象也要扎根于刚果。利亚如痴如醉地聆听丈夫讲述刚果辉煌的过去:500年前葡萄牙人第一次涉足刚果时,他们惊讶于其高度发达的文明——皮肤黝黑的人们身披高贵锦缎,雕琢红木黑檀雕像,锻造铁器工具武器,建设高效政府管理机制。在沉醉中,利亚与丈夫编织了一幅诗情画意的田园油画:一对新婚夫妇背着新摘的坚果和兰花一路哼唱,森林里千年大树参天,蜥蜴和小猴在树上过着悠闲自在的生活,雨滴降落在密集的树叶上,散落成薄薄的轻雾,女人握住长裙的裙摆,小心翼翼地走过藤蔓编织而成的荡桥。可是在现实中,田园梦想中的辉煌文明被西方帝国主义者奚落为落后的"原始"生活,"传教士们在海边举行大型弥撒,将皈依基督教的人们送上开往巴西甘蔗园的船只,让他们成为商业农业之神的奴隶"(522)。非洲也成为帝国主义者攫取矿藏的来源，在政治经济上受美帝国主义控制的非洲，人们渴望的田园生活只能是乌托邦式的梦想。被逼无奈生活于安哥拉与刚果边界的利亚一家过着艰辛的生活，即使田园生活遥不可及，利亚和家人却从未放弃追求的努力。利亚向无家可归的人们传授可持续农业耕种方式，教他们种植柑橘，使用粪肥，了解营养知识。梦想中的田园生活无法以西方模式为范本，西方拥有肥沃平整的土地，耕种大片的庄稼易如反掌，在气候无常的非洲，人们需要"新农业、新规划、新宗教"（525），而不是所谓放之四海而皆准的耕作模式。人们只有熟悉当地的历史地理、环境气候，才能让这种田园梦想走近现实，才能进行一场后殖民生态批评所宣扬的"有关本土与全球知识多元生产的开放性对话"（Cilano and DeLoughrey 2007: 74），即在后殖民语境中，人们既要了解全球化的影响，又要熟知当地的具体情况，只有这样，才能建构适合当地发展、顺应人民需要的田园世界。利亚的田园梦想不仅植根于非洲，而且旨在颠覆西方中心主义，她痛恨白人企图掌控世界的野心，所以看到混血儿子熟睡时，她心中的新世界也进一步明朗化：看到四个儿子"淤泥、沃土、灰尘与粘土"的四种肤色，利亚明白"终有一天时间会抹杀白色"，以白人优越于有色人种的种族观念所建立的西方帝国也终将面临大厦将倾的命运（526）。

生态批评学者格雷格·杰拉德曾经指出，"没有任何一个词能像'田园'如此深入地渗透于西方文化，或在环境学中如此问题庞杂……并在各种政治目的中展示出如此无穷的延展性"（2004：37）。那么，这种延展性也成为生态后殖民主义的重要考察维度之一。金索尔弗的代表作《毒木圣经》在揭露美国在内的西方发达国家建构帝国的黑暗历史时，颠覆了田园书写中常见的逃避现实、追忆过去或建筑乌托邦未来的传统模式，披露帝国主义者掠夺资源、压榨黑人的物质暴力，揭发他们推行基督教、禁锢黑人思想的精神暴力；在指责这种摧毁他人家园、以满足帝国重建伊甸园欲望的行径时，《毒木圣经》也展示出摧毁性田园想象催生建设性新田园想象的潜力。帝国公民中存良知的人们通过追悔反省，构建了促进和平的新田园想象，不仅推动了自我救赎的过程，而且成为从帝国内部颠覆西方帝国主义大厦的重要力量。那么，金索尔弗本人作为美国作家，通过控诉自己的国家在帝国建构中的血腥历史，大胆地挑战了这座貌似岿然不动的大厦。她在书中建构的新田园想象也成为生态后殖民主义伦理的写照，它颠覆了中心与边缘的二元对立关系，肯定了西方传统中消声的自然和非洲人民所拥有的无穷创造力，让非洲这片土地走向和平、和谐、平等的新田园世界。

注　释

① 刚果本是一个王国，1884 年帝国主义瓜分非洲的柏林会议将刚果河以东地区划为比属殖民地，即刚果（金）；以西地区划为法属殖民地，即现在的刚果（布）。刚果共和国因其首都在布拉柴维尔，故简称"刚果布"，而刚果民主国其首都为金沙萨，所以又称之"刚果金"。

② 霍加比鹿又名"俄卡皮鹿"，是产于非洲中部的一种似长颈鹿的动物。

第三节　后殖民生态批评视角解读《卑劣灵魂》

在美国印第安文学复兴中，琳达·霍根（Linda Hogan）宛如一支强劲的号角，用她清新脆亮的声音融入美洲大地的多元文化大合唱。作为著名的女诗人，她擅长用诗歌般的语言营造小说中如梦般的意境，作为印第安奇科索族的后裔，她敏锐地捕捉自己的民族在历史长河中的起起伏伏。她辛勤笔耕，迎来硕果累累。到目前为止，她完成了 6 部诗集、6 部散文集，以及 4 部长篇小说。鉴于其卓越贡献，霍根于1998 年荣获美国原住民终身成就奖，其他奖项包括国家艺术基金会奖、古根罕奖、全国图书评论奖等等。

在其作品中，入围普利策奖的《卑劣灵魂》追溯了 20 世纪 20 年代白人掠夺俄克拉荷马州印第安居住地石油的历史。贪婪的白人抢占印第安人土地、掠夺石油资源、侵蚀印第安文化，引发了当地原住民强烈的身份认同危机。在这种困境下，印第安人如何通过双重书写和杂糅身份建构以消解身份危机成为后殖民生态批评视角评论该书的重要内容。

一定程度上，21 世纪兴起的后殖民生态批评为近 30 年方兴未艾的生态批评注入了新的活力，成为其第三波浪潮中全球视野研究的重要部分（Buell 2011: 99）。作为后殖民生态批评奠基者，澳大利亚学者格莱汉姆·哈根（Graham Huggan）与加拿大学者海伦·提芬（Helen Tiffin）在其代表作《后殖民生态批评：文学、动物、环境》（2010）一书中指出，环境正义与社会正义、物种主义与种族主义有着本质的联系，重新定位人类在自然中的位置需要人们重新审视"人类与自然的对立思想与从帝国主义侵略至今的殖民主义和种族剥削的共谋关系"（6）。这种共谋关系的根源可以追溯到西方根深蒂固的二元对立意识形态：理智至上的欧洲中心主义认为，具有理性的人类优越于自然，同样，具有理性的白人优越于有色人种。建立于人类中心主义基础上的欧洲中心主义认为原住民文化原始落后，缺乏理性，人们像动物一样野蛮，像儿童一样无知，从这层意义上讲，"殖民主义的意识形态与人类中心主义和欧洲中心主义是不可分割的"（5）。另外，在不同的历史阶段，殖民主义和种族剥削的共谋关系表现形式不一，但在本质上是相通的。在殖民主义历史时期，西方殖民者主要通过武力征服与政治掌控，掠夺自然资源，剥削迫害原住民；而在后殖民时代，剥削体现为以人道主义、经济扶持为幌子的资本主义经济扩张，以帮助第三世界发展为借口，抢夺自然资源，大力剥削当地的廉价劳动力。可以看出，不论采用什么形式，西方帝国主义将自己的利益凌驾于有色人种与非人类自然的生存与发展之上，通过控制有色人种和非人类自然，实现了自我的空间扩张。在这种背景下，如果说"环境正义、社会正义与经济正义是同一整体的部分关系"，那么后殖民生态批评旨在披露植根于二元对立关系意识形态的各种非正义形式，它力求揭露并消除对人类与非人类自然的各种歧视剥削现象，并想象构建互相联系的人类与非人类自然群体的新方式，只有这样，才能实现真正意义上的社会正义与环境正义（Curtin 2005: 7）。

在此，笔者将从后殖民生态批评视角出发分析小说中种族主义与物种主义的共谋关系，在揭露西方霸权主义者卑劣灵魂的同时，解读印第安原住民抵制西方文化侵蚀的巨大努力，以此强调双重书写与杂糅身份建构以消解身份危机的重要价值。

一、卑劣灵魂与身份危机

生态批评学者卡洛琳·梅芩特（Carolyn Merchant）认为，重建伊甸园的神话贯串西方文明的始终，在新大陆，白人通过"征服荒野、清除'蛮荒野人'以及镇压黑人"建立了"伊甸园殖民地"（Merchant 2003: 163）。在此，蛮荒野人指代的就是美洲印第安人。所选小说正是展示了白人在建立美洲伊甸园殖民地过程中压迫印第安人、掠夺土地石油的故事，揭示了种族压迫与物种主义的共谋关系，展示了西方中心主义与人类中心主义的巨大摧毁性，以此充分暴露了西方霸权主义者的"卑劣灵魂、残忍思想"（Hogan 1990: 221）。

首先，卑劣灵魂充分展现在白人巧取豪夺印第安土地和贪婪开采石油资源的可耻行径上。小说开篇提到了1887年美国国会通过的《道斯法案》，该法案废除印第安部落管理制和公社土地所有制，大力推行土地私有化，以此白人殖民者抢夺了大量无主土地，并瓦解了部落内紧密的社区联系。另外，贪婪白人还用欺诈手段与原住民签订土地买卖协议，不费一兵一卒而"合法"拥有了已经分配给印第安人的土地。

可是，对印第安人而言，土地是部落文化的载体，承载着历史的变迁。书中老妇贝莉保留着部落的"血泪服"，她的祖辈曾在白人军队的驱赶下被迫离开富饶的南方森林，成为无根漂泊的人群。

如果说"非人类的自然环境见证了殖民主义的暴力行径"，那么考察环境恶化的历史变迁成为后殖民生态批评的重要部分（DeLoughrey and Handley 2011: 10）。小说中石油开采所带来的自然破坏正是白人殖民者建立帝国过程中的一大部分。白人在印第安居住地发现荒芜的土地下蕴藏着丰富的石油资源，他们蜂拥而至开始进行疯狂的开采，在传统印第安人看来，他们就是衣冠楚楚却人面兽心的"偷油贼"，而白人石油商黑尔就是其中之一（40）。黑尔的石油公司根据地质学家所绘制的石油分布图大肆抢夺土地、开采石油，使原本安静的土地变得满目疮痍。河床由于石油渗透而变得焦黑，生锈的油桶卡在死水潭和污染的沼泽里，大部分田地被烧焦，害虫遍地，油井在土地上留下一个个深坑，"石油像鲜血般涌出"，土地宛如一位重伤病人，痛不欲生，奄奄一息（54）。当黑尔的油井爆炸时，油田工人和石油管道像子弹一样被弹向天空，金属和木质的井架像玩具一样四散而落。大地内部的燃烧和怒吼就是上帝的怒火，眼前火光一片犹如炼狱，曾经代表着光明与温暖的火光化变为死亡的象征。而开采石油留下的深坑是殖民者破坏自然、榨取印第安资源的罪证，石油井架和起重机则是资本主义以发展为名义，专制统治、奴役自然的象征。

其次，殖民者们的卑劣灵魂体现在对印第安人的种族歧视与残酷压迫上。在白人眼中，印第安人是愚昧无知的，他们是"阻止发展的上锁之门"，因此，亟需西方文明的洗礼摆脱愚钝落后（56）。很大程度上，推行西方文明的同化政策首推教育体制上的文化侵蚀与思想摧残。小说中，印第安女孩诺拉被强制送入住宿制印第安学校学习，学校明令禁止学生们保留任何印第安本土文化残留，所有人必须穿统一制服，将英语作为通用语言，他们不允许穿本族的传统服装，不允许使用印第安本族语，在白人看来，他们说土语时就像"即将宰割的畜生"（132）。任何违规学生都将受到严厉的惩罚，比如穿传统服装以示反抗的诺拉受到了罚跪豆子的严惩。可以看出，同化政策是西方白人文化帝国主义的重要部分，以文明开化为幌子，掩盖其精神暴力的实质。

可是自认为文明使者的白人却充分体现其贪婪残酷的野蛮。为获得印第安人土地上的石油资源，他们将婚姻视为商业投资，以纯粹交易的形式迎娶印第安女性，从而间接获取其土地；更有甚者，他们不惜采取谋杀的手段，取人性命得其资产。小说开始，黑尔为夺取诺拉母亲格蕾丝土地下丰富的石油资源，派人将其枪杀于森林之中。面对石油商的残酷，格里克劳德一家发现自家土地下有石油冒出后，并未因即将暴富而欢呼，而是将其小心掩盖，日夜担心性命安危。可是，黑尔最终获悉石油的存在，一再驱赶格里克劳德一家未果后，秘密派人炸毁房屋，以杀人灭口、夺其土地。白人殖民者草菅人命的残酷和欲壑难填的贪婪还体现在将印第安人生命视为挣钱手段上。他们攫取印第安人尸体，以高价放置在美国和欧洲的博物馆或动物园里展出。黑尔为多位印第安人投保，然后将其秘密杀害，从而获取高额保金。

白人殖民者推行的以种族歧视与残酷压迫为表现的种族主义直接导致了诸多印第安人的身份危机，他们舍弃本民族传统，幻想彻底西化，在抗拒自身的印第安身份之时，又无法被西方主流社会接纳，最终陷入身份认同危机。格蕾丝就是其中代表之一。作为山区印第安族成员，她肩负着"了解白人世界以避免部落堕落"的使命，被派往瓦塔纳镇接受西方教育，了解西方文化（6）。意想不到的是，她完全被西方文明俘虏，她喜欢各种现代技术带来的便捷舒适，并模仿白人用水晶吊灯和钢琴装饰房屋。正是这样一位臣服于西方文明的崇拜者，最终因为土地上的石油资源成为所谓文明西方人追杀的对象。格蕾丝的女儿诺拉本是印第安文化传承的希望，她能与动物交谈，听流水说话，可是后来一度迷失自我，她用西式水晶装点房屋，摆放耶稣雕像以寻求心灵慰藉，白人丈夫威尔对她呵护有加，可是，诺拉突然发现这一切都不属于她时，她的内心世界逐渐崩溃，她打碎水晶、释放宠物，并在与丈夫争执中枪杀了对方。迷失自我的印第安人比比皆是，格里克劳德家的女儿露易丝竭尽全力地融入白人社会，她迷恋白人的装扮，喜欢白人的生活方式；她的儿子本曾心地善良，在白人世界的影响下开始喝酒闹事、赌博成性。在霍根看来，失去自我的印第安人是失去灵魂的一代，只有当"灵魂触摸我们，世界才能安然无恙"（71）。那么，揭露西方殖民者的卑劣灵魂只是去殖民化的一部分，印第安原住民亟需通过自我拯救才能触摸到自己的灵魂。

二、印第安书写与杂糅身份建构

对霍根小说的深度解读显示印第安书写与杂糅身份建构是实现自我拯救、触摸灵魂的重要方式。作为契科索族后代，霍根描写了印第安人民历史上所受的种种苦难与彷徨，并在小说中提供了两种印第安民族拯救灵魂、摆脱身份危机的方法：一是作者本人与书中人物豪斯的双重印第安书写，这种书写颠覆了西方中心主义为意识形态主导的叙事方式，并且通过寻找西方文明与传统文化的中间地带定位印第安民族。二是建构杂糅身份，承认身份认同是一个动态过程，在西方文化与印第安传统文化碰撞中不断重新认识并建构新历史语境下的自我。

首先，书中的双重印第安书写是创造"基于土地的语言"的尝试，这是抨击白人殖民者种族主义与物种主义的重要方法（Adamson 2001: 117）。总体上，印第安书写以殖民者语言——英语为媒介，以印第安原住民为塑造对象，以其民族历史变迁与生态社会文化传统为主要内容，通过创造性地使用"敌人的语言"，赋予其"部落视角与传统文化的道德力量"，从而展示"人类、非人类与自然世界的互惠关系"，以此颠覆以西方中心主义意识形态为主导的白人叙事方式，建构"传统文化与当代（西方）文化之间的中间地带"（Adamson 2001: 122-127）。

小说的第一重印第安书写是琳达·霍根本人作为作家反驳西方有关印第安文化原始落后的论断、重新定位其民族的尝试。在西方人看来，印第安文化的口语叙述传统是落后文明的体现，因此原住民在白人的宏大叙事中长期以来处于缺位或边缘化的位置，并一直被塑造为原始野蛮的刻板形象。听着印第安父母用故事传承民族文化而长大的霍根意识到自己亟需找到一种途径将正在绝迹的故事书写记录并流传下去，只有这样才能传承民族文化，纠正西方叙事中本民族野蛮落后的偏见，从而振兴民族文化，消解本民族的身份危机。一定程度上，使用殖民者语言进行印第安书写反而成为印第安人民创造性抵制殖民统治的方式。如果说"统治文化的语言总是从他者的口中说出，在他者的文本中，服务于他者的意图"，那么霍根采用英语书写叙说本民族的历史创伤和当代危机，也成为其"将自身从权威话语中解脱出来"、服务于定位民族发展走向的重要方式（Adamson 2001: 119）。正是利用殖民者语言，霍根将边缘化的被殖民者置于叙事中心，描写民族现状，宣扬其传统中"基于土地的语言"，这种立足于本民族文化、颠覆性地采用殖民者语言的书写是霍根建构中间地带的尝试。这种书写既让更多的读者了解印第安的民族文化与创伤根源，也用殖民者语言责问了原住民语言被西方文明践踏的黑暗历史。在霍根的笔下，印第安原住民不再是西方宏大叙事中消声的群体，他们成为叙事的中心，宣告其作为独立人群的民族尊严、文化沉淀与历史思考。

书中的第二重印第安书写是小说人物豪斯所记录的印第安《圣经》。值得注意的是，豪斯是霍根的代言人，他的书写也是作者本人"基于土地语言"的延续。他在《豪斯之书》中用文字记录西方白人压榨印第安人民、破坏土地和掠夺资源的卑劣行径，摸索带领印第安人民走出社会生态危机和精神危机的出路。一定意义上，《豪斯之书》是西方《圣经》的改写，它首先批判了《圣经》中人类优越于其他万物的观点，大胆地指出："《圣经》里有诸多谬误，我需要纠正其忽视万物平等的错误。"（273）对豪斯而言，纠正错误的首要任务是"关怀地球和所有生物"。他痛恨白人猎杀对印第安人而言神圣的老鹰，在山洞中坚守着保护蝙蝠的使命，惊异于所购马儿的桀骜不驯与聪颖智慧。豪斯对动物的灵性理解与敬畏之情传达了印第安文化所反映的生态理念，与西方白人藐视自然、征服自然的傲慢形成鲜明对比，这种书写揭露了西方物种主义的残酷无情，试图以"基于土地的书写"重构人与自然的关系。其次，《豪斯之书》是印第安血腥历史的记录，它颠覆了包括《圣经》在内的西方叙事中印第安人缺位的传统。在豪斯看来，西方叙事重在"什么能说、什么不能说的规则"，缺乏真实故事的叙述，而印第安人关注事件本身的对错和对他人或自然造成伤害的过程（341）。披露民族创伤、再现印第安优良传统成为豪斯改写《圣经》的重要维度。他记录了白人抢夺土地、掠夺石油、迫害原住民的卑劣行径，也将印第安民族失去方向的身份危机呈现于读者面前。一定意义上，豪斯从印第安人的视角重新书写了历史事件，反抗了西方主流社会与文化对人类高于自然万物和印第安人无知愚昧的错误书写，使"失声"的印第安人民重新发声，为本民族指明了敬畏自然、回归传统的自我拯救方向。

一定程度上，采用殖民者语言——英语以记录本民族历史的印第安书写其实也是作者本人霍根与书中人物豪斯杂糅身份的建构尝试。书中的双重书写中也采用故事的形式展示了原住民在西方文化与部落文化撞击中寻找中间地带、建构杂糅身份以摆脱身份危机的努力。霍米·巴巴（Homi K. Bhabha）在《文化的定位》（*The Location of Culture,* 1994）一书中阐述了杂糅身份理论。他指出后殖民社会中殖民者文化与被殖民者文化是相互影响的双向过程。长期以来，文化帝国主义指代殖民者对被殖民者采取文化同化政策的卑劣手段，被殖民者被迫远离本族文化，学习西方语言和采用西方生活方式，其后果是：诸多原住民因为无法模拟西方社会而被白人接纳，也因脱离本部落文化的滋养而深陷身份危机。在霍米·巴巴看来，文化之间的影响是双向过程，我们无法否认文化帝国主义对原住民文化的巨大打击，我们也应该看到被殖民者在模拟西方社会与反思本族文化过程中建构杂糅身份的努力，其结果就是："殖民模拟的初衷是改变，以得到可识别的他者，然而被改造者却在差异语境下，与殖民者几乎相同却又不同"（Bhabha 1994: 122）。

在《卑劣灵魂》中，通过模拟进行杂糅身份建构的典型代表有老人乔希、律师斯泰斯与牧师夫妻乔伊和玛莎。首先，乔希的家是其寻求传统文化与西方文化中间地带的缩影，也是其建构杂糅身份的真实写照。乔希购买了 10 个崭新的浴缸，它们排成一排，每个浴缸用玻璃罩起来，里面种满了玉米；乔希不会开车，却购置了若干崭新的汽车，车里放置了许多木箱和盆盆罐罐，摇上车窗的汽车就像完美的温室，西红柿在温度适宜的汽车中长得饱满圆润；除此以外，乔希的家中还闲置着一架小型平台钢琴、一把小提琴和几个没用过的电灯，墙角堆积着包括莎士比亚著作在内的精美书本。实际上，乔希是众多印第安人的代表，他们被炫目的白人世界所吸引，希冀通过购买其文明成果清洗文化帝国主义推行过程中内化的野蛮无知污浊。不管是采购提供便捷的生活用品，还是获取滋养精神世界的书籍，他们通过模拟试图进入白人宣扬的文明世界。可是，具有讽刺意味的是，他们物质上的全盘接纳却并没有改变白人对他们的偏见，他们依旧是西方主流社会边缘化的群体。而更具有意味的是，乔希所代表的部分印第安人无法完全脱离自己的文化，即使采用汽车浴盆种花种菜，乔希依旧保留着对土地的深爱；即使有现代的医疗技术，乔希依旧信任自己的族人用草药为其医治伤痛。乔希的故事表明某些印第安人的模拟只是让其红色皮肤外戴上一副白色的面具：他们既不是传统的印第安人，无法彻底摆脱西方文明，又不是西方文明的一部分，这些戴着白面具的印第安人在殖民者眼中还是一群野蛮人。可是，这种看似不伦不类的杂糅身份却是原住民改写传统文化、糅合西方文化的尝试，它体现了种族压迫下被殖民者的"错位与扭曲"，也颠覆性地将对"被歧视者的凝视转向权力的中心"，鉴于杂糅身份是原住民他者对白人自我的创造性改写，支持权力中心的自我／他者之间二元对立的边界在这种身份建构中崩溃瓦解（Bhabha 1994: 159-160）。

如果说乔希无意识地参与杂糅身份的建构，受过良好教育的印第安律师斯泰斯却能站在更高角度审视自己的杂糅身份，并积极主动地参与重构自我身份的过程。

斯泰斯曾只身来到华盛顿为白人政府工作，并坚信可以凭此为族人做出更多的贡献。生活在喧闹的街市，在以白人为主的世界中打拼，依恋传统的斯泰斯只能在幻想和梦境中触摸远方家园的记忆：啄食的鸡群、黑发飘逸的亲人和长者嘱咐的"土地与灵魂之人"（50）。为调查印第安人惨遭杀害而引起的骗保案件，斯泰斯回到印第安人聚居的小镇，这一段经历是斯泰斯审视自己的杂糅身份、重拾文化记忆的重要过程。他在群山田野中漫步，真实感受自然的物质存在与灵性之魂：他倾听着河水流淌，感受"河流之美与河流之力"，体会着印第安文化传统中的"土地之魂"（248）。斯泰斯后悔参与政府工作，因为在良心道德与上层决策的拉锯中，他往往要像很多人一样屈服于政府及政府所代表的白人利益，并以牺牲族人在内的边缘群体利益作为代价。在白人制定游戏规则的世界里，斯泰斯试图为受陷害的印第安同胞鸣冤，却让自己深陷困境：在调查中，他发现白人为原住民投保，然后将其秘密杀害，从而获取保金，而这种卑劣行径却得到白人政府的庇护。发现事情真相的斯泰斯面临生命危险，在这种情况下，斯泰斯选择辞职，回归家乡。在躲避追杀的过程中，斯泰斯从印第安同胞的创伤经历联想到无数动物在白人土地扩张中被屠杀的血腥历史，无形之中将压迫歧视边缘人群的社会非正义与导致生态危机的环境非正义联系在一起。这种觉醒最终促使斯泰斯放弃原来的杂糅身份，义无反顾地选择自己的印第安身份，他的姓名变化就是典型的证据，在两种文化中试图寻找安全中间地带的"斯泰斯"演变为认同本族文化、重拾文化记忆的"红鹰"（372）。应该看到，斯泰斯的身份重构还是一种杂糅身份的动态演变。巴巴认为，身份在权力抗衡中是难以捕捉的，固定不变的身份观念是不存在的（Bhabha 1994: 127）。决心立足本民族文化的斯泰斯无法摆脱西方文明的渗透，他的觉醒本身就是两种文化冲突的结果，如果没有在白人政府工作的经历，他无法清醒地认识族人当前的身份危机与历史创伤之间一脉相承的关系。斯泰斯的故事表明，印第安人不能彻底摆脱西方文明，为了继续生存，必须要了解融合不同的文化，认识到杂糅身份在摆脱身份危机、寻找民族出路中的正面作用。

另外，作者在宣扬杂糅身份的建构时，也展示了被殖民者文化对殖民文化的影响，从而指出文化之间相互作用的双向进程，书中印第安传教士乔伊以及对白人妻子玛莎的影响就是典型案例。首先，乔伊本身建构了糅合部落文化和西方文化的杂糅身份，他像父亲一样被动物蝙蝠的灵魂世界所吸引，又接受了西方的宗教文化成为一名基督教牧师。他的布教反映了他对两种文化的深刻思考，在他看来，"印第安世界与白人世界处于冲突之中"，这种冲突"不仅仅是种族之间的战争，也是对抗土地的战争"，白人给印第安人带来了无尽的民族创伤，也焚烧了大片森林农田导致环境危机，人们只能祈求目睹一切的上帝担负起劝阻贪婪白人继续作恶的责任（14）。可以看出，乔伊寄希望于白人建构的宗教精神世界，而他所改写的宗教信仰成为建构自身杂糅身份并挽救部落传统文化的重要方式。其次，违背父亲意愿，迎娶白人姑娘玛莎也是乔伊"拯救服务印第安同胞"使命的一部分（14）。如果说学习白人的宗教是希望借助上帝的力量清除卑劣灵魂的方式，那么让更多白人接纳印第安文化是改变种族偏见、振兴民族文化的重要内容。在他的影响下，在白人文化环境中成长的妻子玛莎憎恨为利益所驱使的金钱至上主义，她崇尚印第安人的简单生活方式，像一位虔诚的"皈依者"义无反顾地来到印第安世界（256）。在外表上，玛莎像很多印第安女性一样披着长发，穿上鹿皮长筒靴；在内心里，玛莎像丈夫一样去嗅闻土壤石头的气味，感受自然界灵魂的无处不在。她也促使丈夫离开贪婪白人导致的乌烟瘴气小镇，来到了印第安聚居地，在那里，白人玛莎生活得安然自在。就像乔伊而言，蝙蝠生活在古老与现代的双重世界，而玛莎和丈夫一样，生活在印第安文化与白人文化的"双重世界"之中，她是白人世界建构杂糅身份的代表，是被殖民文化影响白人文化的例证。

从以上双重书写和几位塑造人物的杂糅身份建构表明，印第安人可以利用殖民者的语言，进行"基于土地语言"的尝试，并通过对白人文化的差异模拟，在新的历史语境下建构杂糅身份，从而摆脱身份危机。

正如霍根本人所言："西方思维模式具有很强的渗透性，你需要将你的心智和灵魂去殖民化，并再次教育你自己，去理解传统文化。"（Harrison 2011: 168）一定意义上，《卑劣灵魂》以独特的印第安书写方式展示了去殖民化的过程。它揭露了殖民者为掠夺土地和石油资源而导致的印第安生态社会危机，展现了原住民缓解危机、重构身份的努力。压迫印第安人所体现的种族主义与掠夺土地石油资源所体现的物种主义充分展示了殖民者的卑劣灵魂，深陷身份危机的原住民需要通过印第安书写与杂糅身份建构实现灵魂拯救，从而消解身份危机。

第四节 《鳄鱼部落》中印第安人的生态文化 危机与出路

在美国印第安文学复兴中，琳达·霍根是一支强劲的号角，她清新脆亮的声音融入美洲大地的多元文化大合唱。作为著名的女诗人，她擅长用诗歌般的语言营造小说中如梦般的意境；作为印第安奇科索族的后裔，她敏锐地捕捉着自己的民族在历史长河中的起起伏伏。她辛勤笔耕，迎来硕果累累。到目前为止，她完成了 6 部诗集、6 部散文集，还有 4 部长篇小说。1990 年，她的长篇小说《卑劣灵魂》入围普利策奖；1998 年，她荣获美国原住民终身成就奖，其他奖项还包括国家艺术基金会奖、古根罕奖、全国图书评论奖等等。可是，国内对琳达·霍根的相关评论屈指可数，于婷婷在其硕士论文中从环境正义的角度分析了《卑劣灵魂》，陈大为从生态批评的视角解读了她的小说《力量》，其他几篇论文是在印第安文学的背景下提及琳达·霍根的贡献。有鉴于此，笔者力求解读霍根最新出版的长篇小说《鲸鱼部落》（*People of the Whale*, 2008），在这部作品中，我们将了解到作家一如既往地关注美国原住民的生态文化危机，在虚构的部落文化中摸索着印第安人的生存出路。

一、生态文化危机

在白人文学中，赫尔曼·麦尔维尔的经典小说《白鲸》展示了捕鲸的宏伟场面，以及人类在自然面前的深刻思考。霍根的这部作品却将捕鲸嵌入印第安文化背景之中，让读者领会到时代变迁中原住民传统的改变：它不仅展示了人类对自然的思索，而且试图找到印第安民族困惑已久的问题的答案，即他们如何生存，如何在生态文化危机中建立身份的答案。

该故事围绕阿奇卡部落中一家四代人的经历而展开，其中第三代是全作品的重点。威特卡是第一代的代表，也是坚守传统、敬畏自然的传统印第安人的代表。威特卡下海捕鲸时，全部落的人停止劳作，人们不会嬉笑打骂，而是静心等待，其中女人们会肃穆地站在海边，哼唱着捕鲸之歌。对他们而言，捕鲸只是为了解决温饱，在强大的自然面前，人类只是卑微的客人，只能虔诚地祈求自然怜悯，而不能无谓的索取。小说对第二代的描写笔墨不多，露丝的母亲是一名传统女性，对后代中的堕落行为焦虑不安，而托马斯的父亲喜欢酗酒行乐，甚至企图强暴自己的儿媳露丝，这证明部落文化已经开始出现危机。

作品对第三代的人物刻画最细微，也最复杂。托马斯在同伴们的怂恿下，告别了新婚妻子露丝，为实现英雄之梦前赴越南战场，在枪林弹雨中他失去了人生信念。当了战俘后，他和当地的女孩结婚生子，后来将自己的地图和照片留给了女儿林，回到了美国。可是，在自己的国度，他失去了方向，眼看就要和家人团圆，却选择了漂泊流浪。从报纸上，他了解到家乡人民将要和日本人合作捕鲸，才在矛盾挣扎中回到阔别多年的村庄，希望从捕鲸传统中找到迷失的自己。与此同时，他的妻子露丝正为鲸鱼的生存奔走呼告，她毅然决然地站在大自然一边，怒斥部落中怂恿捕鲸的人们，其中的领头人物是托马斯的儿时挚友——德瓦特。在露丝看来，族人捕鲸最终会让土地和海水染上血腥，不经大家一致同意擅自行动，就是违背了本民族的优良传统。可是，德瓦特一行人认为，捕鲸能缓解大家的身份危机，在传统的生活方式中人们能找回自己。他们无视鲸鱼数量急剧下降的事实，相信传统的说法，宣称鲸鱼捕杀后，灵魂会回归，演变成另一只鲸鱼，所以捕鲸不会影响万物之间的平衡。可是，他们忘记这次捕鲸和祖辈们的做法截然相反。首先，捕鲸的目的不一样。维特卡一代是为了解决温饱，而德瓦特和同伙中的很多人是为了谋求私利，他们想到的不是人鲸之间的心灵相通，而是如何挣钱还贷。其次，捕鲸的整个过程中态度不一样。第一代人带着虔诚和敬畏下海捕鲸，祈求大自然能怜悯饥饿的人们。与之相比，不仅德瓦特一行藐视大自然，而且他们的捕鲸过程充满了人类之间的争斗。露丝的儿子马可波罗是一位与众不同的年轻人，当其他印第安人迷恋白人的娱乐方式时，他喜欢安静的思考，用心灵去聆听大自然的声音。正是在混乱的捕鲸过程中，德瓦特和同伙将这位真正与自然心灵相通的年轻人摁在水中，将他淹死。马可波罗的死亡象征着阿奇卡部落传统的泯灭，拉下了书中印第安生态文化危机最黑暗的一幕。当儿子成为族人之间斗争的牺牲品时，托马斯却沉迷于疯狂的捕鲸过程，幻想着迷失的自己能跟随鲸鱼的灵魂冉冉升起，以致未曾注意到自己的儿子正遭人暗算。不仅捕鲸的过程中充满了血腥，而且之后切分鲸肉和鲸脂的过程也是对自然的亵渎。鲸鱼被拉到海岸上后，人们抛下血肉模糊的鲸鱼，纷纷跑进屋内观看电视里播放的橄榄球赛。切割鲸肉时，人们对鲸鱼的生殖器官指指点点，肆无忌惮地大笑，祖辈对鲸鱼的敬畏在他们身上已经荡然无存。毫无疑问，这种流于形式上的捕鲸完全不能帮助印第安人重新找回迷失的自己。看到族人们对着鲸鱼磨刀赫赫，托马斯顿时心生厌恶，眼前的一幕让他想到的是战场上对自己的同类大开杀戒的同胞：鲸鱼本是祖祖辈辈们顶礼膜拜的神圣之物，现在却成为任人宰割的动物；阿奇卡部落本来与大自然情同手足，现在却抛弃了传统的生态文化观念，践踏自然、藐视自然。

二、走向觉醒

这次捕鲸成为托马斯人生的另一转折点。如果说越南战争让他疏远了自己的民族，使他陷入严重的身份危机，这次捕鲸过程成为他寻找自我、寻找传统的起点。他首先选择了逃避，假如他不能解救自己，他至少不想同流合污，不愿意再次成为扼杀大自然的刽子手。他搬进祖父留下的破屋中，甚至在窗前建立了一堵高墙，他不想看到哭泣的大海，只想脑中茫然一片，忘却手上令人发指的血腥。可是他无法逃避大海：他能听到大海中波涛汹涌的声音，他能闻到大海令人心醉的气息，他能看到海豹们爬到他的高墙下避暑乘凉。他仿佛感觉到祖父就在身边，他开始在空徒四壁的屋中说话，和先辈的神灵交谈，并且半夜下海潜水，希望以此理解祖辈的生活方式。正是这样，托马斯开始走向觉醒，在挽救部落生态文化传统的同时，也开始缓解个人的身份危机。

与此同时，大自然中的失衡开始表露出来：阿奇卡部落的村庄遭遇连年不遇的干旱。天空中没有一丝云彩，空气仿佛停止了流动，没有了潮起潮落，河流变成了小溪，河床很快就要干涸，靠捕鱼为生的人们为生计一筹莫展，渔船搁浅在沙滩上，就像黑魆魆的鬼影。生活在动物和云彩上的神灵好像不再眷顾人类，人们也无法感觉到世界本来焕发的勃勃生机。阿奇卡部落的很多人开始扪心自问，反思杀戮鲸鱼的行径，他们害怕这次灾难比多年前的那一场更加严峻。多年前，印第安部落中的首领们与白人签订了协议，被迫将富饶的土地拱手让出，然后带领族人搬到贫瘠的土地，这严重挫伤了他们的地方归属感，影响了本民族文化的延续发展，也导致了人们的身份危机。如果说多年前白人侵犯了印第安部落的家园而导致了那场刻骨铭心的干旱，那么很多失去自我的印第安人开始受到白人文化的影响，背弃了祖辈留下的优良传统。他们贪恋白人所许诺的金钱而掠夺自然资源，比如阿奇卡部落中的德瓦特在捕鲸后暴富，买了豪宅名车，这充分证明他已经被白人文化同化，在物欲横流的美国资本主义社会，他已经放弃了印第安民族文化中的自我，而成为一名实实在在的拜金主义者。面对这场干旱，露丝想到了北方的求雨祭司，她可以利用本民族的口头传统，将救援信息发出去，请祭司来恢复失衡的世界。为此，她愿意将自己相依为命的船作为供奉，对她而言，物质财富是微不足道的，自然世界中的平衡才能保证人类与其他万物的生存，而这就是印第安生态文化中的一个关键部分。在祭司的帮助下，村庄里终于下起了滂沱大雨，干旱得以缓解，而村庄里的女人们也开始明白这次干旱的起因，她们用怀疑的眼光看着对鲸鱼不敬的男人们。这时，祭司将露丝的船原物奉还，因为露丝挽救村庄的努力就是最宝贵的供奉。

从一定程度上说，露丝就像日常生活中的生态女性主义者，在实践中为生态系统的平衡振臂高呼，在与男人对抗的过程中展示了一位坚强女性的魅力。在此期间，她的内心充满了痛苦，唯一的儿子马可波罗死于非命，丈夫托马斯长久以来萎靡不振，很多族人迷恋白人的生活方式而难以自拔，能让自己心灵平静的大自然也遭到人们的践踏。尽管这样，露丝的人物刻画不够复杂，她总是那么意志坚定，总是对自己的信仰深信不疑。

与露丝相比，托马斯的形象更加饱满，他的内心挣扎让人想起莱斯利·西尔科在其小说《典仪》中的男主人公塔尤的经历。和塔尤一样，托马斯曾奔赴战场，在战火弥漫的异国他乡失去了人生信念：怀疑白人的世界观，无法理解传统印第安文化的精髓，所以就像塔尤一样，成为"处于白人文化和印第安文化夹缝中的他者，……陷入了文化边缘人的困境"（邱蓓，邹慧玲，2008：38）。而且，托马斯也需要一定的时间探求身份。他不仅通过潜水理解祖辈的生活方式，感受大海带来的宁静，而且他回想起在越南经历的点点滴滴，在战火纷飞的岁月中，那些质朴的人们依然顽强地生存，面对托马斯这位侵犯他们土地的美国人，他们没有将他杀死以泄心头之恨，而是接纳他，让他融入他们的世界。看着自己的美国同胞杀戮和自己肤色相似的越南人，托马斯仿佛想到了多年前祖辈们的耻辱经历：白人们用枪口对准自己的祖先，几乎将他们赶尽杀绝，幸存下来的人们被迫离开自己的家园，来到贫瘠的土地。正是在此刻，托马斯开始临阵倒戈，将枪指向了残害越南人的美国同胞。当他将这一段经历讲述给德瓦特时，自己已经泪流满面。尽管揭开历史留下的创伤让人痛苦不已，但是通过回忆，托马斯找到了自己的身份：作为热爱和平、崇尚和谐的阿奇卡部落的后代，他曾经有过迷茫，在白人吹嘘的英雄主义和爱国主义的号召下，曾经迷失方向，可是在回忆的洗礼中，他重新找回本民族的生态文化世界观。站在大海边，看到鲸鱼安详的眼神，托马斯真正感受到自己就是鲸鱼部落中的一员，"鲸鱼就是我们的母亲，我们的祖母"（283），而我们只是渺小的人类，需要自然神灵眷顾的万物之一。他开始像祖先那样面对大海哼唱，此刻，他仿佛成为祖父维特卡的化身，正指引历经沧桑的民族探求迷失的自我，让他们重新感受到身上流淌的印第安人血液，重新找回阿奇卡部落的优良文化传统，继续肩负起维护世界和平与推动自然和谐的重大责任。村庄的人们聚集在托马斯周围，男人们开始和他下海，他们也像托马斯一样，真正意识到自己是鲸鱼部落的后代。整个场面仿佛就是一场典仪，人们在典仪中回顾历史，疗治多年的创伤，从而找回失去方向的自我。在典仪中，人们也感受到"内在生态与外在生态的结合"（Schauffler, 2003: 121），换而言之，人类在物质世界里的生存决定人类需要与万物众生紧密相依，而且人们必须有内心的生态文化观念支撑这种信仰，并在行动上促进人类与自然的和谐发展。对于托马斯而言，本民族的优良传统就是人们疗伤的良药和拯救自然的良方，他誓死不再与那些侵犯他人领土的征服者同流合污，在他内心，他看到了"焕然一新的传统世界"（286）。

三、美好未来

如果说希尔科笔下的塔尤通过继承印第安传统，"同时借鉴吸收白人文化，将它与印第安文化结合起来以适应当代社会文化发展的需要"（邱蓓，邹慧玲，2008：40），那么霍根刻画的托马斯拥有更加宽阔的视野，他不仅批判了白人文化，肯定了本民族的生态文化传统，而且跨越了东西方的界限，借鉴了越南人民所创造的文化。所以托马斯的自我是多文化碰撞下的杂糅身份，他认识到人们不能回到过去，而应该在历史变迁中重构自我，只有这样才能真正认识到自我不是白人文化中崇尚个人主义的孤立自我，而是与万物众生紧密相连、超越地方界限的自我。

另外一点与希尔科笔下的塔尤有所区别的是，在这场非正式的典仪中，托马斯正拥抱新生的自我时，德瓦特暗中开枪，托马斯当场死亡。他的去世仿佛意味着印第安的生存出路已经希望渺茫，世界仿佛又要陷入黑暗。可是托马斯的精神已经感染了族人，他们将继续坚强地走下去，他们知道邪恶不可避免，他们探求身份、发扬传统精神的征途绝不可能一帆风顺，人们不能希冀回到民风淳朴的过去，只有建立相互联系、异常坚韧的自我，才能真正对抗邪恶，才能摆脱本民族、以至于全世界的生态文化危机。而且，他的女儿林象征着美好的未来。她在战争中失去了母亲，父亲托马斯也离她而去，可是她坚忍不拔、与人为善、勤学好问的精神感动了身边的人。通过刻苦努力的学习，林成长为一名有思想、有文化、有斗志的年轻女性，嫁给与自己志趣相投的男子后开始了寻父之旅。正是在与阿奇卡部落相处的过程中，林感受到不同文化的相通之处：印第安人和自己的民族一样，经历过惨绝人寰的屠杀，传统上，他们同样对物质财富嗤之以鼻，而是追求内心的安宁与世界的和谐。身上流淌着代表不同文化的血液，林成为多元文化沟通的桥梁，她的成长意味着世界生态文化危机需要所有人付出不懈努力，抛弃功利主义的孤立自我，吸收其他文化的精髓，创立相互联系的自我，才能推动世界的和谐发展。

第五章
生态批评的电影评论维度

第一节　生态批评的电影评论研究

生态批评最重要的使命之一就是"扩大疆界……挖掘更广泛领域的文本"（Armbruster and Wallace 2001: 2）。如其所言，该理论的发展见证了文本范围的不断扩大，早期聚焦非小说形式的自然写作，之后逐渐关注小说诗歌，后来将电影、音乐、摄影等等纳入考察之列，到第四波浪潮时将世间万物作为物质形式视为研究文本。本章主要探讨其中的电影评论研究，因为电影是我们与物质世界进行"沟通"的一种方式，它"消费紧密联系的世界，也反过来被世界消费"（Rust and Monani 2013: 1）。

生态电影评论家对于"生态电影"（ecocinema）的文本选择莫衷一是，有的认为纪录片更能激发大众的环境保护意识，有的却选择更加含蓄的叙述性电影。尽管对文本选择意见不同，罗斯特与莫娜妮在合作主编的论文集《生态电影理论与实践》（*Ecocinema Theory and Practice*）中指出学者们在以下几个方面能达成一致意见。首先，电影是物质与文化的结合产物；其次，当前主导的消费主义文化呈现出人类与非人类自然的相互影响方式存在一些问题，电影有助于我们了解这些问题；另外，所有电影都可以纳入生态批评的考查范围，帮助我们洞察到与自然共处的不同方式（2013: 3）。

到目前为止，近几年才受到关注的生态电影批评理论还有待大力发展，宝拉·薇罗凯特·玛丽康迪（Paula Willoquet-Maricondi）在其主编的论文集《拍摄世界：生态批评与电影探究》（*Framing the World: Explorations in Ecocriticism and Film*）中提出的问题也许能为该理论的进一步研究与实践提供帮助：

> "电影创造了什么样的自然意象？自然的电影再现中揭示了什么样的刻板形象或扭曲刻画，存在什么纰漏或探讨什么重点？电影中自然的缺失或呈现提供了人与非人类世界关系的思考表现在什么地方？物质环境对于人类和非人类角色的塑造以及情节的发展具有什么作用？哪些制片人将自然作为作

品的核心？自然再现的变化如何反应对自然的文化观念变化？性别、阶级、种族和民族如何影响自然的呈现方式？环境威胁以及对应策略如何再现？采取什么策略教育和启发观众？最后，某些电影中传达的价值观是否有利于建构互相联系、互相依存、旨在生存的生态意识？"（2010：19-20）

以原住民影视为例，珍妮弗·玛琪奥拉迪（Jennifer Machiorlatti）认为电影作为讲述故事的媒介能传达不同民族的世界观，当代原住民故事的视频记录成为"拯救与振兴个人与集体身份、语言、文化习俗、生态圈责任"的重要方式，它在本质上与传统故事叙述具有相同的民族凝聚作用，但是却能在全球化背景下转变为"记忆与认同的全球过程"（2010：63）。很多印第安影视作品颠覆了西方主流社会中的人类中心主义，再现了文化传统中世间万物相互联系、敬畏自然灵性世界的生态观念，反驳西方电影塑造印第安民族刻板形象的错误观念，与此同时，揭示殖民主义对土地与原住民造成的双重伤害，指出生态正义与社会正义的紧密联系。从这一层意义上讲，原住民影视作品是洞察另一种文化的代表，是帮助我们建构生态世界观的有效方式。

针对当前影视界充斥的生态纪录片，西蒙·埃斯托克也谈到了自己的忧虑，指出需要解决的三大问题。首先，这些电影可能继续贯彻了生态恐惧的理念，即因为害怕自然而想支配控制自然的人类心理。其次，生态影视作品的信息处理难以给予生态整体观，重要的抽象概念往往模糊化，普通大众难以接受。另外，这些作品也有娱乐化倾向，取悦观众的需求可能超越了生态观念的灌输。（Estok 2016: x）埃斯托克的担忧也是生态电影制作者面对的挑战，娱乐无可厚非是影视作品的作用之一，但是启发教育大众也是生态影视所需要承担的重要功能，如何寓教于乐、让正确的生态社会观念深入人心成为需要我们不断探索的问题。如何再现生态系统的复杂性无疑更是生态影视制作者需要考虑的重要问题，当媒体为吸引眼球展现洪水的巨大摧毁力时，目的应该不仅仅停留在让观众感受大自然的威力上，也需要剖析洪水后面所隐藏的森林砍伐、贫困人口受灾、栖息地破坏等一系列因素。

应该看到，尽管生态批评的电影评论研究还处于摸索阶段，可以看到电影评论从生态批评的土壤中汲取了养分，而生态批评也因为电影文本的研究变得更加丰富。本章将从生态批评的视角探讨代表性影视作品中所隐含的生态内涵，以此开展影视研究的生态批评实践。

第二节 《Hello, 树先生》中的栖居梦

由著名导演贾樟柯监制、知名艺人王宝强主演的电影《Hello，树先生》采用魔幻现实主义手法塑造了一个异化的小人物形象。影片中，王宝强扮演了一个茕茕孑立的异化中国人形象：树先生。表面上，他左右逢源，乡邻好友热情地称呼他为"树哥"；实际上，他是大家鄙夷的对象。形象上，他胡子拉碴，肮脏邋遢，走路时张牙舞爪，喜好抽烟喝酒。家乡的煤矿由于过度开采，村庄已经开始下沉，孤独的"树"来到都市，品尝到酸甜苦辣的生活后又郁郁寡欢地回到了家乡，这时他发现自己有预言家的先知能力，家乡的很多事情都验证了他的说法，因此这位卑微低下的边缘人物一跃成为富豪企业家的座上宾。可是，表面上的风光无法掩盖他内心的落寞和无根的凄凉，他只能在幻想中建构一个虚无缥缈的幸福家园。由于该片采用了魔幻现实主义写法，故事情节上很多时候真假虚实难辨，整个影片仿佛是树先生的狂人妄语，可是虚幻之中又渗透着生活的真谛。就像藤井树所说，"其实人人都是树先生"，因为影片中的主人公不再是一个具象的存在，而是变成了无数小人物的群众符号，"在树先生的身上，看到了我们大多数人的命运"（2011：24）。因为影片颠覆性的拍摄手法和树先生人物的塑造，该片在公映前已经在各大电影节上大放光彩，先后在上海电影节、海参崴国际电影节、亚太国际电影节上荣获两个最佳导演和两个最佳男演员奖项。王建南认为，这些奖项具有三重意义：首先，它取材于现实社会问题，但是"超越了华语现实题材电影泛滥的批评视角"；其次，它塑造的树先生形象史无前例，"他身上具备了亿万人而非一人的面孔"；第三，"魔幻现实主义的解构方式创新了华语电影的表现方式"（2011：120）。陈烁在《人民日报》上也充分肯定了该片的现实价值，认为影片渗透着黑色幽默，"用荒诞的语调讲述农村城市化进程中并不能以荒诞视之的严肃问题"，所以树先生的人生境遇能引起观众共鸣，"他

的生存状态具有症候性和代表性"（2011：24）。在此基础上，笔者也欲从生态批评的视角，解读影片中树先生无奈的栖居生活。

19世纪德国诗人荷尔德林曾在诗歌《人，诗意地栖居》中描绘了一个美轮美奂的世界，人们抛弃了世俗的桎梏，徜徉在与自然、与神灵相通的世界。视荷尔德林为"诗人的诗人"的德国哲学家海德格尔认为，该诗道出了生命的深邃与优雅，在物欲横流的现代社会，人与自然原来的伙伴关系决裂，人心扭曲，人类成为了孤独异化的灵魂。在这种情况下，人们更渴望建立一个精神家园，过着诗化的生活，畅享诗意的人生。随着20世纪末生态批评的兴起，"栖居"（inhabitation）也成为研究该领域的关键词。笔者用"诗意栖居"为题名，在全国期刊网上检索相关文章，搜索到683篇论文，题目中含有"诗意栖居"的字眼，这些论文大部分是从生态批评和生态美学的视角进行文本分析。当然，题目本身描绘了一个令人神往的世界，如此吸引眼球，也是众多学者喜欢用此标题的原因。可是，对诗意人生的憧憬却隐含着对现实生活的唏嘘感叹或是对社会现象的愤懑不满，所以"诗意栖居"的洒脱人生往往带有脱俗遁世的苍凉。但是，电影《Hello，树先生》超现实的手法却将无情的现实呈现在大众面前，它的艺术宗旨不是将观众带到人与自然和谐相处的乌托邦，也不是像《先知》、《后天》、《2012》等灾难片一样预示地球的毁灭，而是展示诸多现代人的生存状态——无奈的栖居。从这个意义上讲，它就是城市化进程中边缘人物失去地方归属感、在城市与乡村的夹缝中苟活的真实写照。

树先生栖居在枯树上是电影中反复出现的场面，他在树上表现的疯癫反映出对生活的无奈。在很多文学载体中，树代表绿色、生态、活力、根基等等，生活在绿树成荫的世界是一种耐人寻味的诗意栖居。可是，树先生的栖居是无奈的，他既不能像父辈一代在农耕中过着辛劳却满足的生活，也不能在都市生活中找到适合自己的一席之地，在城市与乡村的夹层中，他不知道自己应该属于哪里，所以他自己本身就是一棵无根的树，和失去生命力的枯树融合在一起，预示了社会个体和大自然的黯淡前景。

首先，树先生已经不属于农村。电影一开始，镜头投射到一个灰色的农村小镇，高音喇叭中传出的房地产广告划破了小镇的宁静，这一场面暗示城市化进程已经席卷树先生的故乡。树先生的弟弟在城市当司机，经常很不情愿地接济生活不稳定的哥哥；许多当地人放弃了脸朝黄土背朝天的生活，或是变成了当地矿区的矿工，或是趋之若鹜地奔向都市。主人公树先生是一位卑微的边缘人物。家中的土地被开矿的邻居、村长的外甥二猪占为己有，树先生借酒壮胆质问二猪，结果反而受到欺凌和羞辱；树先生开始在汽车修理厂工作，电焊时造成双眼暂时失明，不但没有得到老板的同情，反而被老板解雇；而树先生和哑女小梅的爱情经历却是底层人物在现实压迫下对生活的无奈与挣扎，面对残酷的现实，小梅最终离开了树先生，后者也只能通过幻想营造自己和小梅的美好家园生活；而且，冷酷无情的弟弟带走了房屋的拆迁费，抛下疯癫的树先生，奔向新建的城区。在这种情况下，失去了工作、土地、爱情和亲情的树先生只能在幻想中栖居于树上，在狂言傻笑中面对自己悲惨的人生。从这种意义上讲，树先生栖居于枯树上的形象也演变为无奈栖居的符号，成为无数中国农民离开养育自己的土地后呈现的身份危机缩影。

其次，树先生也不属于城市。树先生想筹集结婚的费用，投奔于城里的好友，可是这位备受尊重的学校校长也会在言语间流露出鄙夷的神色。树先生也想尝试在城市找到一席安身立命之地，可是缺乏一技之长的他难以改变自己的命运。树先生对教书育人的职业满怀尊敬，半夜起床在黑板上书写，俨然一位满腹经纶的教书先生，可是未曾受过良好教育的他只能在黑板上留下幼稚的涂鸦；同时，城市生活也并不像想象的那么美好。好友虽然在城市颇有名望，可是婚姻生活并不幸福，衣冠楚楚的他实际上有拈花惹草的嗜好，这不仅颠覆了树先生心中的人民教师的美好形象，也让他认识到城市生活的空虚和浮躁。在电影结尾处，背景是焕然一新的城市，树先生站在长着荒草的高坡上。老家的拆迁费已经被弟弟拿走，崭新的高楼里没有一间属于自己的小屋。在梦幻之中，树先生仿佛携手妻子小梅，满怀憧憬地回到一个其实并不存在的家园。只有在梦幻中，他才能享受到向往的诗意栖居生活。可是，在现实的空间，他只能是无奈栖居的边缘人物。

另外，尽管《Hello，树先生》凸显的是社会个体在城市化进程中"无根感"的困惑和无奈，树先生的困境背后其实隐藏着人类对自然资源的掠夺，采矿业的疯狂发展剥夺了人们诗意生存的空间。就像当代生态批评学者鲁枢元所说，人类社会从乡村田园走到城市，是一种社会进步，可是"存在的不一定都是合理的……有些方面可能是因为只顾一己的利益而铸成大错——最现实的例证就是眼下的生态灾难"

（2006：138）。其实，电影并不关注核泄漏、化学污染、冰川融化等骇人听闻的灾难，但是生态隐患却是影片表现的重要内容，青年导演韩杰尤其将视线转向了采矿业。树先生的家乡成为采矿区后，当地的很多农民变成了矿工，成为矿主发财致富所利用的廉价劳动力，而人与自然和谐相处的意象被人与自然间征服与被征服的关系取代。树先生成为通灵人后，受邀参加某矿区的剪彩开业仪式，其黑色幽默的调侃成为影片中的经典台词："太空那个地方很不平静，我们在地球上发展好了。但不远的将来，我们还是要去月球上发展的！矿要挖，原子弹也要搞，要搞成五大发明，不能落后于他人！"这番话直接嘲讽的对象是当前社会流行的发展至上的观念，或者叫作"唯发展主义"。生态作家和思想家艾德华·艾比（Edward Abbey）曾在《大漠孤行》（*Desert Solitaire, A Season in the Wilderness*）一书中指出："为发展而发展是癌细胞的疯狂裂变和扩散！"（1990：127）毋庸置疑，发展并不是社会的目的，而只是途径，追求社会发展、提高国民生活是无可厚非的，但是追求作为途径，其宗旨在于人类能在更安全健康的物质条件下享受更自由充实的精神生活，同时保证生态系统中物种的可持续发展。从这种意义上讲，影片也抨击了这种"唯发展主义"的观点，树先生无奈的栖居充分证明，原本适合诗意生存的物质环境正在成为盲目发展的牺牲品：不仅人类本身要为此付出高昂的代价，比如树先生的好友小庄死于一场矿难，树先生自己失去了赖以生存的家园，而且急速的发展迅速改变了农村的本来面目，生态系统的破坏最终会殃及人类，使人类陷于难以扭转的生态灾难之中。如果人类不改变这种唯发展主义的观点，那么即使迁居到另一个星球，也无法改变自己灭亡的命运。其实，影片对唯发展主义的抨击符合国家关于减缓 GDP 增长速度的相关政策。近几年来，随着中国政府提出坚持以人为本，树立和落实全面、协调、可持续发展的科学发展观，片面追求 GDP 增长的发展模式开始从中国全面淡出。也许，只有随着致力于人与人、人与自然和谐的发展成为现实，类似树先生的人们才可以告别无奈的栖居，真正享受人人向往的诗意人生。

如果说《Hello，树先生》塑造了一个当代的群众符号，那么树先生无奈的栖居也是富有代表性的。他不属于农村，因为他的家乡已经没有可供诗意栖居的田野，而是变成了堆放着煤山的采矿区；他也不属于城市，他无法在城市生存，而喧嚣的都市生活也充满了浮躁和空虚。影片所影射的唯发展主义正在破坏人与人、人与自然的关系，正将往日诗意栖居的田园改变成无奈栖居的空间。所以，一定程度上讲，影片具有一定的现实意义，它不仅反映了当前城市化进程中人们的生存状态，而且提出了一个发人深省的问题，即如何协调经济（economy）和生态（ecology）的平衡，如何在保持经济发展的同时，营建适合人类和自然共同发展的物质和精神家园，而这本身真实反映了来源于希腊文的"eco"的本义，即"家园"之意，只有这样，诗意栖居才能成为现实。

第三节　生态寓言电影《老雷斯的故事》中的
"双刃剑"

　　当迪斯尼电影《冰河世纪4》以震撼的大陆漂移、扣人心弦的海盗之战、轻松幽默的插科打诨重磅出击时，同期上映的《老雷斯的故事》显得有点力不从心：这部由环球影视制作的卡通电影仅用小画面、通过现实与记忆的穿插讲述了一个生态寓言故事。故事以一个未来世纪的小镇为背景，人们过着悠闲自在的生活，对购买的空气、可以随心所欲改变颜色的塑料树习以为常。为了满足心仪女友见到真正树木的愿望，电影的主人公泰德不惜铤而走险逃出戒备森严的小镇，来到荒无人烟、寸草不生的城外寻找传说中知道森林灭亡原因的隐居者万斯勒。曾经年轻的万斯勒为了发财致富，贪得无厌地砍伐树木，惊怒了森林的保护神老雷斯，使原本美丽的土地变成了荒芜的废墟。悔恨不已的万斯勒从此开始幽居生活。想改变世界的泰德从万斯勒那获得一颗种子作为礼物，开始了重建自然的重大使命。在栽种种子的过程中，泰德遇到了掌控小镇、出售空气的商人奥黑尔的百般阻挠，但是最终在家人和女友的帮助下，他成功地揭露了奥黑尔的阴谋，栽下了小镇第一棵真正顺应季节成长的树。最后，像彩色棉花糖的树木开始蓬勃生长，无家可归的动物们回到了森林的怀抱。这部生态电影的寓意就是剧中万斯勒道出的一句话："除非人们关怀一切，否则万事依旧。"

　　与票房直线上升的《冰河世纪4》相比，《老雷斯的故事》看似势单力薄，但是这部生态电影却有着自己的风采：它用直白的方式揭示了当今利益为重、发展至上形势下的环境危机。正如艾伦·亨特（Allan Hunter）所说，同名儿童故事书《老雷斯的故事》出版于1971年，40年后，根据该书拍摄的电影传达了同样的信息，即人们需要付出自己的微薄之力改善世界，这种呼吁"在当今显得尤为迫切"（2012：

52）。故事书原作者是美国家喻户晓的苏斯博士，被称为20世纪最卓越的儿童文学作家之一，曾获美国图画书最高荣誉凯迪克大奖和普利策特殊贡献奖，两次获奥斯卡金像奖和艾美奖，其作品被美国教育部指定为重要的阅读辅导读物。40年前他撰写的《老雷斯的故事》堪称儿童文学中的《寂静的春天》。众所周知，美国作家蕾切尔·卡逊发表的《寂静的春天》自20世纪60年代开始在世界上刮起了保护环境的飓风，那么苏斯博士借助《老雷斯的故事》可以说成为儿童文学界提倡生态保护的先驱。面对当今环境恶化的现实，著名导演克里斯·雷纳德将这部经典的儿童文学作品搬上了银幕。电影经过了高科技的3D制作，为迎合当代观众的兴趣品味增加了泰德赢取女友芳心的情节、构建了现代化的塑料未来城市以及争夺种子的追赶打斗场面，以此成为商业推广运营模式中的产品，势必也让原有的著作打上了当代大众文化的烙印，也让这部生态寓言电影成为一把"双刃剑"：一方面它抨击了导致环境危机、以人类中心主义为特征的资本主义经济发展模式；另一方面却因为其塑造单一的、甚至歪曲真实的大自然形象很有可能误导小观众，使其无法树立正确的生态精神，无法形成未来社会可持续发展中所需要的生态伦理观。

一、"双刃剑"的正面

随着近30年生态批评在学术界的蓬勃发展，该理论的应用疆域也在不断扩大，从最初的自然文学到小说戏剧中的社会生态研究到现在的大众文化领域，生态批评理论获得了惊人的发展。电影作为大众文化的重要领地，也得到了越来越多生态学者的关注。就像《建构世界：生态批评与电影研究》一书所言，从生态批评视角解读电影中的环境因素一直是相关研究的盲点，人们必须关注这一受众面极其广泛的媒介，"将生态因素的考虑融入到我们作为电影制作者和消费者的经验之中，从而认识到我们和非人类世界之间复杂的共生关系"（xiii-xiv）。毋庸置疑，《老雷斯的故事》传达了鲜明的环境保护观念，在此，笔者力求推动电影生态批评的研究，从生态批评角度审视电影在生态保护宣传方面所体现的正面效果和负面因素。

在评价电影《老雷斯的故事》时，格雷厄姆·杨（Graham Young）曾经说道，这部电影呈现了"乌托邦的一角"，对于无法理解地球变暖中复杂的政治因素的孩子们来说，"该电影具有极为诱惑的绚丽色彩，而其中永恒的环境观也将让孩子们终身受益"（2012：2）。其实，这种环境观在电影中具体体现在两大方面：抨击将自然工具化以满足自身欲望的人类中心主义和宣扬人与自然和谐相处的生态整体主义观念。

所谓人类中心主义，就是把人类的利益作为价值原点和道德评价的依据，有且只有人类才是价值判断的主体。在价值关系上，人类是主体，自然是客体，价值取向在于对于人类的意义；在伦理关系上，人类是目的，自然是工具，人类利用自然实现自己的目的，满足生存和发展的需要。在电影《老雷斯的故事》中，年轻的万斯勒因为金钱利益的驱使大肆砍伐树木，以此制造各种颜色鲜艳的布料，可是引发的后果却不堪设想：曾经充满欢声笑语的森林变成了丑陋肮脏的加工厂，曾经安然生活的动物们失去了赖以生存的家园，它们可以诗意栖居的家园最终变成了寸草不生的荒原。对万斯勒而言，自然只是生态批评学者加德和墨菲所说的"外部"世界的"为我之物"（1998：5），是人类征服和控制的对象，这种将自然工具化的观念正是人类中心主义的一大体现。电影更是通过万斯勒的歌曲《我能有多坏》将人类中心主义思想的狂妄披露得一览无余。在歌曲中，他利用"顺其自然"的借口遮掩心中的贪婪，而所谓"顺其自然"包括了两大原则："适者生存"法则和商业中的经营原则。根据前者，人们只有将个人利益凌驾在自然的利益之上，才能保证自我的生存，所以万斯勒无视动植物赖以栖居的森林，砍伐蓬勃生长的硅胶树，将其变成自己腰缠万贯的资本。至于后者，商业中的经营原则即"有钱能使鬼推磨"，只有将生意"做大、做大"，才能在商业竞争中建立起自己的王国；在这个王国中，自然沦落为工具，成为让万斯勒建立起企业王国的巨大资源，但是付出的巨大代价是严重的环境污染。所谓"皮之不存，毛将焉附"，当人类赖以生存的自然环境变为乌烟瘴气的工厂、毫无生气的荒原，那么以此建立的商业王国也会危若累卵，最终只能分崩瓦解。所以，万斯勒的失败充分体现了人类中心主义的狂妄所带来的恶果，面对自己对森林保护神老雷斯带来的伤害，看着自己一手造成的满目疮痍的景象，万斯勒懊悔不已，开始了与世隔绝的幽居生活。

如果说万斯勒还保留着一丝罪恶感，那么奥黑尔只有单纯的贪婪狂妄，他的人类中心主义完全以自我为利益中心，不仅否定自然的存在，而且抹杀他人渴望真实自然的需要。奥黑尔利用先进科技创建了一座人造城市，他用人造环境蒙蔽他人，通过监控他人的思想行为统治自己的王国。在这个王国里，高大的围墙将外面的荒原和里面的人造天地完全隔离。人们居住在千篇一律的房子之中，走在宽阔干净的水泥大街上，使用遥控器控制人造树木的生长，呼吸着奥黑尔兜售的人造空气，品尝着味同嚼蜡的人造食物。看似无忧无虑的人们在奥黑尔的统治下实际上失去了自由的思想，看似整齐划一的街区也成为西方人所创造的极端版"伊甸园"。生态学者卡洛琳·麦茜特（Carolyn Merchant）曾说过，"再创伊甸园贯穿（串）着西方 17世纪后的主流文化"，从开荒种地到工业治国，从商品琳琅满目的商城到纵横四海的网络世界（2003：2）。"再创伊甸园的一个极端是完全改造自然环境，将其变成人造世界"，围墙林立的社区成为城市中的丛林风景，温室农庄代替了难敌自然灾害的传统耕作方式（2003：4）。在一定程度上，奥黑尔所统治的城市暗示了科技发展到失去理性的极端时人类可能面临的命运，奥黑尔的想法也代表了部分人自以为是的态度。他们认为人类能倚靠自己的智慧创造完全独立于自然之外的"伊甸园"世界，这种科技万能、发展至上的观点完全违背了人类依靠自然生存的规律。在电影中，创建人造"伊甸园"的奥黑尔不仅代表了经济利益至上的资本家形象，而且是剥夺他人自由思想、监控他人行为的暴君。以此建立的"伊甸园"势必被另一种"伊甸园"模式所颠覆，即环境保护主义者所推崇的人类与自然和谐相处的世界。

在一定程度上，电影中的泰德是环境保护主义者的代表。尽管他寻找真树的初衷是迎合女友，但是他对自然的渴望是真实的。泰德突破重重阻挠翻越奥黑尔设置的高墙，去寻找知道自然死亡原因的万斯勒，并在获得万斯勒赠送的种子后冲破奥黑尔的围追堵截，终于成功地栽下了城市中第一棵真正的树。与此同时，泰德也揭露了奥黑尔凌驾自然、剥夺居民自由思想的阴谋，人们不必再担心黑色的土壤会弄脏整齐的街道，不必再生活在奥黑尔所灌输的对自然的恐惧之中，在万物复苏的景象中人们也放飞了自由的思想。电影的结尾勾画了一幅环境保护主义者所期待的生态整体主义画面，流落远方的动物们回到了重新充满活力的森林，保护神老雷斯又回到了地球上，在神灵眷顾的土地上，人们和自然过上了和谐相处的生活。

虽然歌舞升平的戏剧性结尾迎合了众多观众的需要，这部针砭人类中心主义、赞美生态整体主义的生态寓言电影也传达了一些令人不安的因素。这就是我们在解读电影时需要考虑的另一面。

二、"双刃剑"的反面

美国生态批评家诺尔·史德娟（Noel Sturgeon）在 2009 年最新出版的著作《大众文化中的环境主义》（*Environmentalism in Popular Culture*）中指出大众文化对儿童生态伦理观的影响。在她看来，"针对儿童的大众文化很多时候与我们正面的伦理理念背道而驰"，很多作品不能促进社会平等以及环境可持续发展，相反却为将来的社会问题和生态危机埋下了祸根（2009：2）。《老雷斯的故事》作为一款大众文化消费品，用绚丽的画面、跳跃的情节、保护环境的信息吸引了观众的眼球，与此同时，其中令人不安的因素却表明该部电影并不是一桌无可挑剔的精神生态盛宴，这些负面因素也使该部电影对儿童的生态教育指导意义大打折扣。

在电影中，塑造的自然偏离真实：生物圈过于简单，与错综复杂的真实生态系统大相径庭，而且其中"物化"的自然违背了生态伦理观，不利于儿童树立正确的生态意识。在电影里，植被的种类屈指可数，而摇曳着梦幻般色彩的硅胶树更像矗立在画面中的巨型棉花糖，如果银屏前的小观众难以将这些绚烂的硅胶树和现实中的树联系起来，那么当这些脱离现实的硅胶树被砍倒时，小观众也很难想象砍伐树木对人类生存环境带来的危害，这势必偏离电影本身需要传达的环境保护的主题。另外，电影中的动物形象不仅趋于单调，而且违背"食物链"中弱肉强食的自然规律。该部电影基本上仅仅刻画了三种动物：熊、鱼、鸟，它们是水陆空、肉食和素食动物的代表。为了烘托"和谐"的画面，导演们不惜以歪曲事实、营造动物的"乌托邦"为代价。在电影中，动物们都是可爱可怜的弱者，棕熊们已经放弃了吃肉的习性，和小鱼、飞鸟尽情地在画面中"卖萌"，以博观众的欢心：鱼儿们尽情地欢唱、小棕熊们摇摆着圆胖的身体，鸟儿们在天空中划出一道道美丽的弧线。它们陶醉于万斯勒施舍的棉花糖，面对遭受威胁的家园，它们只能露出惊恐的眼神。而它们的保护神老雷斯除了"卖萌"之外，也只能向毁掉它们家园的万斯勒提出警告而已。由此可以看出，电影中的动植物有严重"物化"的痕迹，它们是人类征服自然的牺牲品，同时作为愉悦大众的商品，可以任人塑造它们的特征甚至本性。诚如斯泰西·阿莱莫（Stacy Alaimo）所言，"物化"自然严重违背了生态伦理观，"认同自然世界的施事能力"是生态伦理观的核心思想，它的一大表现在于承认自然的"野性"

（2008：249）。面对银幕上缺乏"野性"的自然，小观众们也许能从"同情弱者"的感性角度萌发保护自然的想法，可是这种"物化"的自然形象很可能成为他们长大后征服自然的潜在影响；另外，如果"物化"的自然与真实的自然相距甚远时，他们需要更理性的思想支柱支撑他们长久保护自然的理念。所以，在一定程度上，《老雷斯的故事》停留在"物化"自然的层次，其保护环境的理念还无法长远、深刻地影响小观众，还无法让他们认识到真实的自然，不能帮助他们形成理性的生态伦理观。

综上所述，《老雷斯的故事》作为一部生态寓言电影，是一把褒贬大众文化的"双刃剑"。一方面，它敲响了人类中心主义影响下人类摧毁自然的警钟，传达了建立人类与自然和谐相处的生态整体主义观念；另一方面，电影中自然形象不仅单一，而且"物化"痕迹严重，不利于帮助儿童树立长久的、理性的生态保护意识。有鉴于此，如何引导儿童在享受大众文化电影的同时形成正确的生态伦理观，从而帮助他们成为未来生态文明建设的接班人，成为当下精神文明建设的重大挑战。

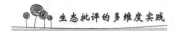

第四节 《马达加斯加》中荒野的呼唤

　　《马达加斯加1》是由埃里克·达奈尔和康拉德·维隆导演的迪士尼动画片，于2005年7月上映，影片主要讲述了狮子亚历克斯、斑马马蒂、河马格洛丽亚和长颈鹿梅尔曼从纽约中央公园逃往马达加斯加的故事。其续集《马达加斯加2》讲述他们的非洲生活以及亚历克斯和父母团聚的故事，《马达加斯加3》讲述四只动物周游欧洲并最终回到中央公园的旅程。正如许多迪士尼电影一样，《马达加斯加》也是关于动物和生态问题的一部代表作，鉴于《马达加斯加1》所反映出的原创性、其蕴含的生态意识以及对公众的影响力，本节选择《马达加斯加1》（后面直接用《马达加斯加》为名）作为研究对象，探讨这部影视作品中的生态内涵，挖掘电影对公众的教育意义。

一、荒野的呼唤

　　《马达加斯加》向公众提出了一个问题："如果把四只娇生惯养的动物放归荒野，他们能否生存下去？"随着城市的发展，室内圈养动物成为常态，人们担忧动物园中的动物可能失去荒野生存能力，而本节讨论的迪士尼电影就是考验人工养殖动物生存能力的一种实验。在该部电影中，动物们体验着囚困动物园和漫游荒野两种截然不同的生活，旨在探问囚禁于人类文明城市中的动物是否能依旧感受到荒野的呼唤并成功地在荒野中释放自己的本性。

　　传统观点认为文明程度和工业化的发展代表社会的进步，更有极端主义者认为我们应把所有荒野变为城市。早期的人类试图征服自然，毫不吝啬地掠夺自然资源，然而环境的日益恶化让人们开始意识到保护生态环境的重要性。正是在这种背景下，关注人与自然关系的自然写作也应运而生，早期主要代表人物有亨利·戴维·梭罗、拉尔夫·瓦尔多·爱默生和爱德华·艾比等，他们的作品以描写荒野为主，抒发了对荒野的热爱和对工业文明的鄙视。梭罗是自然写作的先驱人物，他崇尚自然，追求返璞归真的荒野生活，在其代表作《瓦尔登湖》中提出，生活的本质就是去感悟自然，体验简单生活。正如他所言："我步入丛林因为我愿意活得从容，单单直面生活的本质，看看我能否领会它要教予我的，而不是在临死的时候，才发现自己从未活过。"（Thoreau 1854: 25）同样，艾比也表达了他对荒野的渴望，他视自然为生命的源泉、荒野为自由的国度，认为人类来自于荒野，也将回归荒野。在艾比看来，自然如同我们魂牵梦绕的故乡，我们时时刻刻都想回到生养自己的故土之上。都市生活让我们不断丧失人的本质，如真诚、诚实、纯洁等等，而在荒野我们又可以重拾这些品质，人类本就需要荒野、需要自然，只有大自然才能涤荡我们的心灵，唤起我们的原始欲望，启迪我们找到生活的真谛，激励我们去追忆往事、缅怀岁月，去寻根问祖。荒野不仅仅是一个地方，"它代表过去和未知，是我们赖以生存的地球的摇篮"（Abbey 1968: 208）。厌倦喧嚣的人类传达的荒野情结也生动体现在电影《马达加斯加》中，困于城市的动物们渴望回归荒野，在商业时代中这些野性未泯的动物依然感受到荒野的呼唤，并毅然决然地开始城市的逃离。

长期以来，在人类中心主义主导的世界中，人类是具有话语权的主体，而动物则是失声的客体。《马达加斯加》正是对这一观念的颠覆，动物们成为话语的中心，他们反对沦落为哗众取宠的商品，思考着逃脱人类制造的动物园监狱。表面上看，当作宠物豢养的动物们过着天堂般的生活，他们享受精致的美食，得到专业人员的精心照顾，受到观众的热捧，可是他们无法忽视这个事实：他们仅仅是供人娱乐的商品，在商业化时代他们只是人类挣钱的工具；而舒适生活的后面是囚禁牢笼的现实，对荒野的渴望也是动物本性被唤醒的表现。另外，动物们也是沉默无声的"他者"。语言仍是把人类与自然界分隔的标准，长期以来，语言学家声称语言为人类独有，动物的声音不能称为真正意义上的语言。虽然动物在电影中能够开口说话，但无人能听懂它们的语言，当亚历克斯焦急地打电话给人类让其寻找出走的马蒂时，他只能发出人类认为的咆哮声。将人类语言赋予动物，虽然容易被诟病为"拟人描写"（anthropomorphism）的缺陷，电影却让观众看到动物们发声的可能，而他们争夺话语权的一大关键主题就是：逃离城市，回归荒野。

电影开始，四只企鹅无法忍受动物园中牢狱般的生活，企图逃离，斑马马蒂在企鹅们的激发下也决心逃出动物园去寻找自由，并鼓励朋友们开始"越狱"计划。但是，他的劝说并未成功。马蒂在生日聚会时许下回到荒野的愿望，然而，它最好的朋友亚历克斯强烈反对它的计划，"荒野？你发疯了吧？这是我听过最糟糕的想法。"可以看出，内化了受人类豢养观念的动物们无法割舍城市中的美妙生活，远离荒野的他们也对自求生存的未来充满恐惧。但马蒂心意已决，它渴望荒野，并执意实现荒野回归梦。马蒂出走被视为疯狂的举动，但担心他的朋友们还是逃离动物园以帮助他回到城市的"天堂"。颇具周折的是，动物们找到马蒂时却被人类捕回，这激起了许多环保人士的强烈抗议，在民意施压下，动物园将这些动物送到马达加斯加，在此开启了荒野的自由生活。马蒂在沙滩上建造了舒适的城堡，向来讨厌荒野的亚历克斯也开始改变自己的想法，当它成功地把海带串在树枝上时，它甚至觉得海带是世界上最美味的食物，它们也惊讶于夜空的漫天繁星，这一切都是城市中未曾有过的体验。当动物们开始融入荒野时，它们的思维方式也逐渐发生了改变，最大的变化发生在食肉动物亚历克斯身上。马蒂和亚历克斯在荒野上互相追逐，亚历克斯奔跑时发出的咆哮声比在动物园中有更大的震撼力，吓呆了平日如影随形的动物朋友们，亚历克斯还将坐在草地上的动物们看成了鲜美的肉块，甚至伸出尖利的爪子试图上前抓咬好友马蒂的屁股。正如狐猴所说，亚历克斯终究是危险的食肉动物。很明显，荒野改变了亚历克斯，它的种种表现正是来自于荒野的呼唤，是荒野激发了它的本能，唤醒了它的原始野性。

动物们聆听荒野的呼唤表明，人类文明影响并不能扼杀动物的生物属性，由此，《马达加斯加》也对当前大众文化中的动物塑造提出了质疑：我们是否能忽视动物的本性来随意篡改他们的本质？答案是否定的。动画片的受众对象往往是对世界缺乏认知的儿童，我们需要向他们呈现更真实的自然，而不是渲染人类文明足以改变动物本性的高超之处，就像人类自身一样，我们在文明进程中永远无法甩掉内在的动物属性。

二、野性的缺失

无可置疑，电影在展示荒野的呼唤时，也对动物们的彻底回归提出了疑问。尽管马达加斯加有美丽的景色、自由的生活，习惯城市生活的四只动物仍幻想有朝一日能重返纽约，正是野性的缺失让他们继续留恋城市，无法学会真正融入荒野。

野性缺失的最大体现就是荒野中动物们之间的关系违背了自然界弱肉强食的自然法则。尽管电影中偶尔存在掠食行为，比如老鹰捕获松鼠、鳄鱼吞食鸭子等等，但总体而言，动物们和谐共处，食物链中的捕食关系几乎荡然无存。狮子是百兽之王，但影片中的亚历克斯却温和顽皮、安于享乐，习惯动物园舒适生活的它对猎食几乎一无所知。在马达加斯加生活时，饥饿至极的亚历克斯闪现捕杀其他动物的念头，但之后它立即懊恼羞愧，为了不伤害它的朋友，它躲藏自己，认为自己是伤害朋友的恶魔。亚历克斯的故事表明两点：首先，人类反对掠杀的思想也在影响我们对动物的理解，我们存在对食肉动物的偏见，认为它们残忍凶暴，当亚历克斯瞬间冒出捕食好友马蒂的念头时，受人类文明影响的它并不知道它只是本能使然，而不是出于凶残捕食马蒂，它的懊悔源于它对于自我认知的怀疑，这种暂时的身份危机阻碍了它认识真正的自我。其次，亚历克斯的文明化也是它野性缺失的表现，也是它身份危机的外露，在城市它是商业化时代中的商品"他者"，比人类卑微的畜生，但是回到荒野，它又难以认同自己内在的野性，也导致其难以真正融入荒野。

可以看出，《马达加斯加》中的动物虽然聆听了荒野的呼唤，却没有展示野性的本我。荒野和野性本是完全不同的概念，荒野代表人类未涉足的自然，如电影中的马达加斯加；而野性意味着天生不驯服的性情，就像杰克·伦敦《野性的呼唤》中的巴克，经历几番曲折终于投入远离人类文明的原始荒原，响应了森林的召唤，重拾原始野性并开始了全新的生活。可是，《马达加斯加》让观众看到了荒野，但并未让观众看到动物们身上真正的原始野性。

三、电影的生态教育功能

电影除了娱乐观众以外，还可以发挥教育公众的作用。迪士尼电影也不例外，它们"在很多方面都有影响，但其中最有说服力的是作为'教育机器'所发挥的作用"（Giroux 1999: 84）。《马达加斯加》作为一部关于动物和环境的电影，对儿童认知自然以及人与自然关系有着不可低估的作用。迪士尼电影旨在真实地呈现自然，《马达加斯加》导演也使用高科技技术再现了马达加斯加美丽的自然景色，使动物们看起来更加生动、充满活力。通过电影我们也了解到许多自然知识，如斑马和长颈鹿是食草动物，狮子是杂食动物，马达加斯加有包括狐猴在内的许多稀有动物。电影试图打破自然的沉默，在反对人类中心主义的同时赋予动物争取自由与话语权的权利。然而，电影中塑造的动物也有不真实的一面，如狮子被塑造为"温和的小猫"，这种对自然的扭曲可能导致儿童错误地理解真正自然界中的动物。除此之外，动物的商品化可能误导儿童，他们甚至可能希望动物们待在动物园呈现精彩的表演。不可忽视的是，迪士尼电影作为商业演出本身就已经将动物们商品化，在塑造动物的过程中会为了吸引更多的观众而扭曲对动物的认知，比如和谐相处的动物能让小观众更亲近，而真实反映生物圈中的食物链可能会因为血腥使观众难以接纳。因此，如何传达环境生态主题也对电影制片商提出了很大的挑战。影视作品本质上是一种文学作品，它是在文学作品上的艺术加工，因为影视作品的影响范围更大，所以其中所宣扬的生态理念的影响也更大。如何借用这一传媒，推动更广大的人群选择合理的生态方式，也是很有研究价值的。儿童是世界的未来，他们肩负着人类与自然可持续发展的重大任务，呵护和培养他们身上所体现的生态理念决定着未来世界的命运。所以，如何通过电影促使儿童建构正确的生态理念，是当前电影制作与儿童教育所需要面对的重大命题，而迪士尼电影《马达加斯加》就提供给我们一个重要的思考空间。一方面，《马达加斯加》显示了卑微无声的、被客体化的自然对荒野的呼唤；另一方面，由于对自然的扭曲以及过多的拟人化，电影又存在野性缺失的弊病。

第六章

生态批评的教育维度

第一节　生态批评的教育维度研究

生态批评自萌芽至今，从未与其教育功能脱离，从课内理论的传授到课外行动主义的实施，生态批评旨在从深层次颠覆文化意识形态中的人类中心主义，重新建构人类与非人类自然和谐共处的关系，这就是其教育意义所在。但是，其教育维度研究还很不尽如人意，生态批评理论与文本阅读是教育的主流，如何从课堂内外帮助学生加深了解生态系统的运作以及培养呵护家园的生态理念是每一位生态批评学者还需要不断探索的内容。

鉴于生态危机的缓解有待教育界培养更多具有正确生态意识的接班人，本节以教育维度的代表性研究为例，管窥这方面的已有成就。首先，英国著名生态批评学者格雷格·杰拉德（Greg Garrard）指出生态批评的教育应该突破传统生态教育（environmental education, EE）的不足，转变为可持续发展的教育（education for sustainable development, ESD）。生态教育可以追溯到卢梭的浪漫主义教育理念，重点宣扬自然的教育功能，让孩子徜徉于自然的怀抱，以此保护他们热爱自然的天性，从而培养未来的自然保护人才。第一波浪潮的生态批评学者正是生态教育的宣扬者，他们带领学生阅读浪漫主义诗作或自然写作代表作品，或引领他们来到荒野田园感受自然之美。这种生态教育的目的在于帮助学生"真实了解实际具体或文学想象的地方，从而让他们获取有关非人类自然的经验认知，萌发对自然的敬畏"（Garrard 2007: 365）。但是，生态教育是有其局限的，尤其在影响力的深远程度上是令人怀疑的，"问题不在于其教育意义或是否让人记忆犹新，而在于潜在的改变是否能融入学生的学习家庭生活，并经受成年阶段和工作经历的考验"（Garrard 2007: 367）。除了影响深度外，传统生态教育的一大不足就是缺乏对社会和经济问题的思考，在将生态学融入课程设计的同时，却忽视了"消费主义的巨大影响"，学生一方面在学习节省能耗、废物利用等的重要价值，一方面却在见证社会鼓励消费所带来的巨大浪费，以此导致的生态危机（Garrard 2007: 367）。在教育方式上，生态教育难以帮助学生建构正确的生态意识，因此也难以促进他们在个人行为上有实质意义的改变，"年轻人想知道如何解除危机，但有时却只是让做牵手拉圈的游戏。学校并不致力于探索实质的未来前景以及如何将其实现：在很多方面生态教育并不是使人强大，而是让人内疚悲观"（quoted in Garrard 2007: 367）。杰拉德以自己的生态批评实证教育为例，通过教育反馈调研发现生态教育的诸多不足，尽管学生能通过学习掌握生态批评理论及生态伦理，但是教师"缺乏持续性思考教育对学生受教育前后及校外生活变化的影响"（Garrard 2007: 373）。有鉴于此，人们有必要将生态批评的教育从传统生态教育转移到可持续发展教育，其中的一大关键就是"坚定地迎接理解系统性变化和致力于可持续发展的两大挑战"（Webster quoted in Garrard 2007: 375）。为此，学生有必要系统地学习生态知识，包括人口爆炸、贫困、不平等、能源利用等问题，只有这样才能帮助学生"建立系统的批判性思维，投入环保和社会改良活动，并将二者联系起来，换而言之，让学生了解生态与政治，从而积极行使完整的公民权"（Sperling quoted in Garrard 2007: 377）。在学习方式上，与其本本主义学习理论，不如采用以学生为中心的方式激发学生思考生态环境危机以及相关的社会问题。只有学生积极参与思考，才能真正促使他们将系统的生态社会问题与自己的生活环境联系起来，才能帮助他们建立更长远的可持续发展的生活方式。教师将一系列的价值观与理念内容以多种方式传达给学生，这是一种"播种与成长"的过程，是一种以"取代传授式教学的社区为基础的建构性教学"（Garrard 2007: 377）。

尽管杰拉德明确提出可持续发展教育的可取性，但是他也对课程时间有限表示无奈。因为真正全面的可持续发展教育无法通过有限的学时来实现，生态批评学者仍然需要在生态教育与可持续发展教育的两个选择上做出折中，或保留传统教育中经典文本的欣赏分析与非系统的批判性思考，或采用可持续发展教育中比较系统的生态社会认知模式。另外一个需要面对的现实是，接受教育后的学生可能在学习结束或获取学位后无法将所学知识真正应用到日常生活中。对此，杰拉德希望通过指出困境激励其他生态批评学者继续探讨教育维度的研究，从而实现共同的目标，即"建构可持续发展的社会"（Garrard 2007: 378）。

杰拉德于 2012 年主编出版的《生态批评与绿色文化研究教学》（*Teaching Ecocriticism and Green Cultural Studies*）是当前唯一从生态批评视角探讨教学维度的

论文集，全书从三大部分分析生态批评教学所面临的三大挑战：本土与全球视角的融合、跨学科研究以及非文学媒介的应对策略（Garrard 2012: 3）。其中，埃德里安娜·卡塞尔（Adrienne Cassel）倡导超越当前的教育经济效益考虑，让学生了解自身的全球责任，鼓励学生扩大视野，看到面临问题的全球复杂性，意识到自己"作为商业文化一部分"也是致使全球性问题恶化的原因之一（2012：27）。不过，卡塞尔在进一步阐释自己的教学内容时，主要还是强调鼓励学生结合所读文本加深了解自己所在地方的社区环境，对于全球性问题的思考略显不足。至于跨学科研究，路易斯·韦斯特林（Louise Westling）提倡教学中生态批评与科学研究的结合。现代文明的一大特征就是自然科学研究的崛起与盛行在很大程度上边缘化了人文社会科学研究，二者之间的对立僵持导致学科之间难以互相取长补短，科学家们主张用客观量化的方式探索世界的奥秘，而人文学者却倡导利用想象假设去思考人与自然的本质（2012：77）。应该看到，实现自然科学与社会科学的互补才能真正推动两个领域的长足发展，而在现实中二者其实是不可分割的：科学研究渗透着文化理念，而文学家的作品又是对自然世界文化认知与科学探索的折射。因此，生态批评教学应该考虑采用格伦·洛夫（Glen A. Love）与达娜·菲利普斯（Dana Phillips）所提倡的"科学素养"（scientific literacy）教育，以跨学科学习的方式推动文学文化与自然科学之间的对话（2012：82）。在实际教学中，西方高校也将文理科之间的交融汇入课程设计，比如美国生态批评重镇内华达大学开设了文学教授与生物学教授合上的课程，韦斯特林所在的俄勒冈大学开设了类似课程，比如文学与地质学、或哲学与生物学等二合一的课程。学生可以通过一门课程了解两个领域对于同一问题的不同阐释，从而对于生态环境问题有了更综合性的了解。鉴于问题的复杂性往往需要不同学科的人共同努力，这种跨学科学习的教育模式有利于培养综合素质的人才，对今后社会环境问题的综合治理具有重要意义，因此这种模式也成为发展趋势。

　　尽管生态批评的教育维度研究不多，应该看到，生态批评所建构的环境伦理本身就是教育意义的体现，它旨在帮助学生树立社会生态责任感，摈弃人类中心主义的傲慢，以一种平等联系的观点重新定位人类在生态网中的位置，在批判当前的社会环境问题的同时，开始以可持续发展为目标的思考转变与积极行动。本节所分析的文本在根本上还不是教育维度的研究，而是生态批评教育意义的探讨，以此希望鼓励更多读者树立正确的环境意识，通过内在的真正改变拥抱自然的"复魅"。

第二节　悬疑故事《圆锥体》的生态教育意义

一、悬疑小说的生态意识考察

H·G·威尔斯（H.G.Wells）是世界科幻小说奠基人之一，与法国的儒勒·凡尔纳（Jules Verne）及美国的雨果·根斯巴克（Hugo Gernsback）齐名。他创作了许多脍炙人口的科幻小说经典，比如《时间机器》（*The Time Machine*, 1895）、《隐身人》（*The Invisible Man*, 1897）等等。与这些文学经典相比，他的短篇小说《圆锥体》（"*The Cone*"）名不见经传，它不属于科幻小说，也不能归类于威尔斯的"乌托邦"作品。在国内出版物中，它往往被纳入惊悚悬疑系列。众所周知，悬疑小说往往以扣人心弦的情节著称，故事情节在发展中环环相扣才能吸引广大读者。正因为如此，悬疑小说的产生与发展催生了广阔的阅读市场，反过来也促进了悬疑小说本身的蓬勃发展。根据统计，在欧美的图书销量中，惊悚悬疑小说"占到图书总数的 15% 到 20%，其独特的通俗文学功能是其他类型的文学作品不能替代的"（"前言"，2010：ii）。

可是，如何透过悬疑故事中跌宕起伏的情节了解小说所反映的社会现实，却是广大读者容易忽视的问题。普通读者往往关注故事本身是否能带来感官上的刺激，而忽略了如何在字里行间找到社会发展过程中人与社会、人与自然、人与自我之间关系变化的影子。对于文学评论家来说，悬疑故事难以登上大雅之堂，不过是供人消遣的市井文学，所以他们不屑于对悬疑故事品头论足，而更愿意徜徉在获得诺贝尔文学奖、普利策奖等这一类文学经典的海洋之中。可是，文学都是社会的产物，悬疑故事也不例外。诚如鲁枢元教授所说，"环境意识、生态意识作为一种观念、一种信仰、一种情绪，是可以贯穿（串）、渗透在一切文学创作与文学现象之中的"

（2006：233）。以此为宗旨，本节以威尔斯的短篇小说《圆锥体》作为课堂范本，和学生一起分析其中人类对自然观念的改变，以探究该小说所反映的生态意识，从而考察文本分析的生态教育意义。

二、工业文明中人与自然关系的扭曲

学生阅读完《圆锥体》后，初步印象这不过是一篇因婚外恋引起的谋杀故事。霍洛克斯太太与丈夫的朋友罗伯特在家中秘密约会，交谈暧昧之时，经营钢铁厂的霍洛克斯突然出现。情急之下，罗伯特谎称拜访霍洛克斯一家是为了与朋友欣赏钢铁厂的美景。已经对妻子红杏出墙一事有所察觉的霍洛克斯欣然答应，并带领朋友参观自己管理的钢铁厂。面对烟雾冲天的熔炉，霍洛克斯仿佛诗兴大发，对眼前的"美景"高谈阔论。已经毛骨悚然的罗伯特感到性命堪忧，想离开炉口，却被霍洛克斯推下去。罗伯特抓住悬挂圆锥体的铁链，霍洛克斯捡起煤块朝挣扎的罗伯特砸去，亲眼看着觊觎妻子的朋友烧焦并跌落到铁水沸腾的熔炉内。可是，如果让学生在生态批评的基础上进一步探讨谋杀后的深层含义，这篇通俗易懂的悬疑故事却可以成为我们洞察社会生态危机发展过程中某个片段的窗口，从中我们可以看到人与自然关系的扭曲。

首先，《圆锥体》反映了人类对自然观念的转变。著名生态女权主义学者卡洛琳·麦茜特曾经指出，西方工业革命导致人类对自然态度的变化，在主流意识形态中，自然不再是充满活力的有机体，而蜕变为受人类支配的机器。换而言之，"消除自然是有机体的观念导致了世界灵魂的死亡与自然精神的泯灭，从而加速了环境破坏"（1980：227）。在威尔斯的这篇小说中，自然环境已经浓缩为首句中的一抹余晖，"仲夏傍晚中残阳的一片红光"。与边缘化的自然相比，工业机器的描写是浓墨重绘，尽显人类统领自然的一面（2010：93）。辉煌耀眼的灯光、疾驰而过的火车、烟囱林立的工厂，这些都是人类在工业文明发展过程中创造的"奇迹"，而对此津津乐道的霍洛克斯作为钢铁厂的老板，就是支配自然的人类代表。在他的眼中，机器不仅是人类伟大的证明，也是美的象征。人类创造了轧钢厂和大熔炉等庞然大物，也用智慧发明了遮挡火光却能输入煤块的圆锥体，而且游刃有余地控制着它们，通过它们，将自然资源转变成为我所用的物品，甚至让它们变为铲除敌人的凶器。霍洛克斯正是借用炉口上方的圆锥体，将妻子的情人置于死地。而文章的最大亮点在于，霍洛克斯审美观念的扭曲也印证了工业文明对人类生态意识的摧残。

在《欧美生态文学》一书中，国内学者王诺指出，生态文学的重大意义之一在于批判工业和科技，因为工业化造成了"对自然美和诗意生存的破坏"（2003：178）。毫无疑问，《圆锥体》中大量关于工业机器的描写反映了工业文明进程中人类对自然的扭曲的美学思考。小说不仅从光与影、声与色、远与近等多个角度展示了机器文明，而且借用霍洛克斯的语言，显示了人类意识形态中审美观念的改变。与暗淡无光的灌木丛相比，摇曳的灯光"发出明亮的橙黄色，映照在灰蒙蒙的蓝色夜空下"（2010：93）。黑魆魆的群山这边是火光冲天、煤烟缭绕的熔炉，倒影在雾气弥漫的水中，从黑红色的旋涡中不停地飞腾起一连串鬼影般的白色蒸汽，让人眩晕。柔情蜜意的霍洛克斯夫人和情人窃窃私语时，疾驰而过的火车发出轰隆轰隆的声音，熔炉运作过程中发出振聋发聩的巨响，而轧钢厂里气锤敲打着铁材呼呼作响。除了光与影、声与色的描写外，文章还从远与近的角度描绘了工厂的情景。霍洛克斯带着朋友慢慢走近熔炉，从远处看，工厂只是一片高耸的烟囱，走近一看，他们能看到四溅的火花，爬到熔炉上方的围栏内，就能看到沸腾的铁水。在带领朋友参观工厂的过程中，霍洛克斯对于自己的工厂赞不绝口。在他眼中，机器就是美不胜收的艺术品，它们能发出优美动听的声音，能绽放出美轮美奂的光彩。就像他妻子所说，霍洛克斯心中形成了"可怕的理论，即机器是美丽的，世间的其他万物都是丑陋的"（2010：96）。本来不善言辞的他指着飞奔而来的火车诗兴大发，"喷吐的烟雾、橙黄的灯光、车前的圆灯、悦耳的轰鸣，多美妙的场景"（2010：99）。他指着眼前的熔炉，俨然是位宠爱孩子的父亲，高达70英尺的熔炉由他亲手参与创建，是他视其为珍宝的最爱。霍洛克斯对机器的赞美充分表明工业化不仅破坏了自然本身的美丽，而且扭曲了人们内心的审美原则。自然环境成为城市发展中的边缘物，成为人们心中残存的记忆。霍洛克斯作为工业文明的产物，已经遗忘了自然之美，却对机器赞叹不已。他的审美原理建立在人类掌控技术的基础之上，他的精神追求已经桎梏于物质层次，在他心中，自然已经不是充满活力的有机体，而是井然有序、受人支配的机器组合，这些为人类服务的机器就是美丽的化身，是他衡量世间万物美丽与否的标准。

我们通过引领学生结合生态批评中的已有文献威尔斯的作品《圆锥体》，可以帮助他们超越悬疑小说以情节扣人心弦的肤浅认识，从更深层次解读工业文明对人与自然关系的扭曲的负面作用。学生在讨论中，也将该小说联系到其他多部文本，比如里奥·马克思（Leo Marx）于1964年发表的《花园里的机器》，文学中喧嚣的机器工业文明取代了原有的恬静田园生活，社会生态危机引发了人们的精神生态危机；《圆锥体》中的主人公谋杀的对象不仅仅是情敌，而且包括本该生机盎然的大自然，因此主人公就是傲慢人类的代表，当他将自然置于自己的对立面时，最终导致的是自己内心的崩溃，甚至灭亡。

对《圆锥体》的解读也印证了鲁枢元的理论，即生态意识渗透在任何文学作品中，所以悬疑故事作为一种文学体裁，也是解读生态意识、帮助学生辩证思考社会生态问题的良好题材。

第三节　生态文学批评视角下的大学英语课堂生态教育

　　教书和育人总是相辅相成。和其他课程老师一样，大学英语教师也承担着这双重责任。在环境危机严重的情况下，培养具有生态责任的大学生也是育人工作的重要内容。所以，如何在大学英语教学中，将环境主题的讲解与生态意识培养联系起来，成为老师需要考虑的问题。可是，我们的教学往往过多关注如何将学生培养为适应发展所需要的社会人才，而不是帮助学生审视自己和自然的关系，从而让他们记住自己是"自然人"的根基。笔者相继以"大学英语"和"生态"为题名进行筛选，全国期刊网显示相关文章多达 65 篇。可是诸多学者宣扬"大学英语生态系统的构建"时，已经脱离生态意识的培养，而是集中关注如何以系统的教学模式将学生培养为社会所需要的语言人才。比如郑珺老师认为，我们应该建立"'三位一体'的大学英语生态系统"，即学生、教师和学习环境的三种生态因子相互联系、相互依存的教学模式，从而推动大学英语教学的改革（2009：89）。高梦梁和袁野认为我们应该将生态语言保护意识带到大学英语课堂，即让学生在学习英语语言的过程中，融入文化的理解，从而"强化学生的民族文化意识"（2009：212）。65 篇文章中，仅有一篇真正涉及大学生生态意识的培养。在该文中，陈燕玲和张惠荣指出，大学英语课堂应该是生态德育教育的基地，老师需要帮助学生建立"敬畏生命，崇敬自然，关注生态，保护环境"的意识（2009：347）。其实，对学生生态意识培养的忽视绝非独特的中国现象；在美国，当代教育家大卫·哈金森（David Hutchison）也暗自伤神地指出，在很大程度上，当今学校局限于为振兴社会经济而输出人才，"忽略了与环境危机和人类破坏星球生态平衡这一角色有关的更本质的问题"，即培养学生树立正确的生态意识的问题（1998：1）。有鉴于此，我们有必要将生态意识培养的问题融入大学英语课堂建设。我们力求将学生培养为符合社会发展的国际复合型人才，可是众所周知，"皮之不存，毛将焉附"？如果我们人类生存所依赖的生态系统继续恶化，我们成为商界的精英人才、政坛的风云人物又有什么意义？全球化带来的不仅是机会，也是挑战。当我们的环境危机已经成为全球问题时，我们的大学生，作为行将担负可持续发展任务的接班人，需要在课堂中树立正确的生态意识，形成良好的生态责任感。在此过程中，大学英语老师肩负着不可推卸的责任。

一、理智的环境保护论

众所周知，对老师而言，最重要的教书育人媒介之一就是课本，所以课本内容的编排对于老师能否尽其职责起着至关重要的作用。在此，本节将以上外版《大学英语》第二册第八课《为了人类自身拯救自然》为例，结合当前的生态文学批评理论，试图探讨课文所反映的环境保护观念，并考察该课文是否有利于培养大学生树立正确的生态意识。

上海外语教育出版社的《大学英语》（全新版）于 2002 年 1 月第一次出版，并成为全国众多高校采用的非英语专业教材。它选用的题材广泛，涉及教育、文化、科技、体育、历史等多个领域。一般而言，前四册是大部分高校非英语专业必修的内容，而每单元中 Text A 是主要讲解的内容。在这种宏观背景下，纵观前四册的 Text A，不难看出《为了人类自身拯救自然》（"Saving Nature, But Only for Man"）是其中唯一一篇涉及环境主题的文章。如果说解决环境危机的根本在于正确的教育方式，那么这本教材中唯一一篇与环境保护有关的主要文章是否能向广大当代大学生传播正确的生态理念呢？以下将结合当前的生态教育观，融合生态文学批评的理论，考察其中环境主题与生态意识培养之间的关系。

《为了人类自身拯救自然》的作者查尔斯·克劳特哈默（Charles Krauthammer）在美国新闻界享有盛誉，他于 1987 年获得普利策奖，从 1985 年开始成为《华盛顿邮报》的专栏作家，稿件同时被 275 家其他报纸媒体转载，所以他的影响之大绝非一般。笔者探讨的文章是作者于 1991 年撰写的，时隔 20 年，它还是当代大学生英语学习的部分内容。在文章中，克劳特哈默主张人们采用理智的环境保护论（sensible environmentalism），即以人为本的伦理意识，在确保人类生存的基础上保证自然为人类服务。在内容结构上，文章可以用一个对比和一个原则来概括。首先，人们应该学会区分"环境的奢侈追求"（environmental luxuries）和"环境保护之必需"

（environmental necessities)。比如保护臭氧层属于后者，臭氧减少直接影响到全球气候，威胁到人类的生存安全；其次，理智的环境保护论遵循"人是万物的尺度"的原则，根据克劳特哈默的说法，该原则能给我们指点迷津，避免各种环保论断内部的争议。秉承这一原则，人类只有当自身命运和自然命运紧密相连时，才有必要顺从自然、调整自身，否则应该让人类统领自然，当世界的主宰，所以人类需要在谋求自身福祉和保护大自然之间进行取舍时，只能牺牲自然的利益。

二、人类中心主义和欲望膨胀

表面上，克劳特哈默的文章凿凿有据，他的声望也增加了文章的可信度，而对持人类中心主义的人们来说，这篇文章更加助长了他们掌控自然的嚣张气焰。可是，作为一名大学英语老师，为了让学生成为呵护自然的地球守卫者，帮助他们树立生态责任感，我们亟需用理智的头脑、辩证的思维考证文章宣言的所谓的"理智的环境保护论"。

其实，克劳特哈默的环境保护论并无"理智"可言。首先，克劳特哈默的观点是人类中心主义的表现，它严重违背了生态整体观。"生态系统"、"生态圈、""生态网"等是生态批评理论中的关键词，也是生态批评学者用以纠正人类中心主义的理论依据。所谓人类中心主义，就是把人类的利益作为价值原点和道德评价的依据，有且只有人类才是价值判断的主体。在价值关系上，人类是主体，自然是客体，价值取向在于对于人类的意义；在伦理关系上，人类是目的，自然是工具，人类利用自然实现自己的目的，满足生存和发展的需要。很明显，克劳特哈默的理论就代表了人类中心主义的观点。他以"人是万物的尺度"为原则树立了所谓"理智"的环境保护论，其基本前提就是人类是主宰世界命运的主体，是"自然定律的理性君主"（Manes 1996: 20），而自然是被动的、无声的客体，是外部世界的"为我之物"（Gaard et Murphy 1998: 5)，其意义体现在为人类服务的价值层面上。对克劳特哈默而言，濒临灭绝的班枭只能给人带来美的愉悦，如果人类动慈悲之心就能实现保护班枭的善举，也是未免不可；可是，如果我们需要考虑伐木工人和他们家庭的生计问题，牺牲班枭、砍伐森林是颠扑不破的做法。与保护北极鹿的繁殖地相比，开采石油是关系国计民生的大事，如果美国人可以通过开采北极地区丰富的石油资源，避免发动战争抢夺石油而劳民伤财，那么北极鹿的命运可以忽略不计。可是，这种人类中心主义的观点是不理智的，它违背了生态整体观，最终这种所谓以人为本的生态保护论势必会威胁到人类本身的生存。在生态系统中，人类与自然中的其他万物都是生态系统中相互联系、相互依存的部分，在生物圈中，一荣俱荣，一损皆损。在克劳特哈默的文章中，人类成为了高高在上的君主，由于北极鹿和班枭是低等动物，它们的毁灭不会危及自己的命运，所以保护它们只是"环境的奢侈追求"，而开采石油和扩大就业机会才是国家首要任务之一。可是，当克劳特哈默提到理智的环境保护论要以"环境保护之必需"为重点目标时，他只会高谈阔论，谈论臭氧层减少和温室效应两大问题的解决是"环境保护之必需"时，他对具体的做法避而不谈。对他而言，砍伐森林、破坏班枭的栖息地与温室效应毫无关系，开采石油、危及北极鹿的繁殖地与臭氧层减少也是风马牛不相及，可是事实恰恰相反。在生态网中，人类诸如此类的做法不仅极其严重地破坏了生态系统的整体平衡，而且已经威胁到包括自己在内的物种的生存。

其次，克劳特哈默的文章让我们反思经济社会中欲望膨胀的问题。在欲望的驱使下，人们疯狂地掠夺自然资源。克劳特哈默认为人类可以牺牲北极鹿开采石油，这样就可以避免人类内部的相互残杀，可是从血雨纷飞中抢夺石油资源到堂而皇之毁灭动物栖息地而掠夺资源，这恰恰再现了人类欲望膨胀的过程。在欲望的驱使下，人类为自己的福祉寻找各种托词，在践踏其他物种的利益时实现自己的利益。同时，欲望膨胀也扼杀了人的灵魂和美好天性。克劳特哈默对"盖亚理论"嗤之以鼻，将其称之为感情用事的环境保护论，认为持这种理论的人美化自然，崇拜自然，忽视了自然摧毁人类的潜力。对于那些欲望膨胀的人们来说，克劳特哈默的文章只能让他们沾沾自喜，因为他们自诩为理性的人类，知道如何让自然为自己服务，在主宰自然的过程中他们也走向另一个极端，即他们在选择驯服具有所谓危险性的自然的同时，扼杀了人类童年时代亲近自然的美好本性，这种精神污染势必会导致进一步的环境污染，危及人类和其他物种的生存。

三、生态责任

国内著名生态批评学者王诺指出，"作为人类的一分子，每个人都有相应的社会责任；作为自然的一分子，每个人也有相应的自然责任或生态责任"（2003：8）。面对触目惊心的生态危机，我们需要树立正确的生态意识，肩负重建生态平衡的使命。对于高等院校的英语教师，职责不能局限于提高学生的语言能力，而应该将培养具有生态责任感的学生纳入英语教学的一部分。

本节作为生态教育的范例，重点剖析了《大学英语》教材中的一篇文章《为了人类自身拯救自然》。通过以上分析，我们不难想象，如果我们以克劳特哈默的文章作为培养学生正确生态意识的依据，将会出现什么样的后果。如果学生采纳了他的人类中心主义观点，他们将成为走出校园的"自然杀手"，用短视、狂妄的态度对待自然，最终只能带来自我毁灭。另一方面，秉承生态责任的英语老师一定要以辩证的思维考证我们教材中的内容，如果将所选文章当作绝对真理，在敬畏作家的同时藐视自然，无疑也会误导学生的世界观。对于这篇文章，我们可以将其视为反面教材，利用当前的生态理论讲解课文，促进学生反思其中的负面内容，进一步思考我们如何在生态纪律中树立正确的生态意识，培养有利于世界可持续发展的精神生态。另外，我们也呼吁大学英语教材编写者适当增加教科书中生态话题的文章，为大学生提供健康营养的生态精神食粮，大学英语老师也应结合教材，致力于将学生培养为具有生态责任人才的教育事业。

结　语　生态批评的物质转向与人文环境学的未来

自 1978 年威廉·鲁克尔特（William Rueckert）提出"生态批评"这一术语以来，该理论不仅促进了文学批评的发展，也推动了力求缓解世界生态危机的绿色思潮。对于生态批评阵营的日益壮大，劳伦斯·布尔（Lawrence Buell）首开先河使用"浪潮"一词形容理论的蓬勃发展，他在 2005 年出版的《环境批评的未来》（*The Future of Environmental Criticism*）一书中总结了两波浪潮的特点：第一波浪潮集中于荒野描写，梭罗、爱默生与约翰·缪尔（John Muir）等的非小说写作是学者考察的重点；第二波浪潮将焦点从远离尘嚣的荒野或风光怡人的乡村田园拉到喧嚣的城市，而"环境福祉与平等"成为环境正义与社会正义关系的研究核心（112）。从此，"浪潮"成为生态批评阶段性进程的代名词。鉴于生态批评舞台上白人主唱的局面一再受到诟病，而世界生态危机的缓解亟需更多力量的汇聚，生态批评理论随后涌现了多民族大合唱的局面，亚洲、非洲和拉美等多个国家的学者开始发出自己的声音，从不同角度拓宽生态批评的疆界，深化理论的发展。乔尼·亚当逊（Joni Adamson）与斯科特·斯洛维克（Scott Slovic）于 2009 年将此称之为生态批评的第三波浪潮，这波浪潮"认同民族和国家差异的同时，也超越民族与国家的界限，从环境的视角探索人类经验的各个方面"（6-7）。之后，生态批评中物质研究得到飞速发展，2012 年，斯洛维克首次将生态批评的物质转向称之为第四波浪潮，但是态度并不肯定，认为这种更贴近人类行为与生活方式的物质实证研究"可能"代表了生态批评的另一阶段（Slovic 2012: 619）；但是他在 2015 年为《生态批评的国际新声》（*New International Voices in Ecocriticism*）一书作序时，对于这种新趋势的态度非常明朗，指出最近涌现的生态批评第四波浪潮特点"鲜明"，"它将新物质主义词汇与思维应用于环境美学，并在人类挑战全球变暖力求生存的背景下致力于推动环境人文学的发展"（viii）。就像斯洛维克所言，"浪潮"一词借用于女权主义中的说法，但是形容生态批评的理论发展特点略有不当，因为不同浪潮之间没有明显的界限，第一波浪潮中的荒野文学研究在目前还盛行不衰，主张社会正义的生态女权主义也在不断发展。同样，生态批评的第四波浪潮也并不是空穴来风，其中的物质转向已经在第三波浪潮中暗流涌动。斯洛维克在总结第三波浪潮的特点时，提到"生态女权主义的早期形式发展成为'物质'生态女权主义的新浪潮，也成为生态批评中性别研究发展趋势的一部分"（2010：7）。一定意义上，第三波浪潮中有关"物质"的研究正是从物质女权主义中获得灵感，并从其他理论中汲取营养，从而发展成为当前的第四波浪潮。

提到物质生态批评的发展，意大利都灵大学教授赛仁娜拉·伊奥凡诺（Serenella Iovino）与土耳其哈希坦普大学教授瑟普尔·奥伯曼（Serpil Oppermann）对此功不可没。二人将其理论的两大来源形容为"双折画"，包括物质女权主义在内的新物质主义以及生态后现代主义就像双折画的两页，作为主要力量推动了物质生态批评新领域的开拓：即"物质现实与话语动态融合"的新领域（" Theorizing Material Ecocriticism " 2012: 448）。由于物质生态批评的主要观点与这两大理论来源密切相关，在此，本节不赘述其发展细节，而在下文从三个方面 —— 物质及其施事能力、物质与意义、物质与叙事 —— 阐述其主要观点时，渗透物质生态批评对两种理论的观点嫁接，从而体现其渊源关系。另外，物质生态批评的发展也见证了生态批评融入环境人文学的大趋势，而这也将意味着生态批评已有的跨领域、跨学科、跨国界研究将以更开放的姿态进行更广泛、更包容、更有活力的疆界拓展，而这也意味着将有更多各领域的学者投入到缓解生态社会危机的环境保护运动之中，以此推动全球范围内人与自然、人与社会、人与自我关系的改善。

一、物质及其施事能力

新物质主义给予物质生态批评最重要的营养是对物质及其施事能力的理解。新物质主义的一系列出版物革新了物质的定义，推动了环境人文学中物质转向的发展：斯黛西·阿莱莫（Stacy Alaimo）和苏珊·海克曼（Susan Hekman）主编的《物质女权主义》（*Material Feminism*, 2008）、简·班奈特（Jane Bennett）的《活跃的物质》（*Vibrant Matter*, 2010）、阿莱莫的《身体自然》（*Bodily Natures*, 2010）、大卫·爱布拉姆（David Abram）的《成为动物》（*Becoming Animal*, 2011）等等。首先，新物质主义颠覆了施事能力是人类区别于非人类自然的传统说法。世界是由物质组成的，人类和非人类自然都是物质，任何物质都具有施事能力，所以，意志或理性并不是决定施事能力的必要因素，人类具有意志和理性也不能成为其优越于其他物种的理由。正是因为所有物质都具有施事能力，非人类自然和人类才能以平等的方式构建成互为联系的生态网。对物质生态批评学者而言，即使微乎其微的尘土也在参与小规模的"生态过程"，从而融入到更大的环境体系，以此展示自己的施事能力（Sullivan 2012: 516）。但是，奥珀曼警告，认同非人类自然的施事能力，并不说明其参与了破坏生态系统的过程，从而帮助人类推脱摧毁自然的罪责；相反，人类作为施事者的一部分，应该以平等的态度看待其他物种，不能在人类中心主义认识论的错误引导下践踏其他物种的生存权，所以，物质施事能力的普适性应该激发人类呵护万物的责任心和伦理观（ME 2012: 35）。

其次，新物质主义认为，物质并不是一成不变的，也不是被动的，而是不断变化的"生成过程"，而这是物质施事能力的具体表现形态（Iovino and Oppermann, " Material Ecocriticism " 2012: 77）。物质女权主义学者凯伦·巴拉德（Karan Barad）对于物质过程性的理解具有一定的代表性。在她看来，"物质是不断物质化的现象"，它并不是一块等待人类书写的白板，而是"稳定与动摇的迭代内部互动过程"（qtd. in Iovino and Oppermann, ME 2014:151）。和以往事物之间的相互作用相比（interaction），巴拉德认为"内在互动"（intra-action）更准确地表达了物质化过程，宇宙是"变化中能动的、内在互动的过程"，而人类和非人类物质都是通过内在互动施展施事能力（Barad 2008: 135）。物质内部互动的理解进一步展示了物质的复杂性，作为生态危机的肇事者，人类通过技术改进想迅速弥补自己的过失成为一种妄想，因为生态危机的缓解不仅需要技术的参与，也需要其他物种的参与，只有人类和非人类物质一起通过更建设性的内在互动才有望改善环境恶化的现状；而这种生成过程也并不是一蹴而就的，需要人类抛弃征服自然的傲慢，与非人类物质一起参与扭转当前恶性循环的内在互动，通过长期努力才能逐渐实现生态危机的缓解。

对物质生态批评而言，生态后现代主义对于物质及其施事能力的研究贡献也是不可忽视的。以查尔斯·哈特肖恩（Charles Hartshorne）、大卫·瑞·格里芬（David Ray Griffin）和夏琳·斯普瑞特奈克（Charlene Spretnak）为代表的生态后现代主义学者认为，将人和动物视为机器的机械决定论很大程度上导致了生态危机的不断升级，人们需要将万物相连的关系论代替卡特尔的二元论，建构一种"自然文化过程中万物充满活力的新世界观"，以此瓦解人类与非人类自然世界之间的疆界（Opperman 2014: 22）。格里芬认为，自然的祛魅（disenchantment）实际上否定了自然的主体性，而自然复魅或魅力的复兴需要我们"想象人类之间、与自然、与整个宇宙关系的后现代互动方式"（qtd. in Oppermann, ME 2014: 22-23）。只有解构心智与物质、主体与客体之间的二元对立关系，想象现实世界千变万化的动态过程，认同自然万物的经验历史，才能有望将生态中心论取代机械决定论。正是因为生态后现代主义认为"物质具有内在经验、施事创造力和活力"，它才成为物质生态批评的一大理论根源（qtd. in Oppermann, ME 2014: 21）。

从一定意义上讲，施事能力在物质中的普及性颠覆了人文主义中主体与客体之间关系的认识论，从而进入"后人文主义的空间"（Iovino and Oppermann, " Theorizing Material Ecocriticism " 2012: 456）。文艺复兴中兴起并盛行几百年的人文主义观点认为，只有人类才是有思想、有理智，能影响世界、改变世界的主体，而非人类自然是被改变、被影响的客体，是没有思想、缺乏理智的物质。与其相反，后人文主义推翻了人类是唯一主体的认识，认为人类与非人类是紧密联系的施事者，共同组成世界，也共同改变世界。因此，当物质生态批评借用新物质主义中物质皆有施事能力的观点时，也同样大胆地挑战了主导性的人文主义认识论，跨入了后人文主义的疆界。

二、物质与意义

新物质主义的"复兴"之前，"语言转向"或认为语言建构现实的思想在学术界蔚然成风，为了扭转后现代主义中社会话语主导一切的极端思想，新物质主义重建了语言与现实、意义与物质之间的桥梁，而这也成为物质生态批评的主要观点之一。

在物质女权主义学者眼中，后现代主义和后结构女性主义在推进女权主义发展方面功不可没，这些理论阐述了"权力、知识、主体性和语言之间的相互联系"，从全新的角度解读了"性别"（gender），并解构了西方传统意识形态中的二元对立关系：文化／自然、心智／身体、主体／客体、理智／情感等等（Alaimo and Hekman

2008: 1）。但是在抛弃所有的二元对立关系的同时，后现代女性主义却默认了语言与现实之间的二元对立，她们大加肯定文化和言语对社会的建构和规范作用，忽视了物质世界本身的能动性，从而让女性主义陷入僵局。因此，解构语言与现实之间的对立关系成为新物质主义的关键任务，而融合社会话语与物质现实就是重构二者关系的重要方式。巴拉德认为，物质现象是物质与话语实践之间的内部互动而形成的，物质与意义"融合不分离"（Barad 2008: 335）。物质世界本身充满了意象、符号、意义与意图等，人们需要剖析某一物质以及该物质与环境的关系，从而形成对它的话语理解。比如阿莱莫提出的"通体性"（transcorporeality）概念，人类嵌入不断变化的物质世界，人类身体与非人类自然之间随时随地存在水分、空气、食物等的物质交换，这种物质交换决定了生态网中一荣皆荣、一损俱损的关系，即健康的环境才能保证身体的健康，反之，如果环境中充溢着有毒之物，那么在物质交换中的人类身体也会成为有毒身体（toxic bodies）。通体性的概念表明，人们实际上从生态的角度阐释身体与话语之间的关系，证明身体其实是物质、风险与权力结构的综合体，从而引发读者在"本体论、认识论及伦理观上的共鸣"（Alaimo 2010: 17）。爱布拉姆从生态现象学视角解读人类与非人类自然的融合关系也可用以架构意义与物质之间的桥梁。根据他的观点，自然生命是生物与想象过程的结合，心智存在于万物之中，人们用感官触及世界、感知嵌入世界的自身存在，"生物圈与意义圈（semio-sphere）互为渗透，身体的毒物与话语互为交融"，形成了物质与意义不可分割的紧密关系（qtd. in Iovino and Oppermann, ME 2014: 5）。同样，社会身份、科技知识、历史演变、语言变化等等也都是人类与非人类自然通过物质与意义的内在互动而实现的结果，人与其他物质施事者（包括人类与非人类施事者）不断互动从而推动了自我的认同、知识的积累、历史的革新与话语的建构。

正是通过重构物质与意义的关系，新物质主义纠正了后现代主义与后结构主义中有关社会话语主导一切的观点，从而瓦解了语言与现实之间的界限，让人们看到语言在解释现实时，它永远无法超脱物质世界的根基；同样，物质现实也并不是孤寂的存在，它是物质和意义不断生成的过程，而这也是其施事能力的体现。一定程度上，物质生态批评将物质与意义交融关系纳入其主要观点之中，有利于颠覆西方传统意识形态中语言与现实、文化与自然之间的二元对立关系：物质不断推动着认识过程、社会建构、科技研究和伦理意识的进程；同时，文化不再是人类独一无二

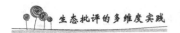
的创造物，包括人类与非人类自然的所有物质都在通过内在互动生成意义，从而文化与自然不再是界限分明的存在，而成为互为交融的"混合体"（qtd. in Iovino and Oppermann, ME 2014: 5）。

三、物质与叙事

如果说物质及其施事能力、物质与意义的理解是物质生态批评从新物质主义与生态后现代主义中借用的主要观点，那么物质与叙事则是物质生态批评在两种理论基础上进行革新后的重要贡献。

基于物质生成意义的观点，物质生态批评认为人类与非人类自然不仅是文本的描述对象，而且本身就是文本，就是叙事，而这种叙事能力（narrative agency）就是一种生成故事的能力。物质生态批评主要考察叙事能力的两个方面：第一，非人类自然的施事能力在叙事文本中的描述与再现；第二，物质作为文本在互动中生成意义的叙事能力（Iovino and Oppermann, " Material Ecocriticism " 2012: 79-80）。在很多文学作品中，自然的施事能力得到了生动体现。在哈代笔下，《还乡》中的爱敦荒原如同一位有血有肉的角色，它阴沉幻变，永不屈服；梅尔维尔描写的大海或波平浪静，或惊涛骇浪，而他笔下的大白鲸在人类的追杀中不屈不挠，在追求自由中肆意释放野性的力量。对于物质生态批评而言，这些文本也是作者与自然间物质内在互动的结果，是现实世界中人类与非人类物质之间摩擦出来的想象火花，比如观察草叶的惠特曼通过与外在物质世界的互动，激发了内在物质世界中歌唱人类与非人类自然个体性与多样性的文学想象。从这方面讲，"文学象征性地表达了文化与自然之间交融的根本关系"（Zapf 2014: 57）。如果说文学是物质施事能力再现的平台，那么世界就是各种具有叙事能力物质的集合体，是由故事物质（storied matter）而组成的故事世界（storied world）。换而言之，物质就是文本，所有形式的物质称为"叙事场所，或故事物质，其叙事体现在人类施事者的大脑中以及自我建构的结构之中"，而物质生态批评的一大任务就是考察关注物质生成过程的故事或叙事潜力（Iovino and Oppermanna, " Material Ecocriticism " 2012: 83）。

从物质角度分析文化艺术中人类与非人类关系的叙事，和其他批评方法一样需要面对自我建构的问题。物质生态批评认同物质女权主义学者阿莱莫有关"物质自我"（material self）的概念，即"自我作为物质与更广袤的环境紧密相连"（Alaimo 2010: 20）。在西方逻各斯中心主义中，自我与他者是二元对立关系，比如白人男性作为自我，优越于包括有色人种、女性和自然在内的他者。但是在物质生态批评中，物质自我融入由无数物质组成的世界，在物质都具有施事能力的前提下，物质自我与其他物质都是平等的，没有优劣之分。从这方面讲，物质自我是用以反驳性别歧视与物种歧视的利器，也是颠覆物种主义与种族主义共谋关系的有效工具。另外，从物质的角度探讨自我，"身体"是物质女权主义用以考察物质与意义关系的叙事方法。物质自我作为嵌入生态系统中的身体，本身既是物质的构成方式，也是社会话语解读的对象。"从生态叙事的意义上讲，身体反映了有机体、生态系统与人造物质相互影响的关系"，比如身体中的细菌和寄生虫正是和人类身体进行物质互动，才能保证不同物质的共存。并且，身体也是风险社会中各种毒物存在的显示仪，污染空气、有毒食品等都能在身体中反映出来，而毒物在不同身体中的分配也能显示社会权力不平衡而导致的环境非正义（Iovino and Oppermann, " Material Ecocriticism " 2012: 84）。可以看出，当我们通过身体解读物质自我与其他物质的紧密联系时，我们也在用语言阐释身体，用社会话语解读物质自我。

值得一提的是，在描述物质叙事能力时，物质生态批评支持赋予事物、地点、动植物等人类特征的拟人描写（anthropomorphism）。长期以来，生态批评在肯定聆听非人类自然声音的必要性时，也在质疑为其代言的做法，认为是将人类思想和言行强加于其他物种，本质上还是人类中心主义的体现。但是，物质生态批评认为拟人描写在展示生命多样性的同时，也让人们认识到物质组成的共同特点，即显示"自然文化中不同物质形式的共性"（Iovino and Oppermann, " Material Ecocriticism" 2012: 82）。基于这种观点，奥伯曼辩证地认为，拟人描写不一定会为人类中心主义煽风点火，而可能成为"凸显物质的施事能力，展示组成因素共性的叙事手段"（Iovino and Oppermann, " Material Ecocriticism " 2012: 82）。

面对物质叙事所体现的巨大潜力，爱布拉姆也指出当前聆听故事世界所遇到的阻力，即新媒体对于人类的异化。鉴于信息时代中科技的飞速发展，智能手机、电子媒体等正阻止人类加强与非人类自然的联系，一方面使人们误认为可以脱离物质世界而存在，另一方面让人们自认为可以掌控整个世界。对此，爱布拉姆建议通过讲述故事重新融入非人类社区，这些故事涉及人类与非人类自然之间的紧密关系，反映物质的"活力与表达力",展示人类与其他物质间沟通交流所启发的"人类叙事"(2014: 311-312)。爱布拉姆提出关于挖掘物质叙事潜力的两条具体方案:首先,人们应该利用所有感官真实感知身体在非人类世界中的嵌入性,用耳聆听、用鼻嗅闻、用眼观察、用手触摸、用心感受物质之间的内在互动;其次,口述故事比书面语言更能展现当时当地人们与非人类自然之间进行的交流,通过复兴口述文化,人们更能设身处地感知与非人类自然无界限共存的现实。

对于奥伯曼而言,最重要的是"挖掘叙事与话语改变世界的潜力"(qtd. in Iovino and Oppermann, ME 2014: 35)。从故事物质的角度审视世界,人们需要重新书写故事,重新阐释世界,看到物质生成与话语建构的交融关系,认识到这种关系在塑造社会观点、撰写文学作品、修正伦理道德等方面所发挥的重要作用。人们可以从物质生成过程的角度,重新审视全球变暖的历史演变,剖析导致全球变暖的人类与非人类物质因素,探讨阻止其恶化的可行方法;同样,人们也可以从物质的角度阐释资本主义在全球的扩张,追踪不同资本的分布,考察权力结构的不平衡,揭露环境非正义与社会非正义狼狈为奸的事实。

可以看出,从物质生态批评视角来看,叙事能力不再为人类独享,而是包括非人类自然在内的所有物质的基本属性,从而反驳了人类优越于非人类自然的论断。通过肯定物质生成意义和故事的叙事能力,认同微观和宏观世界中所有物质的表达能力,物质生态批评也从一定意义上促进了生态后现代主义所宣扬的自然"复魅"(reenchantment)进程(qtd. in Iovino and Oppermann, ME 2014: 35)。

四、意义与环境人文学的未来

通过借用和革新其他理论,尤其是新物质主义与生态后现代主义的观点,物质生态批评在近几年取得了飞速的发展。如果说2010年是"新物质主义学术研究的爆发期",那么2012年至今就是生态批评物质转向的重要时期(Iovino 2012: 134)。对于迅速发展的物质生态批评,其价值意义与发展思考也是我们考察的对象。

首先,物质生态批评的伦理意义、政治价值与艺术内涵是不可忽视的。伊奥凡诺与奥伯曼所宣扬的"物质伦理"(material ethics)具有一定的代表性。该伦理认同人类与非人类主体共享的物质性,聚焦物质与话语内在互动的方式,考察物质现实中物质的话语生成与话语影响，分析互为联系的施事者与话语构成物质现实的方式（Iovino and Oppermann, " Material Ecocriticism " 2012: 85-86）。从一定意义上，肯定所有物质的施事能力、架构物质与意义的桥梁、认同物质的叙事能力，有利于颠覆西方传统意识形态中心智／身体、人类／自然、语言／现实之间的二元对立关系，在肯定所有物质自我的平等时，也反驳了白人男性优越于有色人种、女性和自然的论断。所以，这种物质伦理本身体现出伸张环境正义与社会正义的政治价值。另外，从物质叙事的角度来看，物质生态批评有利于促进文学艺术的进一步发展。将非人类自然纳入文学艺术创作的目标，并肯定人类与非人类物质共有的施事能力，同时看到各种物质的多样性，以此，物质生态批评成为"文化批评与文化创造力的一部分"（Iovino and Oppermann, " Material Ecocriticism " 2012: 87）。

其次，有关物质生态批评的发展也是值得我们进一步探讨的。生态批评发展到第四波浪潮，从研究主体到研究内容，该理论所体现的跨国性与跨学科性也变得愈加明晰。从这一方面而言，物质生态批评有望在将来阶段吸引更多全球学者的参与，而不同领域的学者在关注世界性生态危机的共同问题时，也会结合自己的专业领域和其他学科的洞察，进行创造性的理论嫁接与革新，为物质生态批评的理论研究与应用实践做出自己的贡献，用不同的方式阐释"作为物质力量的自然环境对于文化体系、文本与艺术品的影响方式"（Alaimo 2012: 71）。除了跨国性与跨学科性会变得更加明显以外，物质生态批评理论的推广不是一蹴而就的，是需要长时期经过理论实践考证的。正如汉恩斯·伯格塞勒（Hannes Bergthaller）所言，尽管西方传统的二元论是我们批判的对象，但并不意味着人们可以像更换引擎一样更换主流意识形态，因为这种认识论是社会演变的结果，已经"在交流的自生系统中根深蒂固"（2014：49）。另外，物质生态批评是从新的观察角度重新阐释世界，任何对世界的观察都存在"盲点"，物质生态批评也不例外（2014：49）。所以，尽管物质生态批评发展迅速，它作为一种认识论，不可能在短时间内深入人心，快速取代备受诟病的二元论。

值得注意的是，随着第四波浪潮的提出，生态批评领域出现了一个有趣的微妙变化，比如权威生态批评学者斯洛维克、阿莱莫、亚当逊等将自己的专业领域从以往的"文学与环境"更换成"环境人文学"，这与生态批评日益凸显的跨学科性是分不开的，物质生态批评的飞速发展就证明了这一点。同样，"浪潮"一词能否继续形容具有巨大活力的生态批评，也是生态批评学者或环境人文学者需要考虑的。斯洛维克在2013年"环境人文学之未来"会议中也提出对于"浪潮"一词使用的疑问，对他而言，飞速发展的生态批评更像小河流入"环境人文学"的大江，并最终汇聚成"环境研究或环境文化"的大海。奥伯曼更倾向于借用德勒兹与加塔利的"块茎"（rhizome）形容生态批评的开放性和多元化的状态，"多元化的理论方式与国际联盟合作呈现出块茎发展模式，从根本上推动了该领域迅速发展成为无边界的世界运动"（Oppermann 2015: 1）。不同比喻词的应用再次证明生态批评理论的蓬勃发展，而物质生态批评作为当前环境人文学"大江"中的一部分，它已经不满足于文学文本中有关自然环境的书写，而将视野着眼于整个物质世界，去聆听块茎结构中不同物质所叙述的"自己"的故事。

参考文献

[1] Abbey, Edward. *Desert Solitaire*. New York: McGraw Hill, 1968.

[2] Abram, David. *The Spell of the Sensuous: Perception and Language in a More-Than-Human World*. New York: Pantheon Books, 1996.

[3] Abram, David. " Afterword: The Commonwealth of Breath." *Material Ecocriticism*. Eds. Serenella Iovino and Serpil Oppermann. Bloomington: Indian University Press, 2014, pp. 301-314.

[4] Adamson, Joni and Scott Slovic. " Introduction: The Shoulders We Stand On." *MELUS: Multi-Ethnic Literature of the U.S.*, Volume 34, Number 2, Summer, 2009, pp. 5-24.

[5] Adamson, Joni. *American Indian Literature, Environmental Justice, and Ecocriticism: The Middle Place*. The University of Arizona Press, 2001.

[6] Alaimo, Stacy. *Undomesticated Ground: Recasting Nature as Feminist Space*. Ithaca: Cornell University Press, 2000.

[7] Alaimo, Stacy. " Trans-Corporeal Feminisms and the Ethical Space of Nature." *Material Feminisms*. Eds. Stacy Alaimo and Susan Hekman. Bloomington: Indiana University Press, 2008, pp.237-264.

[8] Alaimo, Stacy. *Bodily Natures: Science, Environment, and Material Self*. Bloomington: Indiana University Press, 2010.

[9] Alaimo, Stacy. " Material Engagements: Science Studies and Environmental Humanities." *Ecozone*, Vo3. 1, No. 1, 2012: 69-74.

[10] Alaimo, Stacy and Susan Hekman. " Introduction: Emerging Models of Materiality in Feminist Theory." *Material Feminisms*. Eds. Stacy Alaimo and Susan

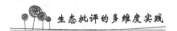

Hekman. Bloomington: Indiana University Press, 2008, pp. 1-22.

[11] Allen, Paula Gunn. *The Sacred Hoop: Recovering the Feminine in American Indian Traditions*. Boston Beacon Press, 1992.

[12] Allister, Mark.Ed. *Eco-Man: New Perspectives on Masculinity and Nature*. Charlottesville: University of Virginia Press, 2001.

[13] Anderson, Sherwood. " Winesburg, Ohio." *Winesburg, Ohio: Authoritative Text Backgrounds and Contexts Criticism*. Ed. Charles E. Modlin. New York: W.W.Norton & Company, 1996, pp.1-138.

[14] Armbruster, Karla. " 'Buffalo Gals, Won' t You Come Out Tonight' : A Call for Boundary-Crossing in Ecofeminist Literary Criticism." *Ecofeminist Literary Criticism: Theory, Interpretation, Pedagogy*. Eds. Greta Gaard and Patrick D. Murphy. Urbana: University of Illinois Press, 1998, pp. 97-122.

[15] Armbruster, Karla and Kathleen R. Wallace. " Introduction: Why Go Beyond Nature Writing, and Where To? " *Beyond Nature Writing: Expanding the Boundaries of Ecocriticism*. Eds. Armbruster, Karla and Kathleen R. Wallace. Charlottesville University Press of Virginia, 2001.

[16] Assmann, Jan. *Das kulturelle Gedächtnis, Schrift, Erinnerung und politische Identität in frühen Hochkulturen*. München: Beck, 1992.

[17] Barad, Karen. " Posthumanist Performativity: Toward an Understanding of How Matter Comes to Matter. " *Material Feminisms*. Eds. Stacy Alaimo and Susan Hekman. Bloomington: Indiana University Press, 2008, pp.120-154.

[18] Barad, Karen. *Meeting the Universe Halfway: Quantum Physics and the Entanglement of Matter and Meaning*. Durham: Duke University Press, 2007.

[19] Baumbach, Jonathan. "The Saint as a Young Man: A Reappraisal of *The Catcher in the Rye. " Modern Language Quarterly* . 1964 (12), pp.461-472.

[20] Bergthaller, Hannes. " Limits of Agency: Notes on the Material Turn from a Systems-Theoretical Perspective. " *Material Ecocriticism*. Eds. Serenella Iovino and Serpil Oppermann. Bloomington: Indiana University Press, 2014, pp.37-50.

[21] Berry, Wendell. " The Agrarian Standard. " *The Essential Agrarian Reader:*

The Future of Culture, Community, and the Land. Ed. Norman Wirzba. Lexington: The University Press of Kentucky, 2003.

[22] Bhabha, Homi. *The Location of Culture.* London: Routledge, 1994

[23] Biehl, Janet. *Rethinking Ecofeminist Politics.* Boston: South End Press, 1991.

[24] Bigwood, Carol. *Earth Muse: Feminism, Nature, and Art.* Philadelphia: Temple University Press, 1993.

[25] Birch, Carol. " The Missionary Imposition. " *The Independent* 6 Feb, 1999, p. 14.

[26] Bookchin, Murray. *The Philosophy of Social Ecology: Essays on Dialectical Naturalism.* Palo Alta: Black Rose Books, 1990.

[27] Buell, Lawrence. *The Future of Environmental Criticism: Environmental Crisis and Literary Imagination.* Malden: Blackwell Publishing, 2005.

[28] Buell, Lawrence. *The Environmental Imagination: Thoreau, Nature Writing, and the Formation of American Culture.* London: The Belknap Press of Harvard University Press, 1995;Casey, Edward S. *Getting Back into Place: Toward a Renewed Understanding of the Place-World.* 2nd edition. Bloomington: Indiana University Press, 2009.

[29] Buell, Lawrence. " Ecocriticism: Some Emerging Trends." *Qui Parle* spring/summer, 2011 Vol.19, No.88, pp.87-115.

[30] Buell, Lawrence. *Writing for an Endangered World: Literature, Culture, and Environment in the U.S. and Beyond.* Cambridge: The Belknap Press of Harvard University Press, 2011.

[31] Buell, Lawrence. " Ecoglobalist Affects: The Emergence of U.S. Environmental Imagination on a Planetary Scale." *Shades of the Planet: American Literature as World Literature.* Eds. Wai Chee Dimock and Lawrence Buell. Princeton: Princeton University Press, 2007, pp.227-248.

[32] Butler, Judith. *Bodies That Matter: On the Discursive Limits of " Sex ".* New York: Routledge, 1993.

[33] Carbaugh, Donal. " Naturalizing Communication and Culture." *The Symbolic Earth: Discourse and Our Creation of the Environment.* Eds. James G. Cantrill and Christine L. Oravec. Lexington: Kentucky U.P., 1996, pp.38-57.

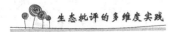

[34] Carson, Rachel. *Silent Spring*. New York: Houghton Mifflin, 1962.

[35] Caruth, Cathy. *Unclaimed Experience: Trauma, Narrative and History*. Baltimore: The Johns Hopkins University Press, 1996.

[36] Casey, Edward S. *Getting Back into Place: Toward a Renewed Understanding of the Place-World* . Bloomington Indiana University Press, 2009.

[37] Cassel, Adrienne. " Walking in the Weathered World." *Teaching Ecocriticism and Green Cultural Studies*. Ed. Greg Garrard. New York: Palgrave McMillan, 2012, pp.27-36.

[38] Cilano, Cara and Elizabeth DeLoughrey. " Against Authenticity: Global Knowledges and Postcolonial Ecocriticism." *Interdisciplinary Studies in Literature and Environment*, 14.1, Summer, 2007, pp.71-87.

[39] Connerton, Paul. *How Societies Remember*. Cambridge: Cambridge University Press, 1989.

[40] Cudworth, Erika. *Developing Ecofeminist Theory: The Complexity of Difference*. New York: Palgrave Macmillan, 2005.

[41] Curtins, Deane. *Environmental Ethics for a Postcolonial World*. Lanham MD: Rowman & Littlefield, 2005.

[42] DeLoughrey, Elizabeth and George B. Handley. " Introduction: Toward an Aesthetics of the Earth." *Postcolonial Ecologies: The Literature of the Environment*. Oxford: Oxford University Press, 2011, pp. 3-42.

[43] Demory, Pamela H. " Into the Heart of Light: Barbara Kingsolver Rereads *Heart of Darkness*." *Conradiana*, Vol. 34, 3, 2002, pp.181-193.

[44] De Veaux, Alexis. *A Biography of Audre Lorde*. W.W. Norton & Co., 2004.

[45] Diamond, Irene and Gloria Feman Orenstein. " Introduction." *Reweaving the World: The Emergence of Ecofeminism*. Eds. Irene Diamond and Gloria Feman Orenstein. San Francisco: Sierra Club Books, 1990.

[46] Donovan, Josephine. " Animal Rights and Feminist Theory." *Ecofeminism: Women, Animals, Nature*. Ed. Greta Gaard. Philadelphia: Temple University Press, 1993, pp. 167-194.

[47] Dreese, Donnelle N. *Ecocriticism: Creating Self and Place in Environmental and*

American Indian Literatures. New York: Peter Lang Publishing, 2002.

[48] Eisenstein, Zillah. *Manmade Breast Cancers.* New York: Cornell University Press, 2001.

[49] Esler, Gavin. " Books: Heart of Darkness with Band Aids." *The Independent* 31 Jan., 1999, p.12.

[50] Estok, Simon. " Theorizing in a Space of Ambivalent Openness: Ecocritcism and Ecophobia." *Interdisciplinary Studies in Literature and Environment* 16.2, 2009, pp.203-205.

[51] Estok, Simon. " Foreword: Packaging Concerns." *Ecodocumentaries: Critical Essays.* Eds. Rayson K. Alex and S. Susan Deborah. London: Palgrave Macmillan, 2016, pp. vii-xiv.

[52] Fox, Stephen D. " Barbara Kingsolver and Keri Hulme: Disability, Family and Culture." *Critique*, Vol. 45, 4, 2004, pp.405-420.

[53] Freud, Sigmund. *Beyond the Pleasure Principle.* Trans. James Strachey. New York: W. W. Norton, 1989.

[54] Gaard, Greta." Living Interconnections with Animals, and Nature." *Ecofeminism: Women, Animals, Nature.* Ed. Greta Gaard. Philadelphia: Temple University Press, 1993, pp.1-12.

[55] Gaard, Greta. *The Nature of Home: Taking Root in a Place.* Tucson: The University of Arizona Press, 2007.

[56] Gaard, Greta. " Toward a Queer Ecofeminism." *Hypatia,* Vol. 12, No. 1 ,Winter, 1997, pp.114-137.

[57] Gaard, Greta. *Ecocriticism.* London: Taylor & Francis Group, 2004.

[58] Gaard, Greta and Patrick D. Murphy. Eds. *Ecofeminist Literary Criticism: Theory, Interpretation, Pedagogy.* Urbana: University of Illinois Press, 1998, pp. 1-14.

[59] Garland, Caroline. *Understanding Trauma: A Psychoanalytical Approach.* London: Duchworth, 1998.

[60] Garrard, Greg. " Ecocriticism and Education for Sustainability." *Pedagogy: Critical Approaches to Teaching Literature, Language, Composition, and Culture.* Vol. 7,

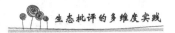
No. 3, 2007, pp.359-383.

[61] Garrard, Greg. " Introduction." *Teaching Ecocriticism and Green Cultural Studies.* Ed. Greg Garrard. New York: Palgrave McMillan, 2012, pp, 1-10.

[62] Giroux, Henry A. *The Mouse that Roared: Disney and the End of Innocence.* New York: Rowman and Littlefield, 1999.

[63] Glotfelty, Cheryll. " Introduction: Literary Studies in an Age of Environmental Crisis." *The Ecocriticism Reader: Landmarks in Literary Ecology.* Eds. Cheryll Glotfelty and Harold Fromm. Athens: The University of Georgia Press, 1996, pp.xv-xxxvii.

[64] Goldstein, Margatet. *You Are Now on Indian Land: The American Indian Occupation of Alcatraz Island, California, 1969.* Twenty- First Century Books, 2011.

[65] Gorton, Ceri. " The Things That Attach People: A Critical Analysis of the Fiction of Barbara Kingsolver." Diss., University of Nottingham, 2009.

[66] Griffin, Susan. *Woman and Nature: The Roaring Inside Her.* New York: Harper & Row Publishers, 1978.

[67] Haraway, Donna J. *Primate Visions: Gender, Race, and Nature in the World of Modern Science.* New York: Routledge, 1989.

[68] Haraway, Donna J. *Simians, Cyborgs, and Women: The Reinvention of Nature.* New York: Routledge, 1991.

[69] Harrison, Summer." Sea Level: An Interview with Linda Hogan." *Interdisciplinary Studies in Literature and Environment.* 2011(18), pp.161-177.

[70] Heise, Ursula K. *Sense of Place and Sense of Planet: The Environmental Imagination of the Global.* New York: Oxford University Press, 2008.

[71] Heise, Ursula K. " Ecocriticism and the Transnational Turn in American Studies." *American Literary History.* Vol. 20, 1-2, 2008, pp.381-404.

[72] Hofrichter, Richard. " Introduction." *Toxic Struggles: The Theory and Practice of Environmental Justice.* Ed. Richard Hofrichter. Philadelphia: New Society Publishers, 1993, pp. 1-11.

[73] Hofrichter, Richard. " Cultural Activism and Environmental Justice." *Toxic Struggles: The Theory and Practice of Environmental Justice.* Ed. Richard Hofrichter.

Philadelphia: New Society Publishers, 1993, pp. 85-96.

[74] Hogan, Linda. *Solar Storms*. New York: Simon& Schuster, 1995.

[75] Hogan, Linda. *Mean Spirit*. New York: Ivy Books, 1990.

[76] Huang, Hsinya. " Memory, Community, and Historicity in *Joseph Bruchac' s The Journal of Jesse Smoke, a Cherokee Boy, The Trail of Tears, 1838*." *Twenty-First Century Perspectives on Indigenous Studies: Native North America in (Trans)Motion*. Eds. Birgit Dawes et al. New York: Routledge, 2015, pp.217-235.

[77] Huggan, Graham and Helen Tiffin. *Postcolonial Ecocriticism: Literature, Animals, Environment*. London Routledge, 2010.

[78] Huggan, Graham. " ' Greening ' Postcolonialism: Ecocritical Perspectives." *Modern Fiction Studies* 50:3, Fall 2004, pp.701-733.

[79] Hunter, Allan. " Busy Lorax Has No Time to Chillax." *The Express*, July 27, 2012, pp.52-53.

[80] Hutchison, David C. *Growing Up Green: Education for Ecological Renewal*. New York: Teachers College Press and Columbia University, 1998.

[81] Iovino, Serenella. " Steps to a Material Ecocriticism. The Recent Literature About the ' New Materialisms ' and Its Implications for Ecocritical Theory." *Ecozone*, Vo3. 1, No. 1, 2012, pp. 134-145.

[82] Iovino, Serenella and Serpil Oppermann. " Theorizing Material Ecocriticism: A Diptych." *Interdisciplinary Studies in Literature and Environment* 19.3, Summer 2012, pp.448-475.

[83] Iovino, Serenella and Serpil Oppermann. " Material Ecocriticism: Materiality, Agency, and Models of Narrativity. " *Ecozone*, Vo3. 1, No. 1, 2012, pp. 75-91.

[84] Iovino, Serenella and Serpil Oppermann. " Introduction: Stories Come to Matter. " *Material Ecocriticism*. Eds. Serenella Iovino and Serpil Oppermann. Bloomington: Indiana University Press, 2014, pp.1-17.

[85] Jewett, Sarah Orne. " A White Heron." *Selected English Short Stories with Chinese Translation*. Trans. Li Wenjun. Beijing: China International Radio Press, 2007, pp.2-21.

[86] Kaplan, Amy. " ' Left Alone with America ' : The Absence of Empire in the Study

of American Culture." *Cultures of United States Imperialism*. Eds. Amy Kaplan and Donald E. Pease. Durham: Duke University Press, 1993, pp. 3-21.

[87] Kerr, Sarah. " The Novel As Indictment." *The New York Times*, 11 Oct., 1998, p. 53.

[88] Kheel, Marti. " Ecofeminism and Deep Ecology: Reflections on Identity and Difference." *Reweaving the World: The Emergence of Ecofeminism*. Eds. Irene Diamond and Gloria Feman Orenstein. San Francisco: Sierra Club Books, 1990, pp.128-137.

[89] Kingsolver, Barbara. *The Bean Trees*. New York: Harper & Row, 1988.

[90] Kingsolver, Barbara. *Animal Dreams*. New York: Harper Collins, 1990.

[91] Kingsolver, Barbara. *Pigs in Heaven*. New York: Harper Collins, 1993.

[92] Kingsolver, Barbara. *High Tide in Tucson: Essays from Now or Never*. New York: HarperCollins, 1995.

[93] Kingsolver, Barbara. *The Lacuna*. New York: Harper Collins, 2009.

[94] Kingsolver, Barbara. *The Poisonwood Bible*. New York: Harper Collins, 1998.

[95] Kingsolver, Barbara. *Prodigal Summer*. New York: Harper Collins, 2001.

[96] Kingsolver, Barbara. " Foreword." *The Essential Agrarian Reader: The Future of Culture, Community, and the Land*. Ed. Norman Wirzba. Lexington: The University Press of Kentucky, 2003.

[97] Kingsolver, Barbara. *Animal, Vegetable, Miracle: A Year of Food Life*. New York: Harper Collins, 2007.

[98] Kingsolver, Barbara. " FAQ." *The Official Barbara Kingsolver Website*. <http://www.kingsolver.com/faq/answers.asp#question06>.

[99] Kurth-Schai, Ruthanne. " Ecofeminism and Children." *Ecofeminism: Women, Culture, Nature*. Ed. Karen J. Warren. Bloomington: Indiana University Press, 1997, pp. 193-212.

[100] Le Guin, Ursula. " The Fabric of Grace." *The Washington Post*, September 2, 1990, p. xi.

[101] Lewis, David Rich. " Native Americans and the Environment: A Survey of Twentieth-Century Issues." *American Indian Quarterly*,1995 (3), pp. 423-450.

[102] Lorde, Audre. *The Cancer Journals*. San Francisco: Aunt Lute Books, 1980.

[103] Lorde, Audre. " There Is No Hierarchy of Oppressions." *Dangerous Liaisons: Blacks, Gays, and the Struggle for Equality*. Ed. Eric Brandt. New York: New Press, 1999,pp.306-307.

[104] Love, Glen A. *Practical Ecocriticism: Literature, Biology, and the Environment*. London: University of Virginia Press, 2003.

[105] Lutwack, Leonard. *The Role of Place in Literature*. Syracuse: Syracuse University Press, 1984.

[106] Lynch, Tom. *Xerophilia: Ecocritical Exploration in Southwestern Literature*. Lubbock: Texas Tech University Press, 2008.

[107] Lynch, Tom et al. *The Bioregional Imagination: Literature, Ecology, and Place*. Athens: University of Georgia Press, 2012.

[108] Machiorlatti, Jennifer. " Ecocinema, Ecojustice, and Indigenous Worldviews: Native and First Nations Media as Cultural Recovery." *Framing the World: Explorations in Ecocriticism and Film*. Ed. Paula Willoquet-Maricondi. Charlottesville: University of Virginia Press, 2010,pp. 62-80.

[109] Manes, Christopher. " Nature and Silence." *The Ecocriticism Reader*. Eds. Cheryll Glotfelty et Harold Fromm. Champagne-Urbana: University of Illinois Press, 1996, pp.15-29.

[110] Maslin, Janet. " Three Story Lines United by the Fecundity of Summer." *The New York Times* 2 Nov, 2000.

[111] Massey, Doreen. *Space, Place, and Gender*. Minneapolis: University of Minnesota Press, 1994.

[112] McCallum, Ian. " A Sense of Place: A Sense of Self." *Hope Beneath Our Feet: Restoring Our Place in the Natural World*. Ed. Martin Keogh. Berkeley: North Atlantic Books, 2010, pp.145-149.

[113] Merchant, Carolyn. *The Death of Nature: Women, Ecology, and the Scientific Revolution*. San Francisco: Harper & Row Publishers, 1980.

[114] Merchant, Carolyn. *Radical Ecology: The Search for a Livable World*. New

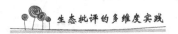

York: Routledge, 2005.

[115] Merchant, Carolyn. *Reinventing Eden: The Fate of Nature in Western Culture*. New York: Routledge, 2003.

[116] Mies, Maria and Vandana Shiva. *Ecofeminism*. 2nd Ed. London: Zed Books, 2014.

[117] Murphy, Patrick D. *Farther Afield in the Study of Nature-Oriented Literature*. Charlottesville: University Press of Virginia, 2000.

[118] Murphy, Patrick D. *Ecocritical Explorations in Literary and Cultural Studies: Fences, Boundaries, and Fields*. Lanham: A Division of Rowman & Littlefield Publishers, Inc., 2009.

[119] Murphy, Patrick D. *Literature, Nature, and Other: Ecofeminist Critiques*. Albany: State University of New York Press, 1995.

[120] Myers, Tom. " Morality Is a Somatic Experience." *Hope Beneath Our Feet: Restoring Our Place in the Natural World*. Ed. Martin Keogh. Berkeley: North Atlantic Books, 2010, pp. 158-165.

[121] Narine, Anil. *Eco-Trauma Cinema*. New York: Routledge, 2014.

[122] Oakes, Timothy. " Place and the Paradox of Modernity." *Annals of the Association of American Geographers*. Vol. 87, No. 3 Sep., 1997, pp.509-531.

[123] Ognibene, Elaine R. " The Missionary Position: Babara Kingsolver' s *The Poisonwood Bible."* *College Literature* 30.3 Summer 2003, pp. 19-36.

[124] O' Loughlin, Ellen. " Questioning Sour Grapes: Ecofeminism and the United Farm Workers Grape Boycott." *Ecofeminism: Women, Animals, Nature*. Ed. Greta Gaard. Philadelphia: Temple University Press, 1993, pp. 146-165.

[125] Oppermann, Serpil. " From Ecological Postmodernism to Material Ecocriticism: Creative Materiality and Narrative Agency." *Material Ecocriticism*. Eds. Serenella Iovino and Serpil Oppermann. Bloomington: Indiana University Press, 2014, pp.21-36.

[126] Oppermann, Serpil. " Introduction: New International Voices in Ecocriticism." *New International Voices in Ecocriticism*. Lanham: Lexington Books, 2015, pp. 1-24.

[127] Phillips, Dana and Heather I. Sullivan. " Material Ecocriticism: Dirt, Waste,

Bodies, Food, and Other Matter." *Interdisciplinary Studies in Literature and Environment* 19.3Summer 2012, pp.445-447.

[128] Plumwood, Val. *Environmental Culture: The Ecological Crisis of Reason.* London: Routledge, 2002.

[129] Plumwood, Val. " Shallow Places and the Politics of Dwelling." *Australian Humanities Review*, 2008(44), pp.139-150.

[130] Plumwood, Val. " Decolonizing Relationships with Nature." *Decolonizing Nature: Strategies for Conservation in a Post-colonial Era*. Eds. William M Adams and Martin Mulligan. London: Earthscan Publications Ltd., 2003, pp.51-78.

[131] Renza, Louis A." *A White Heron* " *and the Question of Minor Literature*. Wisconsin: The University of Wisconsin Press, 1984.

[132] Rideout, Walter B. " The Simplicity of Winesburg, Ohio." *Winesburg, Ohio: Authoritative Text Backgrounds and Contexts Criticism*. Ed. Charles E. Modlin. New York: W.W.Norton & Company, 1996, pp.169-177.

[133] Roelofs, Monique. " Racialization as an Aesthetic Production: What Does the Aesthetic Do for Whiteness and Blackness and Vice Versa?" *White on White/Black on Black*. Ed. George Yancy. Lanham: Rourman & Littlefield Publishers, Inc., 2005, pp. 83-124.

[134] Roos, Bonnie and Alex Hunt. " Introduction." *Postcolonial Green: Environmental Politics and World Narratives*. Charlottesville: University of Virginia Press, 2010, pp.1-16.

[135] Ruether, Rosemary Radford. *New Woman/New Earth: Sexist Ideologies and Human Liberation*. New York: the Seabury Press, 1975.

[136] Rust, Stephen and Salma Manani. " Introduction: Cuts to Dissolves: Defining and Situating Ecocinema Studies." *Ecocinema Theory and Practice*. Eds. Stephen Rust et al. New York: Routledge, 2013.

[137] Sanders, Scott Russell. *Staying Put: Making a Home in a Restless World.* Boston: Beacon Press, 1993.

[138] Sack, Robert David. *Homo Geographicus: A Framework for Action, Awareness, and Moral Concern* . Baltimore The Johns Hopkins University Press, 1997, p.12.

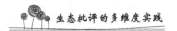

[139] Salleh, Ariel. *Ecofeminism as Politics*. London: Zed Books Ltd., 1997.

[140] Schauffler, F Marina. *Turning to Earth: Stories of Ecological Conversion*. London: University of Virginia Press, 2003.

[141] Shwab, Gabriele. " Writing Against Memory and Forgetting." *Literature and Medicine*, Spring, 2006 , pp. 95-121.

[142] Slicer, Deborah. " Toward an Ecofeminist Standpoint Theory: Bodies as Grounds." *Ecofeminist Literary Criticism: Theory, Interpretation, Pedagogy*. Eds. Greta Gaard and Patrick D. Murphy. Urbana: University of Illinois Press, 1998, pp. 49-73.

[143] Slovic, Scott. " Foreword." *New International Voices in Ecocriticism*. Ed. Serpil Oppermann. Lanham: Lexington Books, 2015, pp. Vii-viii.

[144] Slovic, Scott. " Seasick Among the Waves of Ecocriticism: An Inquiry into Alternative Historiographic Metaphors." [United States]: 2013, n.p., n.d. N. pag.

[145] Slovic, Scott. " The Third Wave of Ecocriticism: North American Reflections on the Current Phase of the Discipline." *Ecozone*, Vol. 1, No. 1, 2010, pp.4-10.

[146] Slovic, Scott. " Editor' s Note." *Interdisciplinary Studies in Literature and Environment* 19.4 , Autumn 2012, pp.619-621.

[147] Smiley, Jane. " In One Small Town, the Weight of the World." *The New York Times*. Sep. 2, 1990, p. 2.

[148] Snodgrass, Mary Ellen. *Barbara Kingsolver: A Literary Companion*. Jefferson: McFarland & Company, Inc., 2004.

[149] Snyder, Gary. *The Practice of the Wild*. San Francisco: North Point, 1990.

[150] Spretnak, Charlene. *The Resurgence of the Real: Body, Nature, and Place in a Hypermodern World*. New York: Routledge, 1999.

[151] Steigraber, Sandra. *Living Downstream: A Scientist' s Personal Investigation of Cancer and the Environment*. New York: Vintage, 1998.

[152] Stevenson, Sheryl. " Trauma and Memory in Kingsolver' s *Animal Dreams*." *Seeds of Change: Critical Essays on Barbara Kingsolver*. Ed. Priscilla Leder. Knoxville: The University of Tennessee Press, 2010, pp. 87-108.

[153] Strathern, Andrew J. *Body Thoughts*. Ann Arbor: The University of Michigan

Press, 1996.

[154] Sturgeon, Noel. *Environmentalism in Popular Culture: Gender, Race, Sexuality, and the Politics of the Natural.* Tucson: The University of Arizona Press, 2009.

[155] Sullivan, Heather. " Dirt Theory and Material Ecocriticism." *Interdisciplinary Studies in Literature and Environment* 19.3 , Summer 2012, pp.515-531.

[156] Thoreau, Henry David. *Walden.* United States, 1854.

[157] Twine, Richard T. " Ma(r)king Essence: Ecofeminism and Embodiment." *Ethics & The Environment.* 6.2 ,2001, pp. 31-58.

[158] Vance, Linda. " Ecofeminism and the Politics of Reality." *Ecofeminism: Women, Animals, Nature.* Ed.Greta Gaard. Philadelphia: Temple University Press, 1993, pp.118-145.

[159] Visser, Irene. " Trauma Theory and Postcolonial Literary Studies." *Journal of Postcolonial Writing*, Vol. 47, No. 3, July 2011, pp.270-282.

[160] Wagner-Martin, Linda. *The Poisonwood Bible: A Reader' s Guide.* New York: The Continuum International Publishing Group Inc., 2001.

[161] Warren, Karen J. " Introduction." *Ecofeminism: Women, Culture, Nature.* Ed. Karen J. Warren. Bloomington: Indiana University Press, 1997, pp. xi-xvi.

[162] West, Rinda. *Out of the Shadow: Ecopsychology, Story, and Encounters with the Land.* Charlottesville: University of Virginia Press, 2007.

[163] Westling, Louise. " Literature and Ecology." *Teaching Ecocriticism and Green Cultural Studies.* Ed. Greg Garrard. New York: Palgrave McMillan, 2012, pp. 75-89.

[164] Willoquet-Maricondi, Paula. " Introduction: From Literary to Cinematic Ecocriticism." *Framing the World: Explorations in Ecocriticism and Film.* Ed. Paula Willoquet-Mariondi. Charlottesville: University of Virginia Press, 2010, pp.1-22.

[165] Young, Elizabeth. " Books: Living Happily Ever After." *The Guardian* 23 Nov., 1993, p. 9.

[166] Young, Graham. "A Slice of Utopia." *The Western Mail,* July 27, 2012, p.2.

[167] Zapf, Hubert. " Creative Matter and Creative Mind: Cultural Ecology and Literary Creativity." *Material Ecocriticism.* Eds. Serenella Iovino and Serpil Oppermann.

Bloomington: Indiana University Press, 2014, pp. 51-66.

[168] 曹晶晶：《〈麦田里的守望者〉的生态视角解读》，载《现代语文》2008年第 2 期，第 60—61 页。

[169] 陈煌书：《人、自然、生态:〈白苍鹭〉的生态女权主义自然观解读》，载《西北民族大学学报（哲学社会科学版）》2006 第 6 期，第 94—98 页。

[170] 陈婷苑：《爱的饥渴：探析〈小镇畸人〉中"怪人"形成的根源》，载《宿州教育学院学报》2009 年第 4 期，第 26—32 页。

[171] 陈燕玲，张惠荣：《探讨如何在大学英语教学中实施生态道德教育》，载《科技信息》2009 年第 36 期。

[172] 程相占：《环境美学的理论创新与美学的三重转向》，载《复旦学报（社会科学版）》2015 年第 1 期，第 36—43 页。

[173] 方刚、罗蔚：《社会性别与生态研究》，中央编译出版社 2009 年版。

[174] 高梦梁、袁野：《浅谈大学英语教学中的生态语言保护意识》，载《中国电力教育》2009 年第 8 期，第 211—212 页。

[175] [英] 赫伯特·乔治·威尔斯：《圆锥体》，载《羊腿与谋杀：大师惊悚悬疑精选短篇集》，中国宇航出版社 2010 年版。

[176] 胡志红：《西方生态批评研究》，中国社会科学出版社 2006 年版。

[177] 黄晓晨等：《空间、现代性与文化记忆》，载《外国文学》2006 年第 7 期，第 76—87 页。

[178] 井卫华．《生态批评视野中的〈一只白苍鹭〉》，载《外语与外语教学》2005 年第 12 期。

[179] 李玲，张跃军：《从荒野描写到毒物描写：生态批评的发展趋势》，载《当代外国文学》2012 年第 2 期，第 30—41 页。

[180] 李松：《生态批评的身体美学视角》，载《中南民族大学学报（人文社会科学版）》2010 第 3 期，第 163—166 页。

[181] 李荫华等：《全新版大学英语综合教程》，上海外语教育出版社 2002 年版。

[182] 龙娟：《环境正义主题：美国环境文学的思想灵魂》，载《湖南工业大学学报（社会科学版）》2009 年第 2 期，第 31—35。

[183] 宁云中：《成长中的自然回归》，载《名作欣赏》2010 年第 1 期，第 92—93 页。

[184] 钱青：《美国文学名著精选》，商务印书馆 1999 年版。

[185] 邱蓓，邹惠玲：《试论〈典仪〉主人公的文化身份探求历程》，载《徐州师范大学学报（哲学科学社会版）》2008 年第 5 期，第 37—40 页。

[186] [美]J•D•塞林格：《麦田里的守望者》，施咸荣译，译林出版社 2010 年版。

[187] 孙宏：《中美两国文学中的地域主题研究》，外语教学与研究出版社 2007 年版。

[188] 唐建南，郭棲庆：《生态批评中的地方研究》，载《外国语文》2012 年 4 月，第 31—35 页。

[189] 王立礼：《从生态批评的角度重读谭恩美的三部作品》，载《外国文学》2010 年第 4 期，第 52—58 页。

[190] 王宁：《"世界主义"及其之于中国的意义》，载《南国学术》2014 年第 3 期，第 28—43 页。

[191] 王诺：《欧美生态文学》，北京大学出版社 2003 年版。

[192] 王育烽：《〈麦田里的守望者〉的生态批评解读》，载《安徽文学》2007 年第 7 期，第 68—69 页。

[193] 徐广联：《上帝已死，幽灵犹在 —— 评芭芭拉•金索尔弗的〈毒木圣经〉》，载《当代外国文学》2009 年第 4 期，第 96—103 页。

[194] 杨金才、朱云：《中国的塞林格研究》，载《外国文学研究》2010 第 5 期，第 129—137 页。

[195] 曾璐、罗蔚：《环保运动与生态女权主义》，载方刚、罗蔚《社会性别与生态研究》，中央编译出版社 2009 年版。

[196] 曾令富：《多元文化大合唱中的响亮声音：美国印第安文学的复兴及其发展现状》，载《四川教育学院学报》2007 第 1 期，第 41—43 页。

[197] 赵白生：《身份的寓言：〈富兰克林自传〉的结构分析》，载《外国文学》2004 年第 1 期，第 85—90 页。

[198] 郑珺：《论"三位一体"大学英语生态系统的构建》，载《安徽工业大学学报（社会科学版）》2009 年第 9 期，第 89—90 页。

后　记

回顾 10 年生态批评的学习研究之路，不敢说成果颇丰，只能说受益良多。2007年，我还是北京外国语大学英美文学方向研二学生，已经习惯了"莎士比亚戏剧"、"维多利亚小说"、"现代诗歌"等传统课程，当新课程表上"Ecocriticism"一词映入眼帘，顿感春风拂面、耳目一新，毫不犹豫将其纳入新学期计划，并在我的生态批评启蒙老师——美国学者伊丽莎白·舒茨（Elizabeth Schutz）的引导下开始了生态批评学习之旅。这一旅程的最大收获就是找到了文学研究的社会意义。颇为惭愧地承认，在此之前的文学专业学习为兴趣所驱、为生存所需，至于其中鞭挞的种族主义与性别歧视等于笔者而言是过于庞杂的社会问题，而弘扬的人性关怀和幸福平等则被视为人之常理。可是，与生态批评结缘却不仅让我重新审视自己的短视，重新看到庞杂社会问题的症结与个人之间的关系，更让我感受到自己融入宇宙万物渺小却又实质的存在。我从此喜欢徜徉在书海中去倾听由作者传达的自然之声，也更喜欢抽身走出想象的世界，将自己融入身边变幻万千的真实自然世界，听鸟儿啁啾，看霞光满天，闻桂馥兰香，喜新绿初绽，愤霾锁京城……社会生态正义的研究也让我更关注弱势群体的生存状况，本书涉及女性、下层阶级、乳癌患者、有色人种、同性恋等等边缘群体的生存状态，在聚焦其社会政治地位的同时也揭示环境非正义对其的巨大影响，并反映弱势群体在挑战社会主流话语、重构个人身份、改善生态环境等方面所做出的努力。当然，让我汗颜的是目前还未曾成为一位生态批评的积极行动主义者。自忖在践行低碳生活上的自我改造已有很大进步，但是在参与社会公益活动上投入还不够，因此，自愧还未成长为一名彻彻底底的生态批评学者，因此成为生态批评践行者将是我今后长期以来进一步自我改造的目标。

在此，我也要感谢生态批评的第二位导师——美国教授斯科特·斯洛维克（Scott Slovic）。2009 年去美国内华达大学参加半年的博士联合培养项目，有幸成为斯洛维克的访学学生，并从此一直得到他在科研上的支持与帮助。得益于他的启发，很多不成熟的想法变得日益明朗，并最终变成铅字发表。更佩服斯洛维克教授为生态批评研究与实践所付出的巨大努力，作为世界知名学者，他奔赴各地培养生态批评学者，传播生态意识理念，即使日程爆满他也笔耕不辍，撰写个人专著，主编《文学与环境跨学科研究》……曾经在私信中笑称斯洛维克教授为永不疲倦、硕果累累的"超人"，其实，他更是世界环境人文学科中的巨人，他和蔼可亲地将世界青年学者带到自然的大花园中，并郑重其事地告诉我们要热爱呵护好这个大花园，并鼓励我们带领更多的人来保护这个园子。

我也要感谢我的北京外国语大学硕士和博士导师郭棲庆教授。从硕士论文的准备到博士论文的答辩结束，郭老师既以学者的包容允许我将思维驰骋于美国文学的领地，又总是以其严谨的治学态度及时制止我过于思维发散，他启发我梳理散乱的灵感，指导我以清晰的头脑撰写论文，并耐心地批改我的粗糙作品，直至帮我将其打磨成可以供读者阅读的文章。这种模式帮我打好了比较坚实的研究基础，也让我更有信心在生态批评领域继续坚持自己的研究。本书中若干章节正是得益于恩师的指导才有幸见刊，在此真诚表示感谢。而恩师在研究学问外的人生指导也是让我受益匪浅，长记恩师箴言："有追求，不强求"，在个人生活事业中谨记不放纵自己，也不强求自己，做好自己，而这也就是我们所说的"顺其自然"吧。

另外，我也要感谢工作单位中国石油大学（北京）的各领导各同事的支持，没有你们的帮助和支持，我自感势单力薄，也无以在教学科研上有所修为。对自己亲爱的家人，我更是满怀感激之情，你们对我工作上的支持就是我前进的无限动力，谢谢你们与我一起同行，因为你们，我真心感谢所有的美好，并将继续坚定地与你们一起创造幸福生活。

最后，感恩所有自然的馈赠，在这初春乍暖还寒时候，"静心驶向那梦幻之地"，见"脚下大地在转，溪山无尽，永不停歇……"（引自谭琼琳教授所译斯奈德的诗篇《山河无尽》）

唐建南
2017 年 3 月北京